道央の山々

積丹半島
美国
積丹岳
229
余市
両古美山
無沢1
当丸山
神恵内
函館本線
仁木
5
日本海
羊蹄・ニセコ周辺
岩内
岩内岳
雷電山
ニトヌプリ
倶知安
目国内岳
チセヌプリ
イワオヌプリ
シャクナゲ岳
ニセコアンヌプリ
ニセコ
羊蹄
寿都
昆布岳
黒松内
道央自動車道
230
37
豊浦
長万部
伊達
瀬棚
国縫
内浦湾（噴火湾）

新

夏山ガイド

1

道央

ベニバナイチヤクソウ

目次

（表紙写真）
表　上・恵庭岳第二見晴台から眺める支笏湖
　　下・神威岳を背に烏帽子岳へ
裏　サンカヨウ（定山渓天狗岳）
（目次写真）
ニセコ連峰を背に羊蹄山比羅夫コースを登る

本書のねらいと利用法

■はじめに

本書の初版は1989年（平成元年）、梅沢俊、菅原靖彦、中川潤の共著で発刊された。その最大の目的は「道内の登山道のある山すべての完全紹介」である。

当時は一大ブームといえるほどに登山人口が増加していたが、既存のガイドブックは人気のある山ばかりを繰り返し取り上げ、目立たない山は日の目を見ることがなかった。現在のようにインターネットもなく、山の情報不足を痛感する中で、自分たちで取材を楽しみ（苦しみ）ながら、この「夏山ガイド」シリーズをつくることにした、と初版の「はじめに」にある。

以降、山域別に計6巻を展開し、随時最新情報を反映した改訂版を出しながら今日に至っている。

■編集方針

①取材に基づいた情報提供

著者らで手分けして取材登山を行い、最新情報の提供を心がけている。しかし、一度発売されると数年間に渡り販売されるため、その間に状況が変化することも少なくない。これはガイドブックの宿命であり、読者もそれをご理解のうえ、情報確認を行いながら活用してほしい。

幸い今はインターネット上に最新の情報があふれている。ガイドブックがネット利用を促すのは本末転倒のようだが、本書で基本的な知識を得たうえで、ネットで最新情報を補うというのが、現実的かつ有効な利用法だと思う。

②紹介する山の範囲

先に「登山道のあるすべての山」と記したが、ひとことに登山道といってもその状況はさまざまである。行政機関や地元山岳会などによって整備された道があれば、何度も人が歩いた結果できたいわゆる「踏み跡」レベルの道もある。また、かつては明瞭だったものが整備が行き届かず荒廃化するケースもある。

本書では基本的に取材時に通行可能だったコースを掲載している。少々ササやハイマツ被りが深くても、足で分ければコースが見つかるような場合は掲載した。ただし、一般登山者にとっては通行困難と思われ、今後も整備が見込めないコースについては削除した。また、新規開削された道でも、作業道など一時的と判断されるものは掲載を見合わせた。

山の標高については500メートル以上をひとつの目安としている。登山とハイキングの区分けは難しいが、低山であっても登山の色彩が濃い場合や、山々の展望が素晴らしい場合は対象とした。一方、標高が高くても頂上まで一般車通行可能な車道があり、他に登山道がないような山は対象から外した。

③詳細な説明

簡潔すぎるガイド記事は不安を募らせる。逆に詳細すぎる記事は道に対する興味を損なう欠点もある。本書では「独力登山」にウエートを置き、写真の多用、イラスト地図の採用など、多くの人が初見でも理解できるよう心がけた。

④イラスト地図の採用

地図は縮尺が正確な平面図にするか、尾根や谷が直感的にわかる鳥瞰図にするか悩むところだが、初心者には後者のほうが地形の概念が把握しやすいと思い、こちらを採用した。

イラスト地図はパソコンで地形の3D画像を作成している。詳細な標高データにより、精緻な画像が得られる。これに地形図や航空写真を参考に、樹林、岩場、雪渓などをレタッチして作成した。

なお、実際の登山では国土地理院地形図など詳細な地図を携行し、現在地やルートを確認するようにしてほしい。最近はスマートフォンの地図アプリを利用する人も多いが、故障やバッテリー切れの心配がなく、より広範囲をひと目で把握できる紙の地図もぜひ併用してほしいものである。

⑤マイカー情報の提供

北海道では公共交通機関を利用して登れる山は少なく、ほとんどの山がマイカーに頼らざるを得ない。幹線道路から満足な案内標識もない林道に入り、時に状況の悪い道を長時間走ることもある。

本書ではアプローチを20万分ノ1地勢図を利用して案内するほか、本文でもマイカー情報を提供した。ただし、道路状況の変化が激しいので、最新情報は地元森林管理署のホームページを参照するなどしてほしい。

駐車場は登山者用として整備されているところもあれば、林道ゲート付近や路肩に空きスペースを見つけて停める場合もある。また、第1巻は市街地に隣接した山も多く、台数が限られるケースもある。いずれの場合も関係車両や近隣住民の迷惑にならないよう十分に配慮するとともに、満車の場合は他コースへの変更も想定した計画を立てるようにしたい。

⑥登山グレード

紹介するコースは超初心者向きから上級者向きまで幅がある。本書ではコースを初・中・上級に分けて評価し、実力にあった選択ができるようにした。さらに迷いやすさや険しさなど要素別の評価も記したので参考にしてほしい。

⑦コースタイム

標準的体力の人が日帰り装備で登ることを前提とし、休憩を含まない実質的登山時間で表した。

山中泊が必要となる山は縦走装備でのタイムとなり、その場合はその旨を記してコースタイムを赤文字で示した。縦走のコースタイムは日帰りの概ね1割増しだが、日数、荷物の量により異なるので、ひとつの目安としてほしい。

⑧川などの呼称

従来「〇〇沢」と呼ばれていた川が、地形図では全道的に「〇〇沢川」と改名されるようになって久しい。同じ意味の川と沢を重ねて用いるのはおかしいが、国土地理院の話では地方自治体が決めた名を使っているという。本書では従来の「〇〇沢」に統一した。

2022年の改訂にあたって

長年に渡りコースの追加・削除を繰り返した結果、各巻のページ数に偏りが出てきた。そのため、本改訂以降の各巻の収録山域を以下の通り変更することとした（巻末の各巻収録図も参照のこと）。

第1巻　道央（※胆振を除く）
第2巻　表大雪
第3巻　東・北大雪、十勝連峰
第4巻　日高山脈、夕張山地
第5巻　道南、胆振
第6巻　道東、道北、増毛

＊

また、これを機に誌面も若干リニューアルするとともに、書名を「北海道夏山ガイド」から「新夏山ガイド」へと変更した。

なお、本書に記載の情報（交通機関、宿泊情報など）は、2022年3月時点のものである。新型コロナウイルスの感染状況に関連し、未定事項や一時的あるいは今後の変更があり得ることをご承知いただきたい。

登山コース評価の見方

本書では各登山コースを初・中・上級に分け、コース名の枠色をそれぞれ赤、緑、青で色分けした。設定はできるだけ客観的な評価となるように、各要素を数量化した独自の評価表をつくり決定した。ここでいう上級とは北海道の夏山の登山道のあるコースで最も困難なものを上限としたので、沢登りや岩登りによる登山、あるいは道外の登山にはあてはまらない。標高差、登山時間は山中泊の場合も含め、出発点から山頂までの合計を基準とした。また、7、8月ごろを前提としており、残雪期の雪渓歩行などによる難度の変化は各自で判断してほしい。

体力	必要体力＝標高差	300m未満 30点	300m〜600m未満 35点	600m〜900m未満 40点	900m〜1200m未満 45点	1200m〜1500m未満 50点	1500m以上 55点
体力	登山時間加算	長時間登山とキャンプ用具等運搬に要する体力を加算		3時間未満 D 0点	3時間〜5時間未満 C 5点	5時間〜8時間未満 B 10点	8時間以上 A 15点
判断・技術力	高山度＝山の標高	標高の上昇に伴う気温低下、気象の激変判断		600m未満 D 0点	600m〜1100m未満 C 3点	1100m〜1600m未満 B 6点	1600m以上 A 10点
判断・技術力	険しさ	岩場、ガレ、雪渓等		D 0点	C 3点	B 6点	A 10点
判断・技術力	迷いやすさ	迷いやすい地形や道路状況等		D 0点	C 3点	B 6点	A 10点
総合点		合計の端数を５点単位に整理して表示する					
備考		本文の表では必要体力以外は各点を低い順からＤＣＢＡで表示					

初級（30点〜50点）	中級（55点〜70点）	上級（75点〜100点）
【例】 北広山(30)	【例】 旭岳(55)	【例】 芦別岳(75)
写万部山(35) 塩谷丸山(40)	恵庭岳(60) 夕張岳(65)	利尻山(80) トムラウシ山(80)
黒岳(45) 雌阿寒岳(50)	斜里岳(65) 石狩岳(70)	幌尻岳〜戸蔦別岳(100)

※幾つものピークを登る場合はピーク間の落差を加えた「累積標高差」で判断する

噴気たなびく樽前山の溶岩ドーム

道央の山のあらまし

■地形・地質など

第1巻では、石狩低地帯と黒松内低地帯に挟まれた地域の山を紹介している。いずれも新旧は別として火山起源の山であり、今なお噴気を上げ、特異な姿を見せる樽前山や恵庭岳のような山もあれば、原形を留めないほど古くなった札幌近郊の山のような例もある。

山の高さはなべて低く、1500メートルを超える山はない。1400メートル台の山も余市岳と無意根山の2座を数えるだけである。

ただし羊蹄山だけは別格で、1898メートルの高さを誇る。その秀麗な山容から道外にも広く知られ、訪れる登山者も多い。また、手稲山や余市岳、ニセコ連峰はスキー場として今や海外でもすっかり有名である。

■植物

森林構成は、山麓部はミズナラやセンノキ、エゾイタヤなどの冷温帯夏《か》緑林《りょくりん》で、登るにつれ亜高山要素のトドマツ、エゾマツなどの針葉樹が増える。さらに上部でダケカンバ帯となり森林限界を迎えているのが一般的なパターンである。豪雪地帯のニセコや積丹の山では、湿原周辺のアカエゾマツ林を除いて針葉樹林を欠いている。

しかし、最近はこのような森林構成は次第に崩れつつある。山麓部から中腹にかけて大規模な森林伐採が進み、トドマツ、アカエゾ

ニセコの神仙沼は登山者だけでなく観光客にも人気がある

マツなどの針葉樹が植えられているためである。林業を否定するわけではないが、天然林が失われていくのを見るのは悲しいものだ。

標高1000メートルを超える山の山頂部はハイマツ群落が見られるものの、規模は小さく、高山的な光景は羊蹄山以外では見られない。

高山植物をはじめとする花が多いのは国の天然記念物に指定されている羊蹄山で、南限のメアカンキンバイやオノエリンドウなど珍しい植物を見ることができる。

頂上部が岩の砦のような定山渓天狗岳は、特殊な植物が多く自生する山である。タカネグンバイ、ヒロハガマズミ、カマヤリソウ、サクラソウモドキなどは限られた山でしか見られない花だが、それゆえに山草家の標的となりがちである。

和名がこの地域の山や地名に由来する植物は、アポイ岳や夕張岳に比べるべくもないが少なからずある。樽前山はタルマイソウ（別名イワブクロ）、藻岩山は低山ながらモイワナズナ、モイワシャジン、モイワランなどを数え、砥石山にちなんだトイシノエンレイソウはエンレイソウの一品種である。

山上にある湿原はその独特の植物相も手伝って心休まる場所である。札幌近郊の山では無意根山の大蛇《おろち》ヶ原、中山湿原が知られている。ニセコ連峰には沼めぐりコースで紹介した神仙《しんせん》沼や大谷地湿原のほか、目国内岳西方にパンケ目国内湿原がある。この湿原はこの地域最大のもので花も見応えがあるが、訪れる人は少ない。

この本で紹介する地域は、ニセコ連峰、羊蹄山など一部の山を除いて全般に花見山行の対象とは考

お花畑の広がる羊蹄山には
高山蝶も。オオイチモンジ

紋別岳に現れたエゾシカ

えにくい。しかし、エゾコザクラ、エゾノツガザクラ、ナガバツガザクラ、タニマスミレ、ジンヨウキスミレ、イトキンポウゲなどが自生し、分布上大変興味深い。詳しく調査すれば、新しい発見がありそうな地域なのである。

■動物・昆虫

山の動物といえばまずヒグマが気にかかるであろう。これまで羊蹄山とニセコ連峰東部には生息しないといわれてきたが、最近、この地域でも目撃例や痕跡が確認された。その他の地域はどこでも生息していると考えてよく、登山中に出合う可能性もある。鳴り物などで人間の存在を知らせるとともに、残飯を捨てるなど誘引するきっかけをつくらないことも大切だ。

かつては道央や道南ではあまり姿を見なかったエゾシカは、今やすっかり定着した感がある。秋の発情期を除き、直接人間を攻撃することはまずないが、朝夕の道路に飛び出しての事故（ロードキル）は後を絶たない。山の行き帰りの運転は十分に注意したい。

登山道でよく目にする動物はリスたちである。エゾリスは樹上で、シマリスは道端や山頂で愛嬌を振りまいている。したたかなキタキツネもいたる所で出合うだろう。

昆虫類では定山渓が和名の由来となっているジョウザンミドリシジミやジョウザンシジミという蝶が有名である。

あまり歓迎されない昆虫としてはヤブ蚊やブヨ（ブユ）が挙げられる。大雪山あたりでは初夏に発生のピークが見られ、その後数が減る傾向にあるが、当地域では秋

どこか温かみのある万計山荘内部

2011年に修復された空沼小屋

口までも特にヤブ蚊に悩まされ続ける。またササ藪では感染症を媒介するマダニ（正確には昆虫ではないが）にも注意が必要だ。肌を露出しない服装やダニ除けスプレーなどの対策とともに、付着していないか随時チェックしよう。

■山小屋

札幌近郊の山々の特色のひとつに山小屋――それも古いながらに味のある小屋が多いことが挙げられる。これらは、今日のようにスキー場のない時代にスキーを楽しむために建てられたもので、いわば山岳スキーの基地であり、近くにはスキーに好適な斜面がある。多くは札幌の大学の所有であるが、手続きをすれば一般登山者が無雪期に利用することもできる。ランプやローソクの灯の下で過ごす山の夜は、日帰り登山では味わえないものとなるだろう。

■登山道の状況

本書で紹介する山々は大都市札幌に近いだけに、登山道の状況もいいと思われるかもしれない。確かに札幌市の自然歩道となっている藻岩山や砥石山、手稲山などは整備が行き届き歩きやすい。国立公園、国定公園内の支笏湖周辺やニセコ連峰、羊蹄山も、人気ルートを中心に状況はよいといえる。

しかし、その他の登山道整備は、地元山岳会やボランティア有志らによる厚意によって成り立っているのが現状だ。予算、労力ともに限界があり、ササ刈りなどが十分に行えないこともある。整備のタイミングによって道の状況が大きく違うことを念頭においておきたい。

札幌・小樽近郊

石狩《いしかり》
(5万)
石狩《いしかり》
(2.5万)
太美《ふとみ》
(2.5万)
札沼線
とうべつ
当別
石狩当別《いしかりとうべつ》
(2.5万)
石狩湾新港
石狩市
ふとみ
当別町
337
石狩
あいのさとこうえん
275
231
しのろ
石狩川
江別《えべつ》
(2.5万)
札幌北部《さっぽろほくぶ》
(2.5万)
札幌東北部《さっぽろとうほくぶ》
(2.5万)
江別市
しんことに
札幌市
江別
はっさむ
新川
札幌北
12
えべつ
函館本線
幌西
ことに
5
札幌《さっぽろ》
(5万)
雁来
道央自動車道
江別西
のっぽろ
そうえん
さっぽろ
なえぼ
おおあさ
札幌東部《さっぽろとうぶ》
(2.5万)
江別《えべつ》
(5万)
野幌《のっぽろ》
(2.5万)
しろいし
274
あつべつ
札幌《さっぽろ》
(2.5万)
札幌
しんさっぽろ
藻岩山
531
札幌南
盤渓山
604
千歳線
274
826
石山
北広島市
真駒内
北広島
きたひろしま
北広島
豊平川
230
北広島《きたひろしま》
(2.5万)
清田《きよた》
(2.5万)
石山
石山《いしやま》
(2.5万)
36
道央自動車道
663
豊見山
579
石山《いしやま》
(5万)
しままつ
恵庭《えにわ》
(5万)
恵庭市
空沼岳《そらぬまだけ》
(2.5万)
島松山《しままつやま》
(2.5万)
恵庭《えにわ》
(2.5万)
恵庭
えにわ
453
空沼岳
恵庭
1251

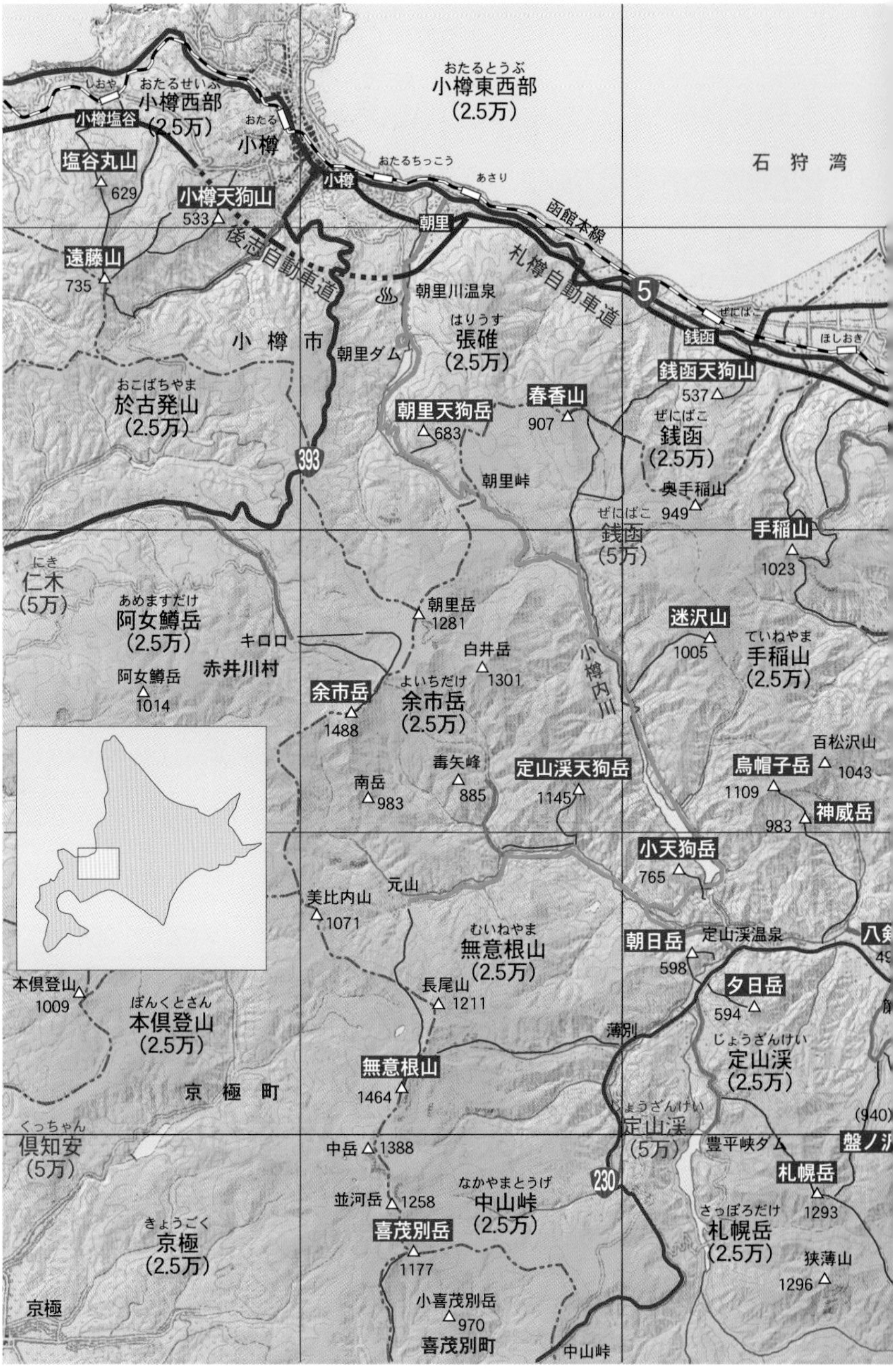
小樽西部《おたるせいぶ》
(2.5万)
小樽塩谷
しおや
おたる
小樽
塩谷丸山
629
小樽天狗山
533
遠藤山
735
後志自動車道
小樽東西部《おたるとうぶ》
(2.5万)
石 狩 湾
おたるちっこう
あさり
小樽
朝里
函館本線
札樽自動車道
5
朝里川温泉
小 樽 市
朝里ダム
張碓《はりうす》
(2.5万)
ぜにばこ
銭函
ほしおき
銭函天狗山
537
於古発山《おこばちやま》
(2.5万)
393
朝里天狗岳
683
春香山
907
銭函《ぜにばこ》
(2.5万)
朝里峠
奥手稲山
949
銭函《ぜにばこ》
(5万)
手稲山
1023
仁木《にき》
(5万)
阿女鱒岳《あめますだけ》
(2.5万)
キロロ
赤井川村
阿女鱒岳
1014
朝里岳
1281
白井岳
1301
迷沢山
1005
手稲山《ていねやま》
(2.5万)
余市岳
1488
余市岳《よいちだけ》
(2.5万)
小樽内川
百松沢山
1043
烏帽子岳
1109
神威岳
983
毒矢峰
885
南岳
983
定山渓天狗岳
1145
小天狗岳
765
元山
美比内山
1071
無意根山《むいねやま》
(2.5万)
朝日岳
598
定山渓温泉
八剣
夕日岳
594
本倶登山
1009
本倶登山《ばんくとさん》
(2.5万)
長尾山
1211
薄別
定山渓《じょうざんけい》
(2.5万)
京 極 町
無意根山
1464
定山渓《じょうざんけい》
(5万)
(940)
盤ノ沢
倶知安《くっちゃん》
(5万)
中岳 1388
豊平峡ダム
札幌岳
1293
230
並河岳 1258
中山峠《なかやまとうげ》
(2.5万)
喜茂別岳
1177
札幌岳《さっぽろだけ》
(2.5万)
京極《きょうごく》
(2.5万)
狭薄山
1296
小喜茂別岳
970
京極
喜茂別町
中山峠

531m

藻岩山《もいわやま》

慈啓会コース

天然記念物の森を堪能しながら

■**交通**

地下鉄円山公園駅からJRバス（☎011－241－3771）ロープウェイ線で「慈啓会前」下車。

■**マイカー情報**

登山口に、観音寺が山頂の奥の院参拝ならびに観音巡りのために設置した駐車場がある。約20台、無料。ただし常に混んでいるので、旭山記念公園コースや市民スキー場コースの利用も検討しておきたい。登山口にトイレ、水場あり。

■体力（標高差）	35点
■登山時間加算	D
■高山度（標高）	D
■険しさ	D
■迷いやすさ	D
総合点35点［初級］	

■**コースタイム**（日帰り装備）

登山口 ―0・40↓／0・30↑― 馬ノ背 ―0・30↓／0・20↑― 藻岩山

標高差　約455メートル

登り　1時間10分

下り　50分

■**ガイド**（撮影　8月17日）

藻岩山で最も人気のあるコースで、道は遊歩道のように広く整備

札幌市南区澄川公園から

札幌中心部に接し、市街地からもよく見える。山頂までロープウェイや観光道路が通じ、観光地のイメージが強いが、1910年（大正10年）に「藻岩原始林」として国の天然記念物に指定され、今なお豊かな自然が残る。

頂上まで車道が通じていることから本書ではこれまで掲載を見合わせてきたが、山とコースの良さを見直し、改めて本改訂版より掲載することにした。

登山道は計5本あり、登山口間の近さや交通の便を活かしていろいろな歩き方ができる。

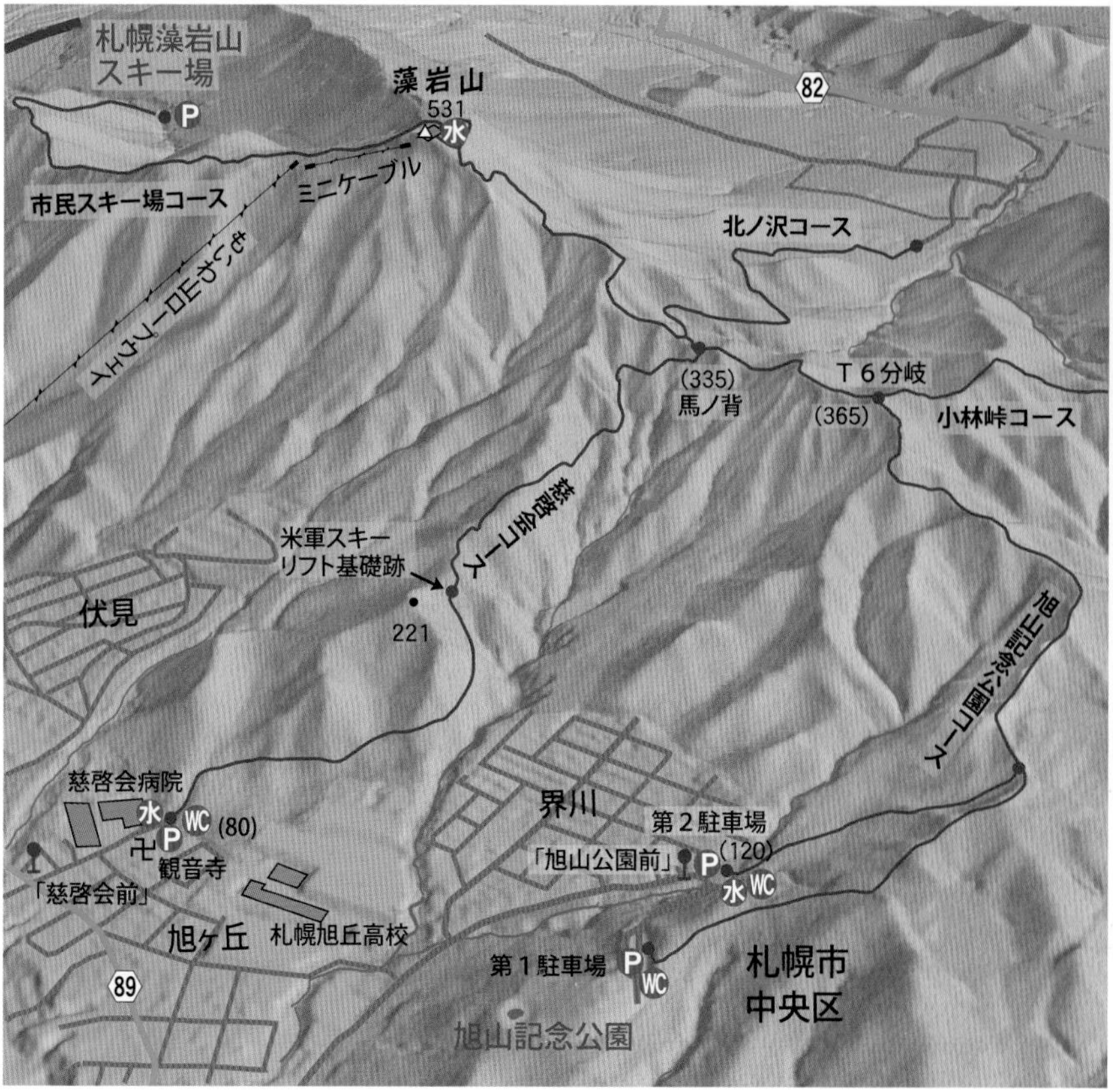

されている。旭山記念公園登山口やロープウェイ駅は徒歩20分ほどなので、結んで歩くのもいい。

　登山口を入るとすぐに天然記念物の碑があり、同時に路傍に石仏が現れる。この石仏は頂上まで33体安置されており、よい目安と励みになる。周囲はうっそうとした森で鳥のさえずりが聞こえてくる。尾根上に出たところにある大

駐車場は常に混雑気味

一体一体表情の違う観音像

トイレと水道が備わった登山口

190 万人都市に隣接しているとは思えない緑に包まれている

きなコンクリート製の基礎跡は、進駐軍が設置したスキーリフト跡で、日本最古のものと言われる。
　右に沢が現れ、その源頭を巻くように登ると、旭山公園や小林峠からのコースが合流する馬ノ背だ。ベンチがありひと休みできる。
　ここから時折、樹冠越しに山頂を見ながらしばし平坦な尾根道を進む。やがて足元に岩が目立つようになると道はジグザグを切り始

かつては砲台跡の噂もあったリフト跡

馬ノ背からしばらくの間、
平坦な尾根上をゆく

多くの登山者が行き交う馬ノ背

め、最後の登りとなる。奥の院とアンテナを通過すれば、立派なレストハウスのある山頂だ。

レストハウス屋上は展望台になっており、遮るもののない展望が待っている。札幌市街地と石狩平野を一望する先には樺戸の山々が連なり、晴れた日には夕張山地の芦別岳や夕張岳、日高山脈の幌尻岳を指呼できる。さらに、はるか遠く大雪山や十勝連峰まで見ることができれば――秋などよほど空気が澄んだ日に限られるが――超ラッキーというものだ。

また、反対側の西方向には砥石山や神威岳、南には札幌岳、空沼岳、支笏湖周辺の山々などの山座同定を楽しめる。午前10時のロープウェイ営業前なら、登山者だけの静かな時間を過ごせるだろう。

山頂のレストハウス。登山者用休憩室や更衣室、靴洗い場などもある

藻岩山山頂展望台からの眺め。条件がよければ大雪山や日高山脈も見える

旭山記念公園コース

森林浴気分で歩く
ゆったりした尾根道

■交通
地下鉄円山公園駅からJRバス旭山公園線で「旭山公園前」下車。

■マイカー情報
旭山記念公園に2カ所の無料駐車場がある。登山口に近いのは第2駐車場。トイレ、水場あり。

■コースタイム（日帰り装備）
第2駐車場登山口 1:10↓ 1:00↑ 馬ノ背 0:30↓ 0:20↑ 藻岩山

累積標高差　約480メートル
登り　1時間40分
下り　1時間20分

■ガイド（撮影　9月4日、10月12日）
旭山公園内は何本もの遊歩道があるので道標や案内板を確認しながら進む。尾根上に出たらあとは一本道である。道は小さく起伏しながら徐々に高度を上げ、街の音も次第に遠のいていく。低山ながらちょっとした縦走気分だ。

開放的な旭山記念公園

■体力（標高差）	35点
■登山時間加算	D
■高山度（標高）	D
■険しさ	D
■迷いやすさ	D
総合点35点［初級］	

大きなハリギリがあるT6 分岐

公園内「森の家」横にも登山口がある

山頂から恵庭岳、空沼岳方面の展望

終始樹林帯のため展望は利かないが、途中やや急な坂を登ったコブ上から札幌市街を見渡せる。そのすぐ先が通称T6分岐で、小林峠からの道が合流する。

平坦な道を進んだのち、木々の間に山頂を見ながら数回ジグザグを切って下ると慈啓会コースとの合流点、馬ノ背に出る。あとは14ﾍﾟｰｼﾞを参照のこと。

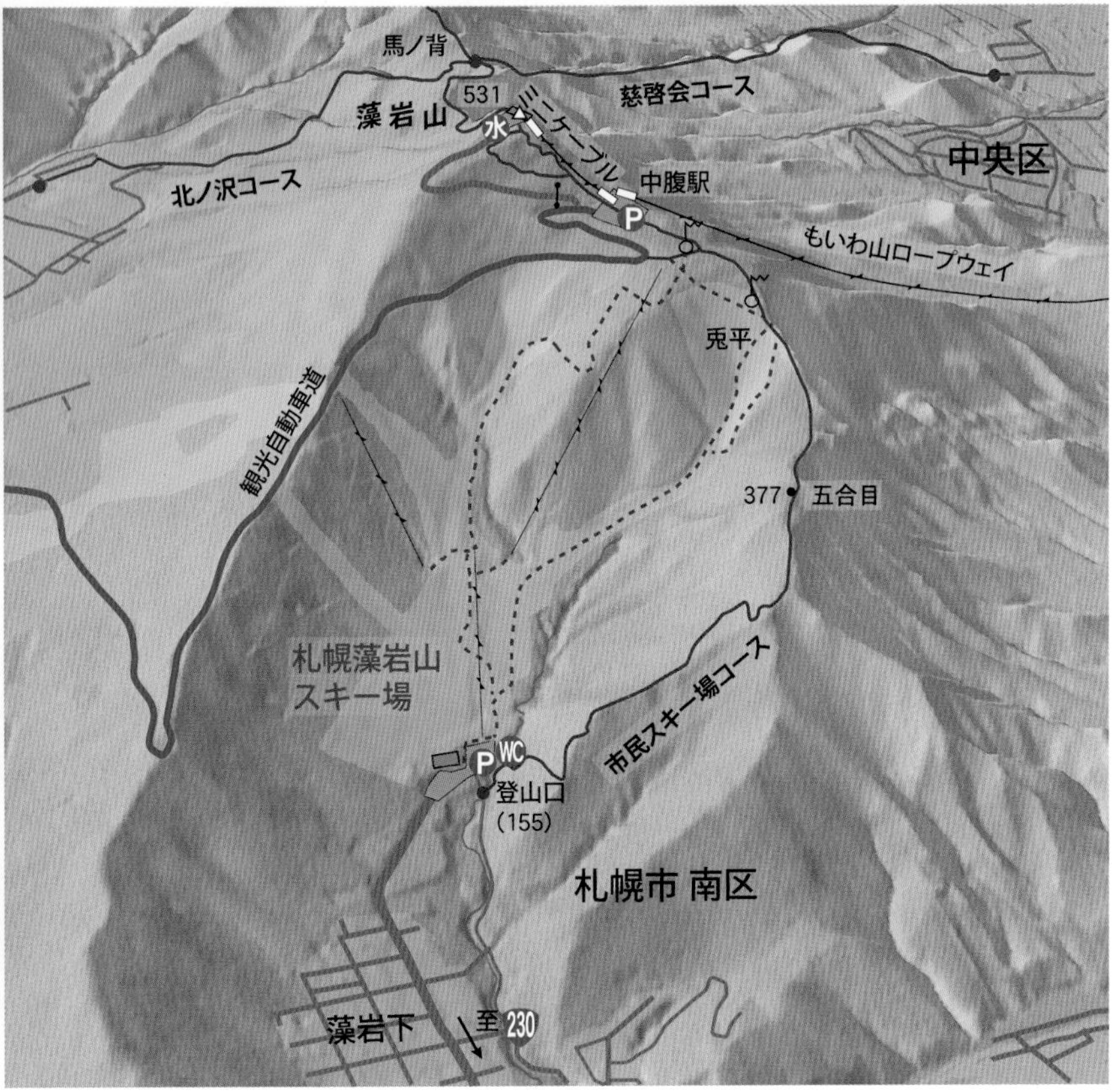

市民スキー場コース

森歩きと好展望
変化ある尾根コース

■交通

ＪＲ札幌駅からじょうてつバス南55（川沿営業所☎011-572-3131）、南54（藻岩営業所☎011-588-3321）で「南34西11」下車。そこから登山口まで徒歩1・4キロ、約20分。

■マイカー情報

スキー場の駐車場を利用。無料。トイレあり。

■コースタイム（日帰り装備）

登山口 0:40↓ 0:30↑ 五合目 0:50↓ 0:30↑ 藻岩山

累積標高差　約410メートル
登り　1時間30分
下り　1時間

ミニケーブルに沿って山頂へ

登山口は駐車場から 100 m ほど下る

コース上部からは真駒内方面の眺めがいい

■ガイド（撮影　8月17日）

登山口は駐車場から下に向かって左に少し下った旧雪友荘前。沢沿いの登山道はすぐに斜面に取り付き、高度を稼いで尾根上に出る。樹木名プレートなど見ながら心地よい緑の中を登ってゆくと五合目の377メートルコブに着く。

ひと下りして登りに転ずるとスキー場のゲレンデに出、開けた展望を楽しみながらその縁を沿うように登ってゆく。再び森に入ってアンテナ施設の脇を抜けるとロープウェイの中腹駅。あとはミニケーブルに沿って登るのみである。

なお、ゲレンデ内も登れるが、踏み跡が錯綜し道標もない。不安なら入らないほうがよいだろう。

■体力（標高差）	35点
■登山時間加算	D
■高山度（標高）	D
■険しさ	D
■迷いやすさ	D
総合点35点［初級］	

小林峠コース

静かでなだらかなロングコース

■**交通**

地下鉄真駒内駅からじょうてつバス南97（藻岩営業所☎011−588−3321）で終点「山水団地前」下車。そこから登山口まで徒歩1・5キロ、約20分。

■**マイカー情報**

道道82号旧道の小林峠に10台程度の駐車スペースがある。

後半出現するシナノキの巨木

■体力（標高差）	35点
■登山時間加算	D
■高山度（標高）	D
■険しさ	D
■迷いやすさ	D
総合点35点［初級］	

■**コースタイム**（日帰り装備）

登山口 —1:00↓ 0:50↑— T6分岐 —0:40↓ 0:30↑— 藻岩山

累積標高差　約380メートル

登り　1時間40分

下り　1時間20分

■**ガイド**（撮影　8月28日）

登山口は小林峠から盤渓寄りに約150メートル下ったところで案内板がある。最初は北斜面にジグザグを切って登り、尾根を乗り越えて明るい南斜面をトラバースしつつ進む。周囲はカラマツを交えた二次林で、後半になってようやくシナノキの大木を見る。全般にスミレ類やセンボンヤリが多いのが特徴で、春に訪れる人が多い。

カラマツのコブを緩く下って登り返すとT6分岐で旭山公園コースに合流する。後は18ページを参照。

北ノ沢コース

公共交通限定の最短コース

■**交通**

地下鉄真駒内駅からじょうてつバス南97で「北の沢会館前」「清涼苑団地前」「北の沢二股」下車。いずれも登山口まで1・2キロ程度。

■**マイカー情報**

駐車スペースはない。

■**コースタイム**（日帰り装備）

登山口 —1:00↓ 0:50↑— 藻岩山

累積標高差　約330メートル

登り　1時間

下り　50分

■**ガイド**（撮影　8月29日）

住宅街の外れが登山口で案内板が立つ。クマイザサに囲まれた道を直進し、丁字路で右折すれば後

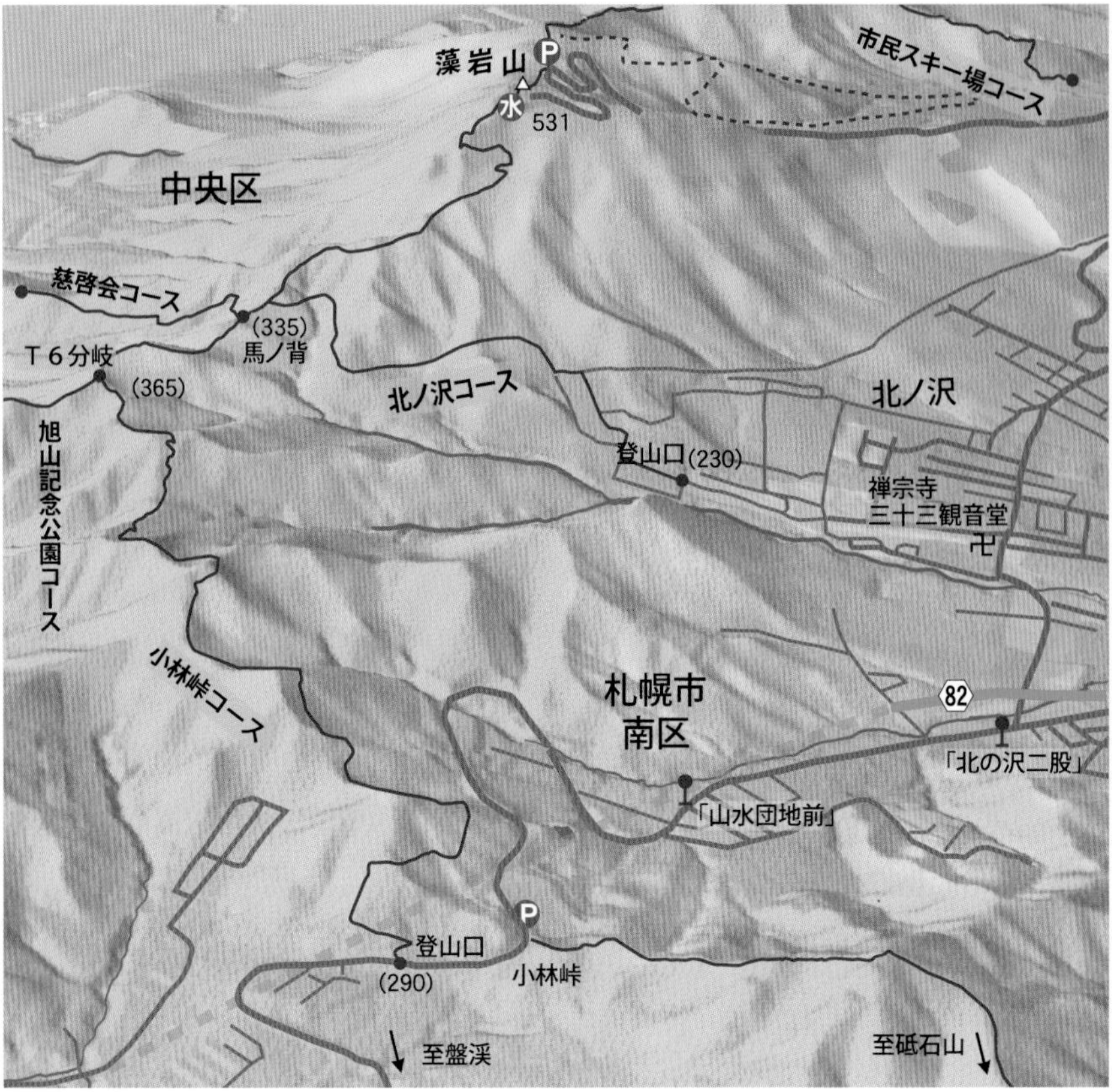

沢に下る地点

は迷うような分岐はない。

車道跡の緩い道から狭い山道になると深い谷へと階段で下る。谷から暗い森をトラバース気味に登り、小沢を渡ると明るい風倒木地帯となって慈啓会コースの馬ノ背上部に合流。後は14ページを参照。

体力(標高差)	35点
登山時間加算	D
高山度(標高)	D
険しさ	D
迷いやすさ	D
総合点35点 [初級]	

604m

盤渓山《ばんけいざん》

盤渓川コース
里山的な林の中をたんたんと進む

■**交通**
地下鉄円山公園駅または真駒内駅、発寒南駅からばんけいバス（☎011－644－3731）で「盤渓」下車。登山口まで徒歩約1キロ、約20分。

■**マイカー情報**
旧道道82号西野真駒内清田線の小林峠の盤渓寄り、妙福寺の案内看板のある分岐から細い道に入る。約600メートルで登山口となる市民の森入り口で駐車スペースがある。

札幌市南区真駒内から

地形図に名はなく、昔はロクマルヨン高地と呼ばれ、盤渓山妙福寺の名から盤渓山とも呼ばれてきた。さっぽろばんけいスキー場のある三菱山の南隣に位置しているが、樹林に覆われた山に囲まれているので、低地からその頂を認めるのはなかなか難しい。

かつては妙福寺から登山道があったが、今はその南側に延びる尾根上をたどる。また市民の森から北尾根を伝うルートもでき、周回で歩く人も増えているようだ。

■体力（標高差）	35点
■登山時間加算	D
■高山度（標高）	C
■険しさ	D
■迷いやすさ	D
総合点40点［初級］	

■**コースタイム**（日帰り装備）
市民の森入り口 ―1:30↓ 1:00↑― 盤渓山

累積標高差　約360メートル
登り　1時間30分
下り　1時間

■**ガイド**（撮影　7月11日、31日）
盤渓市民の森入り口から妙福寺への車道を350メートルたどり、緩く右にカーブする地点から左の沢へ下りてゆく。盤渓川支流の小沢を

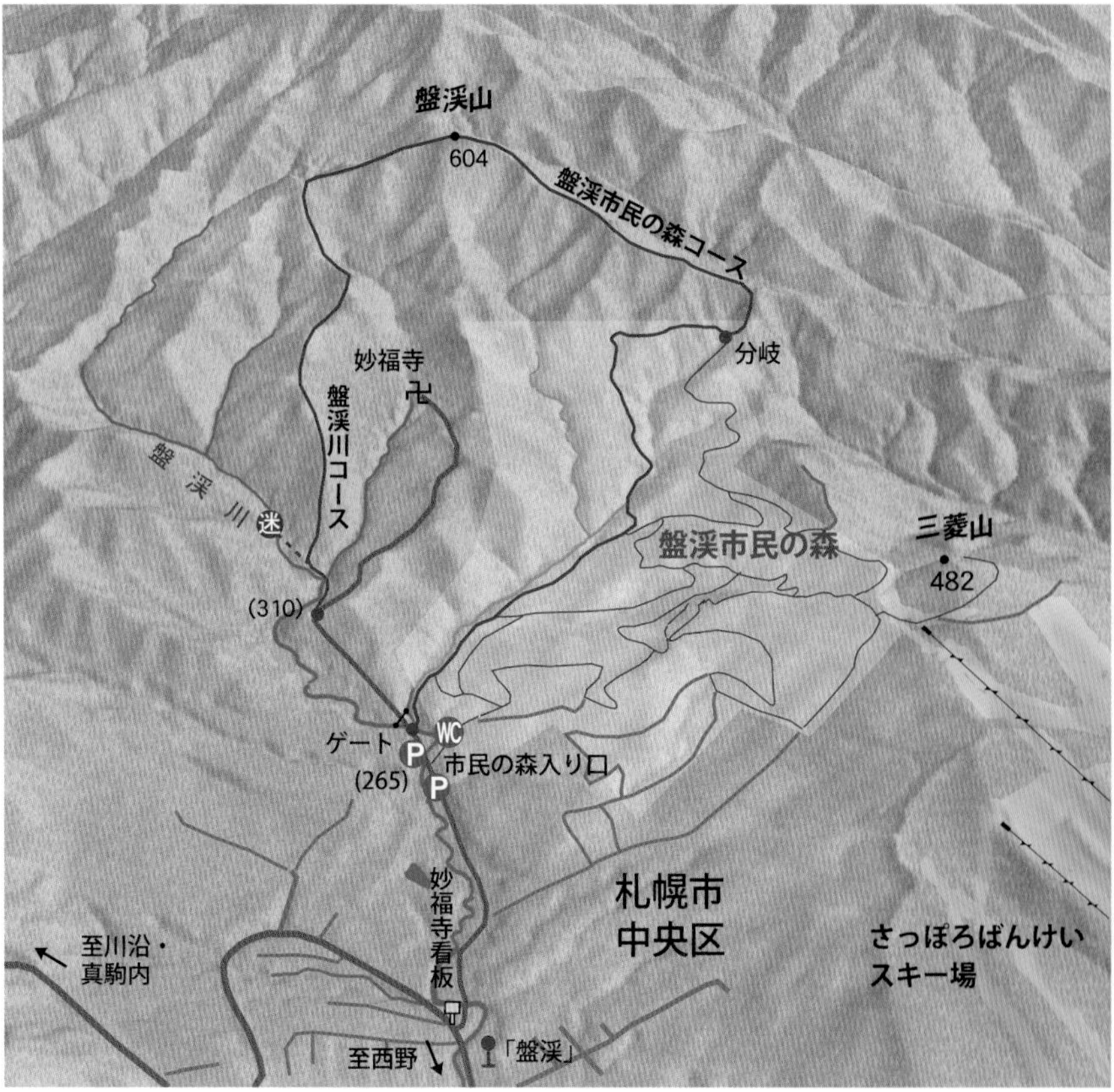

市民の森入り口の駐車スペース

跨ぐと尾根に取り付く。沢沿いを進む踏み跡があるので迷い込まないよう注意しよう。

尾根に上がればあとは一本道だ。前半はカラマツが混じる広葉樹林。以前はササがブッシュ気味だったが登山者が増えて随分歩きやすくなった。緩急を繰り返して高度を上げ、標高５００メートルを超えた平坦地で進行方向が90度変わり、最後は山頂部の急登に汗をかく。

小沢を渡って尾根に取り付く

妙福寺への舗装道路から沢へ下る

岩が露出した盤渓山頂上

快適な尾根道が続く

山頂の北東部が切れ落ちているので札幌市街地方面が一望で、眺めはなかなかよい。砥石山、手稲山、支笏湖方面の山々も見渡せる。

盤渓市民の森（北尾根）コース

周回コースで歩くのも楽しい

■交通、マイカー情報

盤渓川コースに同じ。

■コースタイム（日帰り装備）

市民の森入り口 ─1:30↓ 1:00↑─ 盤渓山

標高差　約340メートル
登り　1時間30分
下り　1時間

■ガイド（撮影　7月11日、31日）

駐車スペースから沢沿いに延びる市民の森の一番南側の歩道を進む。最奥地点の標識のない丁字路

頂上から札幌市街地方面を望む。右前方の藻岩山がひときわ目立つ

市民の森最奥から北尾根に取り付く

■体力(標高差)	35点
■登山時間加算	D
■高山度(標高)	C
■険しさ	D
■迷いやすさ	C
総合点40点［初級］	

から急な刈分けに入って北尾根に乗る。そこから粗削りのコースをたどって最後に急な登りをこなせば頂上に出る。

なお、本コースは盤渓川コースを登った後に周回の下山コースとして、あるいはさらに三菱山経由で歩く人が多いようである。市民の森は多数の散策路が交錯するので、地図や案内板を確認し間違えないよう注意したい。

粗削りだが明瞭な市民の森コース

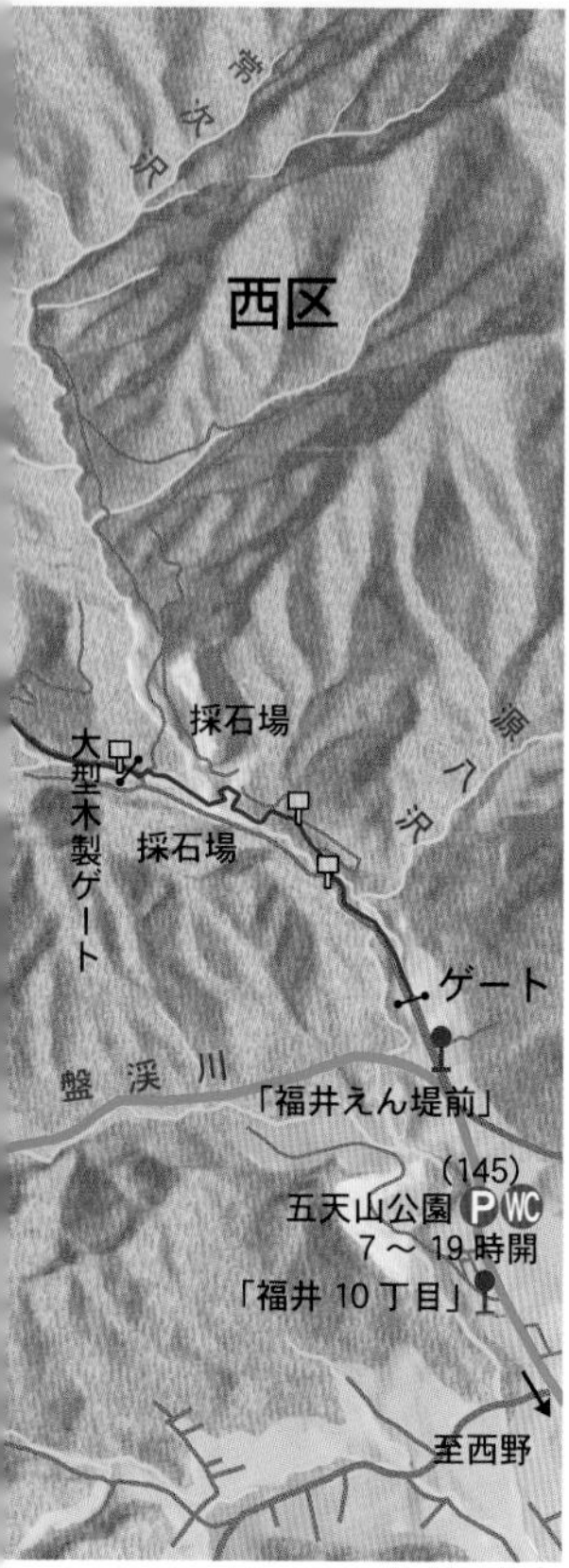

札幌市南区澄川公園から

826m

砥石山《といしやま》

　裾を長く引き、頂上まで樹林に覆われた落ち着いた山容の山である。顕著な特徴がないためか、札幌市街地から近い割には注目されずにいる。裏を返せばそれだけ静かな山であるわけで、植生も豊かな方である。しかし山麓部の樹林には伐採の手が入り、昔日の面影はなくなってしまった。

　山名の由来は刃物を研ぐ砥石と思われ、また山麓部周辺には採石場もあるが、詳しいことは定かでない。

　登山コースは計3本ある。

中ノ沢コース

沢から尾根へ変化に富むコース

■交通

　地下鉄真駒内駅からじょうてつバス南97「山水団地前」行き（☎011-588-3321）で「北の沢会館前」下車。そこから登山口まで徒歩約1・6キロ。

■マイカー情報

　登山口まではイラストマップとガイド記事を参考に。登山口に20

■体力（標高差）	40点
■登山時間加算	D
■高山度（標高）	C
■険しさ	D
■迷いやすさ	D
総合点45点［初級］	

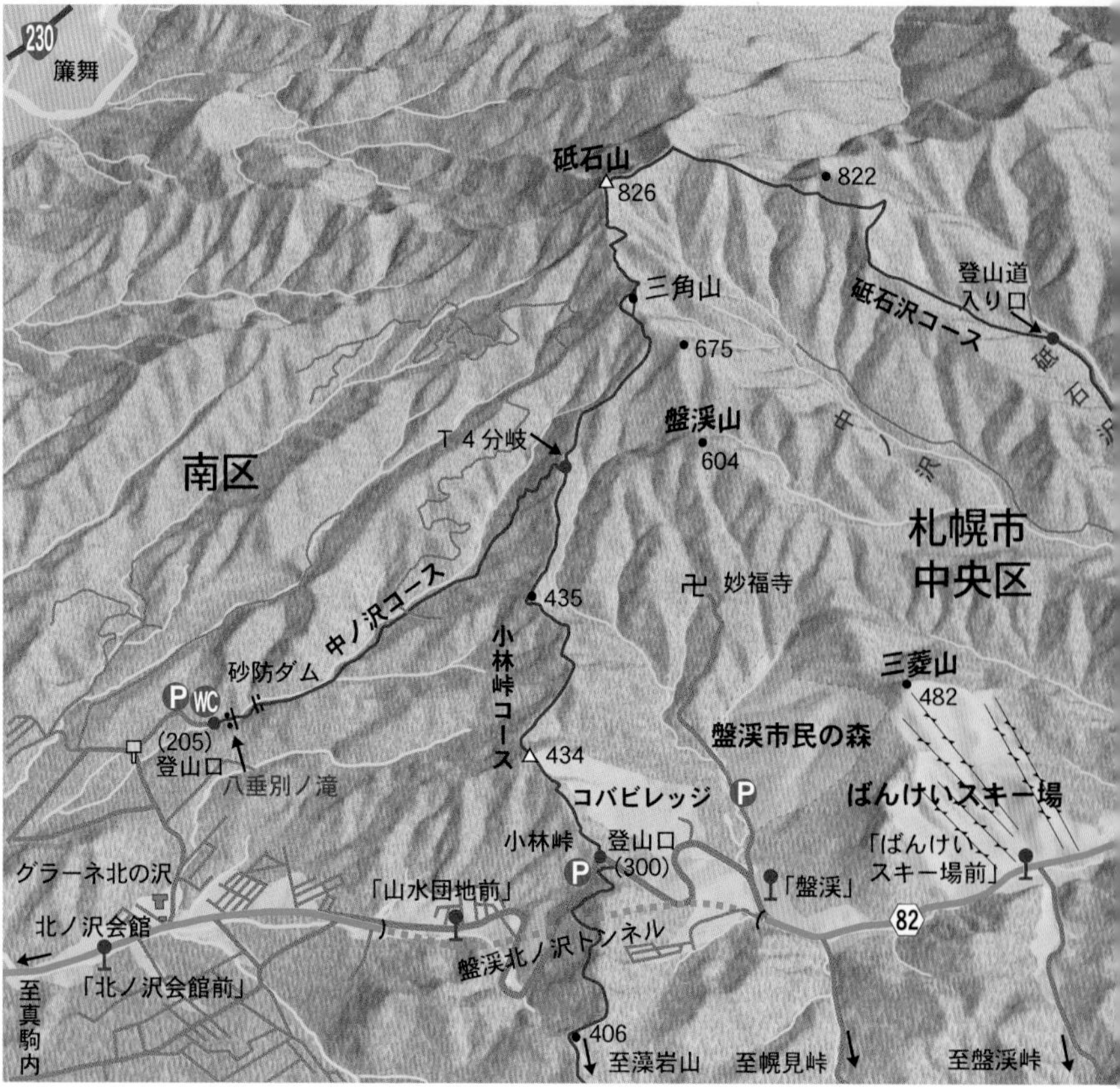

台程度の駐車が可能。

■**コースタイム**（日帰り装備）

登山口 ―1:00↓ 0:40↑― T４分岐 ―0:50↓ 0:40↑― 三角山 ―0:30↓ 0:20↑― 砥石山

累積標高差　約690メートル

登り　2時間20分

下り　1時間40分

■**ガイド**（撮影　5月18日、8月13日）

登り始めは小沢の瀬音を耳に、尾根に出てからは樹間を渡る風を感じながら、いかにも自然に浸るといった趣のあるコースである。

「北の沢会館前」バス停から南西方向の車道に入り、徒歩15分ほどで「八垂別《はったりべつ》ノ滝・砥石山」の標識を見て右折する。その奥の車道終点が登山口で広場になっている。すぐ先の沢に懸かる小さな滑《なめ》滝《たき》が八垂別ノ滝だ。

駐車広場を出て滝の上で沢を渡

登山口にある八垂別ノ滝

登山口の駐車スペースは広く、トイレもある

り、左手に砂防ダムを見て沢沿いをゆく。沢を2度渡ったあとは左岸を進むようになる。春はフクジュソウ、スミレサイシン、サンカヨウ、シラネアオイ…と花の道になり、週末には愛好者で賑わう。

林道を横切ると、ほどなくコースは沢から離れる。しばらく緩い道が続き、そこから急斜面に大きなジグザグを切って尾根上に出る。ここが小林峠からのコースが合流するT4分岐だ。いったん下ってダケカンバが混じる林下を緩急繰り返しつつ登り、長いトラバース道からの急登で展望のよい三角山の上に立つ（頂上を経由しない巻き道もある）。

三角山を過ぎると立派な針葉樹が多くなってくる。北側から回り込んで頂上のように見えたピークに立つが、本物はさらに二つ奥のコブ。ナンブソウ、コキンバイの多い尾根をもうひと息だ。

小林峠コース

小さな起伏を越える明るい散策路

■交通

地下鉄真駒内駅からじょうてつ

道沿いに姿を見せる
サンカヨウ（メギ科）

小さな流れに沿った中ノ沢コース
登山道。空気がおいしい

バス南97「山水団地前」行きで終点下車。そこから登山口まで徒歩約1・3キロ。

■マイカー情報
旧道道82号小林峠の北ノ沢側に10台程度の駐車スペースがある。

■コースタイム（日帰り装備）

小林峠 ―1：10↓ 1：00↑― T4分岐 ―0：50↓ 0：40↑―
三角山 ―0：30↓ 0：20↑― 砥石山

累積標高差　約700メートル
登り　2時間30分
下り　2時間

■体力（標高差）	40点
■登山時間加算	D
■高山度（標高）	C
■険しさ	D
■迷いやすさ	D
総合点45点［初級］	

気持ちのよい尾根道が続く

小林峠の登山口。峠の碑の横を入る

■ガイド（撮影　8月29日、9月19日）

明るい尾根コースで春はスミレ類の花が多い。

「山水団地前」バス停から旧道道82号を歩き、小林峠頂上の30メートルほど先から砥石山への自然歩道に入る。急な登りからすぐに気持ちのよい尾根歩きとなり、再度の急登で434メートルコブとなる。スキー場跡地で以前は展望がよかったが、すっかりササに覆われてしまった。

ここからカラマツ林の中を下って平坦なトドマツ植林地を過ぎれば、ミズナラやカエデ類など天然林の稜線歩きとなる。しっかり整備された道だが見晴らしがなく、起伏も多い。T4分岐までは結構長い道のりと感じられることだろう。分岐からは中ノ沢コースの項を参照のこと。

三角山の下りから砥石山がちらっと見える

採石場への道と別れて自然歩道へ

広々とした五天山公園駐車場

登山道に入ると立派なカツラの木が目立つようになる

砥石沢コース

沢沿いの道から札幌を望む尾根へ

■交通

ＪＲ・地下鉄琴似駅、地下鉄発寒南駅からＪＲバス（☎０１１−６３１−４１１１）西野福井線「福井えん堤前」行きで終点下車。

■マイカー情報

五天山公園駐車場（7〜19時、無料）を利用する。トイレ、水道あり。採石場ゲート周辺は大型車

■体力（標高差）	40点
■登山時間加算	C
■高山度（標高）	C
■険しさ	D
■迷いやすさ	C
総合点50点［初級］	

822ｍ峰付近からの札幌市街地の眺め。右手の山は藻岩山

両が通行し、適当な駐車スペースはない。

■**コースタイム**（日帰り装備）

五天山公園 ―0:40↓ 0:40↑― 大型木製ゲート ―0:40↓ 0:30↑― 登山道入り口 ―2:00↓ 1:30↑― 砥石山

累積標高差　約７１０メートル
登り　３時間20分
下り　２時間40分

■**ガイド**（撮影　９月７日）

札幌市の自然歩道案内では「源《げん》八沢《ぱちざわ》ルート」と記されているが、源八沢は砥石山とは関係がない。本書では実際にたどる沢にちなみ「砥石沢コース」として紹介する。

五天山公園から道道82号を盤渓方面に進み、左に大きくカーブする地点で直進する道に入る。採石場を出入りするダンプに注意しながら進み、橋の手前で案内板に従って自然歩道に入る。構内道路と歩道が錯綜して紛らわしい箇所もあるが、その都度標識があるので見落とさぬよう。

急登区間はそう長くない、頑張ろう

採石場の最奥部で車道を横切り、大型木製ゲートのある砥石沢林道に入る。すっかり喧騒から逃れたころ、Ｕターン気味に沢を横切り、すぐ先の三差路を折り返すように上流側に入る。やや荒れ気

木々の合間に恵庭岳が

西側の山々が見えてくると山頂は近い

山頂から無意根山方面の展望

木漏れ日が優しい砥石山山頂

味の林道を1キロほど進むと、ようやく登山道入り口である。

カツラの大木や林床のシダなどに目を和ませながらしばし沢沿いを進み、尾根の側面を斜上した先で本コース最大の急斜面を登る。

登りきったところで細い尾根に出るが長くは続かず、大きく電光を切りながら822メートル峰の東面をトラバースしてゆく。途中の風倒木地帯は札幌市街地方面がよく見え、コース上随一の好展望だ。

822メートル峰の南で広い稜線に出て大きなコブを越え、進路が左に折れるとほどなく山頂である。

山頂は広くて明るいが周囲の木が伸びてスカッとした展望には恵まれない。それでも木々の間に神威岳や定山渓天狗岳、無意根山方面、さらに札幌岳や恵庭岳などを指呼することができる。

498m

八剣山《はっけんざん》

南口コース

スリル満点の岩稜をたどって

■交通

JR札幌駅からじょうてつバスかっぱライナー号（5～10月運行の旧国道経由便、要予約、☎0120-737-109）で「八剣山南口」下車。登山口まで約300メートル。またはJR札幌駅から同バス（☎011-572-3131）快速7、8、または地下鉄真駒内駅から12系統で「簾舞《みすまい》」下車（12系統旧国道経由便は「簾舞小学校」下車）。登山口まで約2キロ。

■マイカー情報

八剣山トンネル東側出口すぐの分岐を入り（標識あり）、約250メートル先を右折すると登山口駐車場。15台程度駐車可。トイレなし。

■コースタイム（日帰り装備）

登山口 —0:50↓ 0:30↑— 八剣山

標高差　約290メートル
登り　50分
下り　30分

■体力（標高差）	30点
■登山時間加算	D
■高山度（標高）	D
■険しさ	C
■迷いやすさ	D
総合点35点［初級］	

グレード表は南口コース、中央口コース共通。総合点としては“初級”だが、岩稜帯の通過は十分に注意のこと

札幌市南区豊滝から

上部に剣を立てたような山容で、国道230号の豊滝付近からよく目立つ。昔は五剣山とも呼ばれていた。また国土地理院発行の地形図には観音岩山と表示され、報道などではしばしばその名称が使われる。

小さな山ながら切り立つ岩塔の上からは抜群の眺望とスリルが味わえ、幅広い層に人気がある。一方で滑落事故も少なくないので十分に注意したい。登山口は3カ所あるが、それぞれの距離は遠くないのでいろいろな歩き方が楽しめるのもよい。

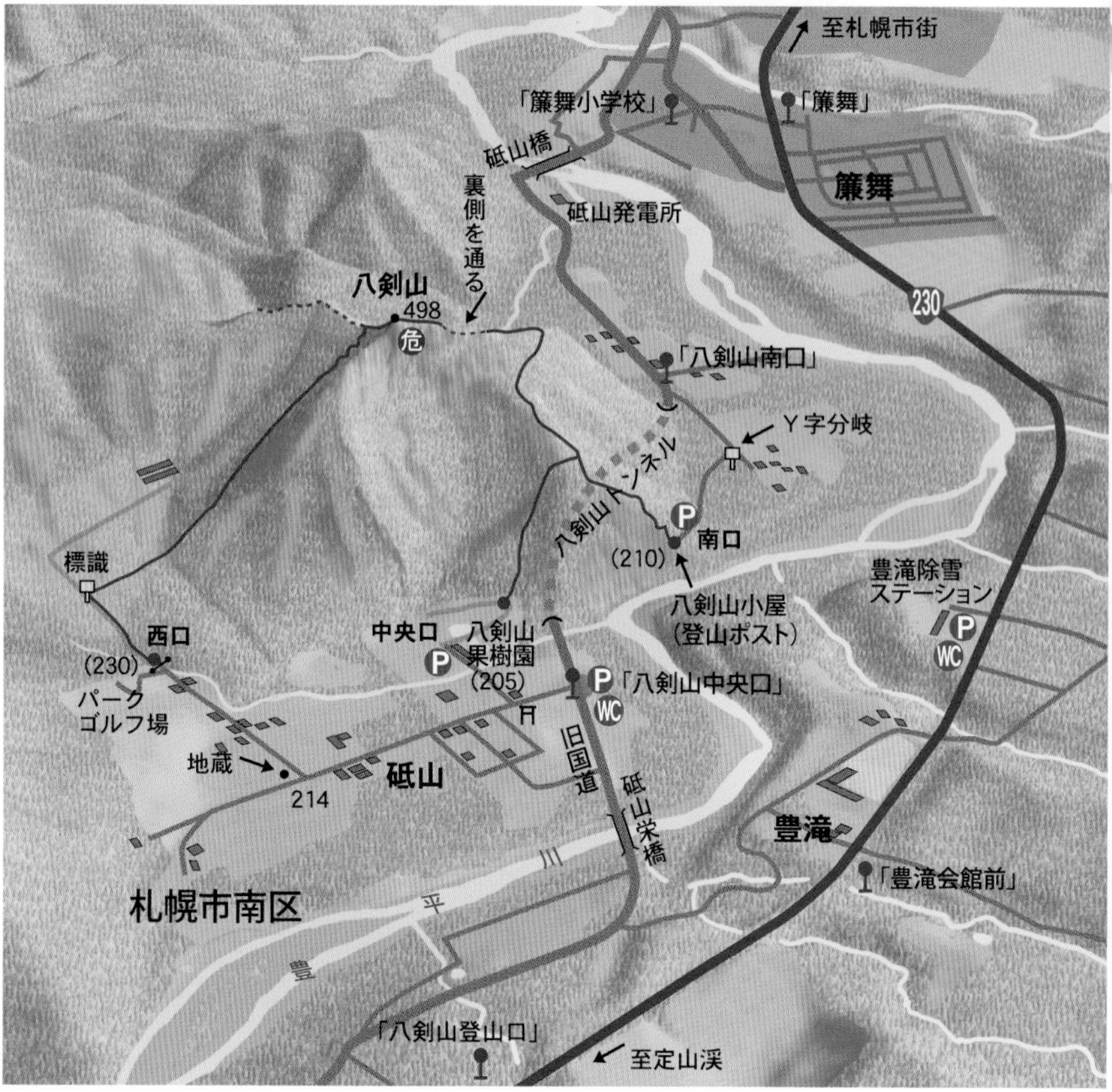

■ガイド（撮影　6月29日）

バス利用の場合、かっぱライナー号の「八剣山南口」バス停は登山口に近いが、路線バスの「簾舞」「簾舞小学校」は30分弱車道を歩くことになる。ルートはイラストマップを参照のこと。

登山口は駐車場の奥、登山ポストのある丸太小屋「八剣山小屋」と不動明王の祠を過ぎた先にある。しょっぱなから岩の露出した

奥に長い南口コースの駐車場

稜線から藤野方面を展望する

汗をかく間もなく中央口コースと合流

急な斜面が待っているが、すぐに斜度は緩んで台地状となり、中央口からの道が合流する。ここがすでに三合目である。さらに広葉樹林の中をゆき、五合目の標識を見ると岩が累積した道となって細い岩稜の東端に出る。一気に石山通り方面の展望が開け、思わず歓声が上がるところだ。

　ここから尾根を回り込み、岩稜上、あるいはその北側直下をたどってゆく。足元の岩自体はしっかりしているが、切れ落ちているので転倒やつまづきに気をつけたい。鎖場のトラバースを過ぎると細い岩稜上に出て、ものすごい高度感に思わず足がすくむ。と同時に眼下には豊滝の町並みや札幌岳がジオラマ模型のように展開する。右から西口コースが合流すると、頂上はもうすぐそこだ。

　切り立った岩壁上の山頂は見事

頑丈な鎖のかかった岩場を通過

山頂付近はまさに剣の刃のような稜線

山頂から豊滝方面を見る。中央を横切るのは国道230号。正面は札幌岳

な展望が広がり、札幌岳、無意根山、余市岳、烏帽子岳など札幌を代表する山並みを一望できる。ただし頂上は狭く、人も多いのでくれぐれも細心の注意を。

中央口コース

■**交通**

南口コースと同じバスを利用する。かっぱライナー号は「八剣山中央口」下車、登山口まで約500《メートル》。路線バスは「豊滝会館前」または「八剣山登山口」下車、登山口まで約1・8《キロ》。

■**マイカー情報**

登山口に通じる八剣山果樹園の駐車場を利用させてもらえる。

■**コースタイム**（日帰り装備）

登山口 ―0・50↓ 0・30↑― 八剣山

標高差　約295《メートル》

登り　50分

下り　30分

■**ガイド**（撮影　6月29日）

各バス停からのルートはイラストマップを参照。登山口は八剣山果樹園の施設を抜けた奥にある。気分のよい広葉樹林をひと登りで南口コースに合流する。以降は前項を参照のこと。

なお、このコースは西口〜南口間の移動にも使える。

果樹園の施設の中を中央口へ。ちなみに中央口は果樹園の先代が拓いたとか

登山口のゲートを抜けて林道を奥へ

西口からは“一剣山”のようだ

登山道に入る。入り口の標識を見落とさぬよう

西口コース

静かな森の中をのんびりと

■交通

中央口と同じ。登山口まで、「八剣山中央口」から約800《メートル》、「豊滝会館前」「八剣山登山口」から約2《キロ》。

■マイカー情報

西口付近に駐車スペースはない。八剣山果樹園の駐車場が利用できるほか、旧国道沿いの公衆トイレ前に10台ほど駐車できる。

■コースタイム（日帰り装備）

登山口 ― 0·50↓ 0·40↑ ― 八剣山

標高差　約270《メートル》
登り　50分
下り　40分

■体力（標高差）	30点
■登山時間加算	D
■高山度（標高）	D
■険しさ	C
■迷いやすさ	D
総合点35点［初級］	

緑のシャワーを浴びながら尾根の鞍部へと向かう

エゾミセバヤは昔の五剣山の名をとってゴケンミセバヤとも呼ばれた（9月上旬）

岩の露出した狭い山頂

■**ガイド**（撮影　6月29日）

展望は利かないが、短時間で頂上に立つことができ、また頂上以外は危険な岩場もない。

旧国道の公衆トイレ前の道に入り、のどかな農村風景の中を直進する。お地蔵さんの立つ丁字路を右折した突き当たりのゲートが登山口である。

しばらく林道を進み、標識に従って右の登山道に入る。所々MTBのコースが横切っているので注意しよう。森林浴を楽しみながら高度を上げてゆくと尾根の鞍部に出、そこから進路を右に取る（近年、左＝北側にも尾根伝いに顕著な踏み跡が延びている）。ロープのかかった急斜面を登り、岩壁が立ちはだるように迫ってくるとほどなく頂上である。

579m

豊見山《とよみやま》

■体力（標高差）	35点
■登山時間加算	D
■高山度（標高）	D
■険しさ	C
■迷いやすさ	D
総合点40点［初級］	

藤野コース

樹林の急斜面から展望の山頂へ

■交通

ＪＲ札幌駅からじょうてつバス（☎０１１-５７２-３１３１）快速７、または地下鉄真駒内駅から12系統で「藤野５-９」下車。登山口まで徒歩約１キロ。

■マイカー情報

国道２３０号「藤野３-９」の信号交差点から野々沢川沿いに山側に進み、約１・７キロでゲート手前の車旋回場所に邪魔にならぬよう駐車する。

■コースタイム（日帰り装備）

登山口 ―0:10↓／0:10↑― 焼山分岐 ―0:50↓／0:35↑― 豊見山

標高差　約３２５メートル

登り　１時間

下り　45分

■ガイド（撮影　8月20日）

登山口は駐車スペースの脇に２カ所あるが、入ってすぐに合流する。車道と沢の間の小尾根を進

藻岩山スキー場から

焼山の東隣に聳《そび》える山で山容もよく似ている。山名については51ページのコラムを参照。

登山道は比較的最近に開削されたらしいが、登山者は結構多いようで、国土地理院の電子地図（電子国土Web）にも一部ルートが記載されている。また北隣の低山、野々沢山と結ぶ道も拓かれ、ミニ縦走が楽しめる。

両山の山頂部は大規模な伐採が行われ、低標高ながら遮るもののない展望が得られる。半面、伐られた樹木がそのまま放置されているのが痛々しい。

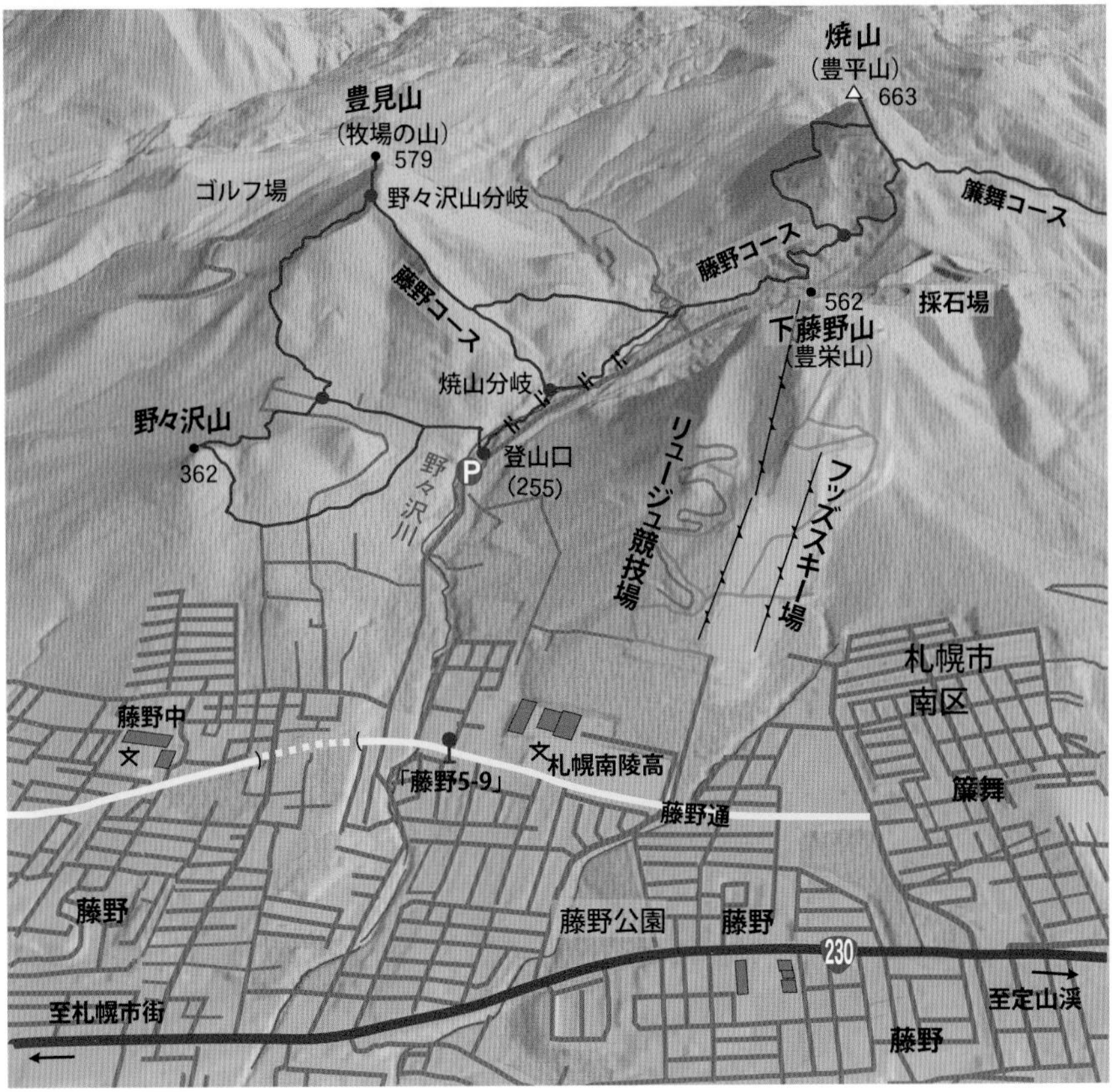

駐車スペースと登山口は焼山と共通

み、砂防ダムを越えた地点から沢に沿ってゆく。ほどなく焼山への分岐が現れるのでこれに入り、沢を背にして段丘上の急斜面を登る。登り切るといったん傾斜が落ちるものの、再度強まってくる。これを避けるジグザグ道もあるがやや不明瞭だ。

広葉樹林下の急登から傾斜の落ちた尾根歩きとなり、明るい伐採

野々沢山分岐。ここから上は伐採地

傾斜の緩んだ尾根道を登る

豊見山山頂から南側の展望。左端が空沼岳、右端が札幌岳

地帯に出る。切り倒された木が残っているので造材目的ではなさそうだが、山頂近くの無線中継所と関係があるのかもしれない。ここは野々沢山分岐でもある。

あとは見通しの利く尾根をたどるだけだ。南側の林が伐採された山頂の展望は素晴らしい。

帰路は分岐から野々沢山に縦走してもよいだろう。野々沢山との

眺めのいい豊見山。遠く恵庭岳が見える

低いながら野々沢山も見晴らし良好

伐採跡を下り野々沢山分岐へ

野々沢山からの展望。右に烏帽子岳、左手前に八剣山、その後ろに定山渓天狗岳、さらに遠く雪の残る余市岳

逆コースは最初に赤い橋を渡る

鞍部までは往路と似たコースだが急斜面の下りに注意したい。野々沢山をめぐるルートは大半が緩い車道跡である。この山も山頂部が伐採され、展望はすこぶる良好だ。

なお、逆コースで野々沢山から登る場合は、駐車スペース左側の入り口から直接沢に向かい、赤い鉄橋を渡って登り始める。

663m

焼山《やけやま》（豊平山《ほうへいざん》）

藤野コース

沢沿いの道を経て 緩急2コースを選択

■コースタイム（日帰り装備）

登山口 —0:40↓ 0:30↑— 分岐 —0:40↓ 0:30↑— 焼山

標高差　約410メートル
登り　1時間20分
下り　1時間

■交通、マイカー情報

「豊見山」と同じ。42ページを参照のこと。

八剣山から

国道230号を札幌市街から定山渓方面に向かうと、藤野地区でフッズスキー場が見えてくる。その後ろ側に聳《そび》えているのがこの山だ。天を衝《つ》くと表現したくなるほど山頂部が急傾斜で、遠くからでもすぐわかる山容である。

国土地理院地形図では「焼山」と表記されているが、山頂をはじめ現地の標識は「豊平山」となっている（詳しくは51ページ参照）。登山道は藤野側と簾舞《みすまい》側からの2コースがあるが、いつ開削されたのかは不明である。

■体力（標高差）	35点
■登山時間加算	D
■高山度（標高）	C
■険しさ	C
■迷いやすさ	D
総合点40点［初級］	

■ガイド（撮影　6月26日、9月10日ほか）

登山コース入り口は駐車スペースから山に向かって右と左の2カ所にあり、小さな標識がかかっている。両者はすぐに合流して小尾根を進み、砂防ダムを越えた地点から沢に沿うようになる。その先の砂防ダムをかわすように右手の斜面に取り付き、車道を横切って林下を進むと採石道路跡に出る。しばらくなだらかで歩きやすいコースとなり、途中、イチヤクソウが多く見られる。

駐車スペース脇から登山道に入る

やがて山の傾斜が大きく変化し、正面に岩が望まれる地点で道は二手に分岐する。案内板では、右は「北尾根コース」、左は「東面コース」とある。どちらもさらに作業道跡をたどるが、北尾根コースの後半は急な尾根登りとなって簾舞コースと合流する。東

上：最初の砂防ダムは右岸（進行方向左側）を越える　左：夏は涼しげな沢沿いの道

東面コースは作業道跡の幅の広い道

北尾根（右）と東面（左）コースの分岐点

面コースは距離は長くなるが傾斜は緩めだ。所要時間は大差ないので、往路と復路で使い分けるのも面白いだろう。二つのコースは再び合流し、山頂に至る。

高度感のある山頂からの展望は期待通りだ。烏帽子岳から余市岳、無意根山、恵庭岳と近郊の名峰が一望である。

山裾にあったコケイラン

山頂から思う存分展望を楽しもう

山頂から南西側の展望

北西側は木の合間からいくつかの名山が見える

車道から登山道へ入る

簾舞コースの駐車スペース。小さな標識がある

お休みどころは平坦地

簾舞コース

きつい傾斜に耐え 短時間で展望の頂へ

■**交通**

JR札幌駅からじょうてつバス（☎011－572－3131）快速7、8または地下鉄真駒内駅から12系統で「東簾舞」下車。登山口まで徒歩約2・7キロ。

■**マイカー情報**

国道230号「簾舞3－3」信号（簾舞中学校入り口）から簾舞川沿いの道に入り約2・8キロ、簾舞川支流を渡る地点が登山口。その250メートルほど先に数台分の駐車スペースがある。登山口付近は駐車禁止。

■**コースタイム**（日帰り装備）

登山口 ─0:30↓ 0:20↑─ お休み処 ─0:30↓ 0:30↑─ 焼山

標高差　約365メートル

登り　1時間

下り　50分

■**ガイド**（撮影　5月21日、7月18日ほか）

小さな沢に沿って登り始めるが、すぐに左手斜面のやや急な坂道となる。ほぼ一直線に高度を上げていく。周囲は細い広葉樹の林で、林床は一面のクマイザサだ。

山名について

戦後の混乱した生活が落ちついてきた1951年（昭和26年）頃、下藤野青年会は地域の自然を観光に活かす計画を考えた。その一環として、地域の無名の三山――下藤野山（スキー場の山）に豊栄山（ほうえいざん）、焼山に豊平山（ほうへいざん）、牧場の山に豊見山（とよみやま）と名付け、この三山を藤野三豊山（ふじのさんぽうざん）とした。

焼山と牧場の山をロープウェイで結ぶなど、夢あふれる観光開発は頓挫したが、当時付けられた山名だけは後世に引き継がれている。

参考資料＝札幌市南区役所ホームページ

後半はトラバース気味に高度を上げる

狭いながらもベンチのある頂上

■体力（標高差）	35点
■登山時間加算	D
■高山度（標高）	C
■険しさ	C
■迷いやすさ	D
総合点40点［初級］	

三合目の標識を見てもうひと踏ん張りで中間地点、その先が斜度とササがなくなるお休み処だ。素朴なベンチが設置されている。

そこから平坦地を左に進むと再び急勾配の登りとなる。地図を見てもわかるように前半とは比較にならないほど傾斜がきつい。その急斜面を登り始めるとほどなくコースは左上に向かってトラバース気味に高度を上げるようになる。やがて藤野北尾根コースが合流して山頂へと向かう。

約940m

盤《ばん》ノ沢山《さわやま》

■体力（標高差）	35点
■登山時間加算	D
■高山度（標高）	C
■険しさ	C
■迷いやすさ	C
総合点45点［初級］	

豊滝コース

名水湧く神社から薄く長い頂稜へ

■交通

JR札幌駅からじょうてつバス（☎011-572-3131）快速7、8、または地下鉄真駒内駅から12系統で「豊滝」下車。登山口手前の神社まで徒歩約2・5㌔。

■マイカー情報

国道230号「豊滝」交差点を南に入り、豊滝地区を抜けて市民の森駐車場へ。国道から約2・4㌔。経路はイラストマップ参照。10台程度駐車可。トイレあり。なお、神社（龍神の水）の駐車場は参拝客用なので停めないこと。

■コースタイム（日帰り装備）

市民の森駐車場 ―0:30↓ 0:25↑― 1本目の林道交差 ―1:15↓ 0:55↑― 盤ノ沢山（最高点）

標高差　約590㍍
登り　1時間45分
下り　1時間20分

■ガイド（撮影　8月17日）

市民の森駐車場から散策路に入

札幌市南区豊滝から

焼山や豊見山など“小ぶりな独立峰”が集まるエリアの西端に位置し、国道230号の豊滝地区、あるいは八剣山、札幌岳などから長い頂稜を伴った特徴的な姿がよく見える。以前から踏み跡はあったようだが、近年、標識などが付けられ、登山者も徐々に増えている。

頂稜の北寄りに三角点があり、最高点はそこからさらに進んだ南端になるが、正確な標高はわからない。コースは豊滝側からの1本のみ。登山口周辺は豊滝市民の森になっている。

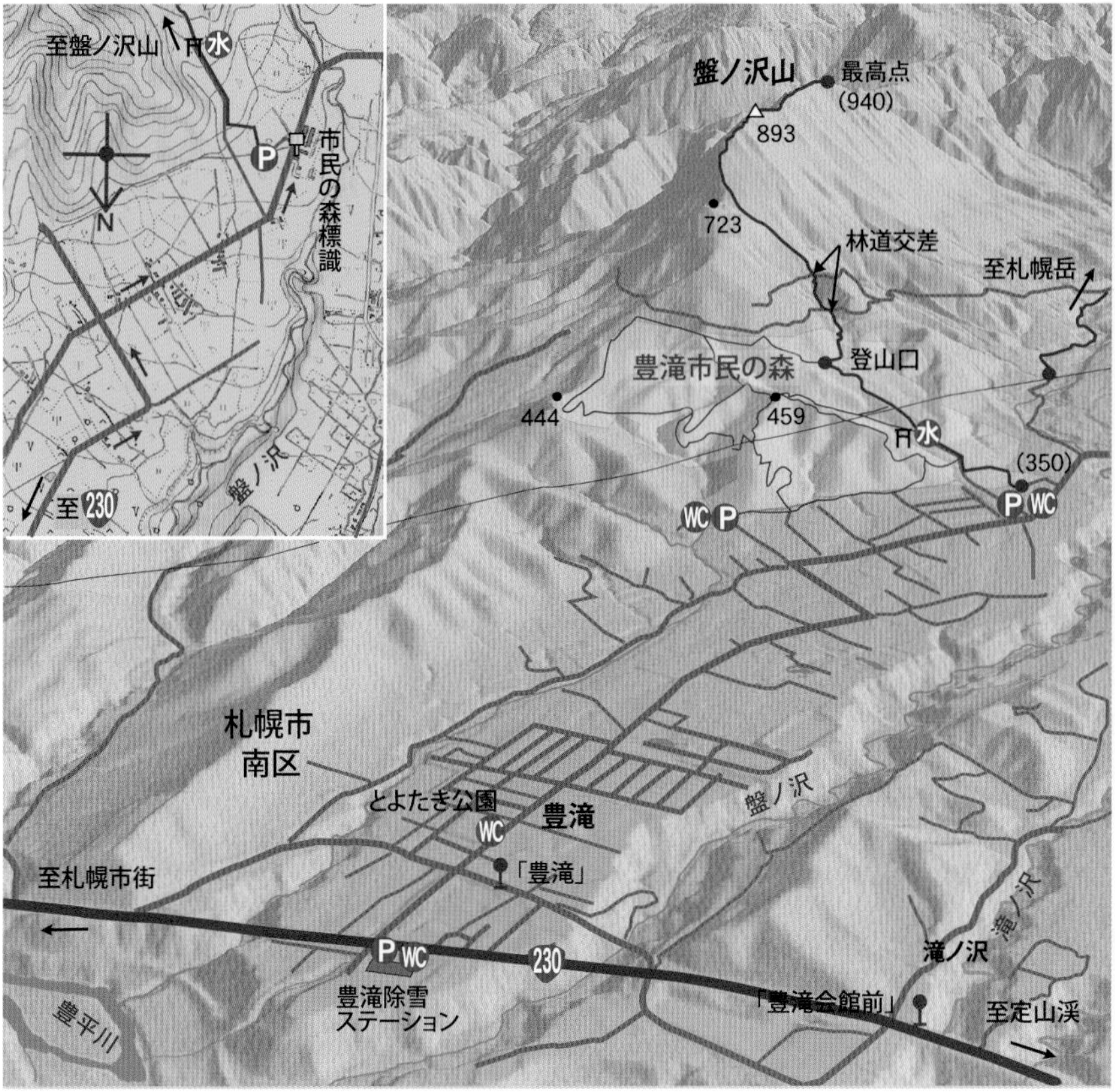

り、圃場《ほじょう》施設跡のような場所を抜けて神社に続く車道に出る。神社にはおいしい「龍神の水」が湧いている。その先、鳥居のある拝殿手前を右に入ってしばらくゆくと「登山口」の標識があり、市民の森散策路と別れて山道に入る。

道は浅く広い沢地形の中へと続き、樹冠の高い森は圧迫感もなく落ち着いた雰囲気が漂う。

やがて林道を1本横切り、やや

市民の森駐車場を利用しよう

立派なミズナラやダケカンバも見られる

「龍神の水」の湧く神社横を進む

中盤は急登続き。コケが美しい所も

狭くなった谷をたどってゆくと2本目の林道に出る。これを横切ると広い尾根状となり次第に斜度が増してくる。腐葉土の心地よさを感じつつ進むうちに尾根は左手の斜面に吸収され、723メートルコブ南側のコル下をかすめて頂稜に向かう。胸を突くような急登は標高差約150メートル。所々踏み跡が薄くなるが目印は多い。

倒木で札幌市街方面の展望が開けた場所を過ぎると、ふっと傾斜が緩んで頂稜の一端に乗ったことを知る。そこから少し登ったところが三角点。最高点は頂稜をさらに500メートル進んだ先である。木々で目立ちにくいが、左右は絶壁といえる急斜面なので注意を。

岬のように突き出た頂上からは正面に札幌岳が大きく、無意根山や神威岳方面も見渡せる。

倒木地帯から札幌市街方面を望む

最高点には「GPS測定939m」の表示が

展望の利かない三角点頂上

谷を挟んで正面に札幌岳

最高点から見た烏帽子岳（左）と神威岳（右）

1293m

札幌岳《さっぽろだけ》

冷水沢コース

豊平峡口から冷水小屋を経て

■交通

JR札幌駅からじょうてつバス（☎011-572-3131）かっぱライナー号（予約制）、快速7、8、または地下鉄真駒内駅から12系統で「定山渓車庫前」下車。登山口まで徒歩約4・2㌔。便数は限られるが札幌駅から同バス快速7の「豊平峡温泉」行きを利用して終点下車すれば徒歩約2・4㌔。

藻岩山から

サッポロペツ（現名豊平川）上流にあることからこの名がついた。特徴的なピークではないが、札幌市街の高い建物や豊平川沿いの開けた場所からよく見える。北面がスッパリと切れ落ちており、雪のある姿はアルペン的だ。今はない滝ノ沢コースが最初に拓かれ、古くから信仰の山として登られてきた。

登山道は冷水沢《ひやみずさわ》コースと豊滝コースのほか、空沼岳への縦走路（72㌻を参照）があり、登山者は冷水沢コースが圧倒的に多い。

駐車場と登山届のある丸太小屋。登山口は駐車場の一番奥

■マイカー情報

国道230号の定山渓温泉から中山峠方向に約2㌔、豊平峡ダムへの道に入り、定山渓自然の村手前を左折。急カーブの左手に登山口と駐車場がある。国道から約3㌔。20台程度駐車可。

■札幌市定山渓自然の村

豊平峡温泉の奥にあるキャンプ

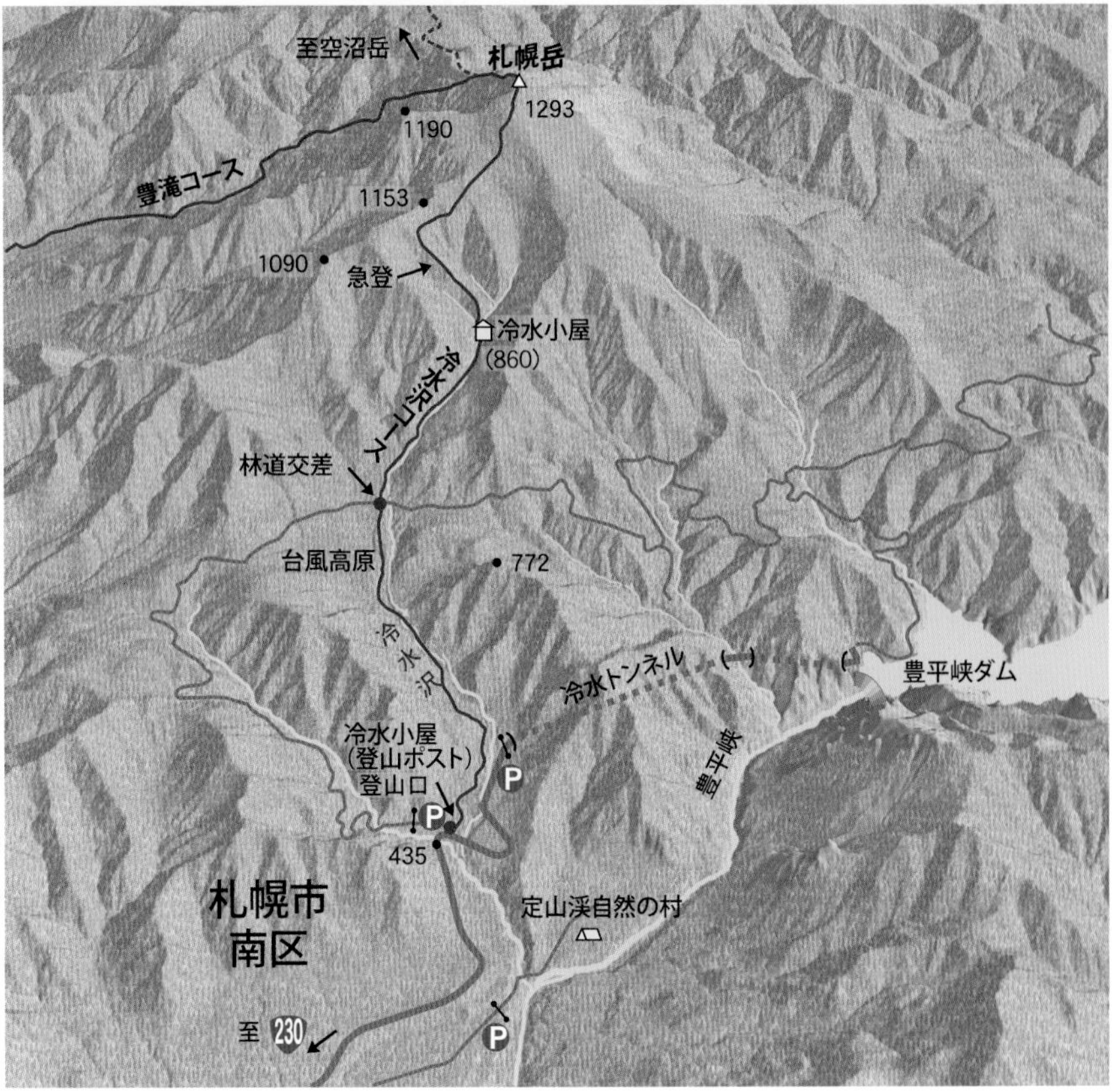

場。コテージ、テントハウスなどもある。
▼期間＝通年（年末年始休）
▼使用料＝有料
▼予約・連絡先＝
☎011-598-3100

■コースタイム（日帰り装備）
登山口 ―1：30↓ 1：20↑― 冷水小屋 ―1：10↓ 1：00↑― 札幌岳

標高差　約860メートル
登り　2時間40分
下り　2時間20分

■体力（標高差）	40点
■登山時間加算	D
■高山度（標高）	B
■険しさ	D
■迷いやすさ	D
総合点45点［初級］	

前半は冷水沢に沿った道。夏は沢の流れが涼し気だ

冷水小屋周辺に咲いていたミドリニリンソウ

林道を横切って進む

■**ガイド**（撮影　6月16日ほか）

登山届は登山口駐車場の丸太小屋（紛らわしいがコース途中の山小屋と同じ「冷水小屋」の名が付いている）にある。登山口は駐車場の奥だが、時に間違えて左の林道に入る人がいるようなので注意したい。

はじめは冷水沢に沿った緩やかな道である。二度三度と沢を渡るが、その都度簡素な橋が架かっている。標高660㍍付近で横切る立派な林道は、前述した駐車場横から通じている道だ。

周辺の植林帯は1954年（昭和29年）の洞爺丸台風による倒木のあとに植えられたカラマツ林で、本来ならそろそろ伐期を迎えてもよい時期である。しかし、間伐などの手入れがなされていないようで、暗く貧相な雰囲気が漂っ

冷水小屋

　冷水沢コース標高 860 m 地点にある北海学園大学所有の山小屋。初代は 1933 年（昭和 8 年）建設と歴史は古い。焼失により 52 年に再建された。一般登山者の休憩、宿泊も可。
▶収容人数＝30 人
▶使用料＝有料
▶利用期間＝1 月 1 日～10 月 31 日の第 1、3 日曜とその前日。要予約
▶管理・問い合わせ先＝北海学園大学学生部学生課山小屋管理委員会☎ 011-841-1161

冷水小屋の赤い屋根を真下に見ながらの急登

ているのが残念だ。

　それでもいつしか大木も見られる雰囲気のいい針広混交林へと移行し、沢音や鳥の声に心を和ませながら歩くうちに冷水小屋が見えてくる。小屋の前には鉄管から冷たい水がほとばしっているが、大腸菌が検出され飲用不可である。

　小屋からはそれまでと打って変わり、細かいジグザグを切りながらの急登となる。標高差は２００メートルほどで、本コース唯一にして最大の頑張りどころだ。たっぷりと

焦らず息を整えながら

急登が終わりダケカンバの林をトラバースしてゆく

厳しい風雪を物語るダケカンバ

6月はまだ部分的に残雪がある

汗をかいたところで右にトラバース気味に進路が変わると、頂上から北に延びる台地状の尾根に出たことになる。

あとはだらだらとした緩やかな道をゆくだけだが、ここが意外と長い。早い時期は残雪やぬかるみもある。やがて風化の進んだ石鎚

チシマザクラがちらほらあり、花見も楽しめる

初夏の札幌岳頂上から。羊蹄山（右）、尻別岳（左）、昆布岳（中央左寄り）

狭薄山（右手前）、漁岳（中央）、恵庭岳（中央奥）

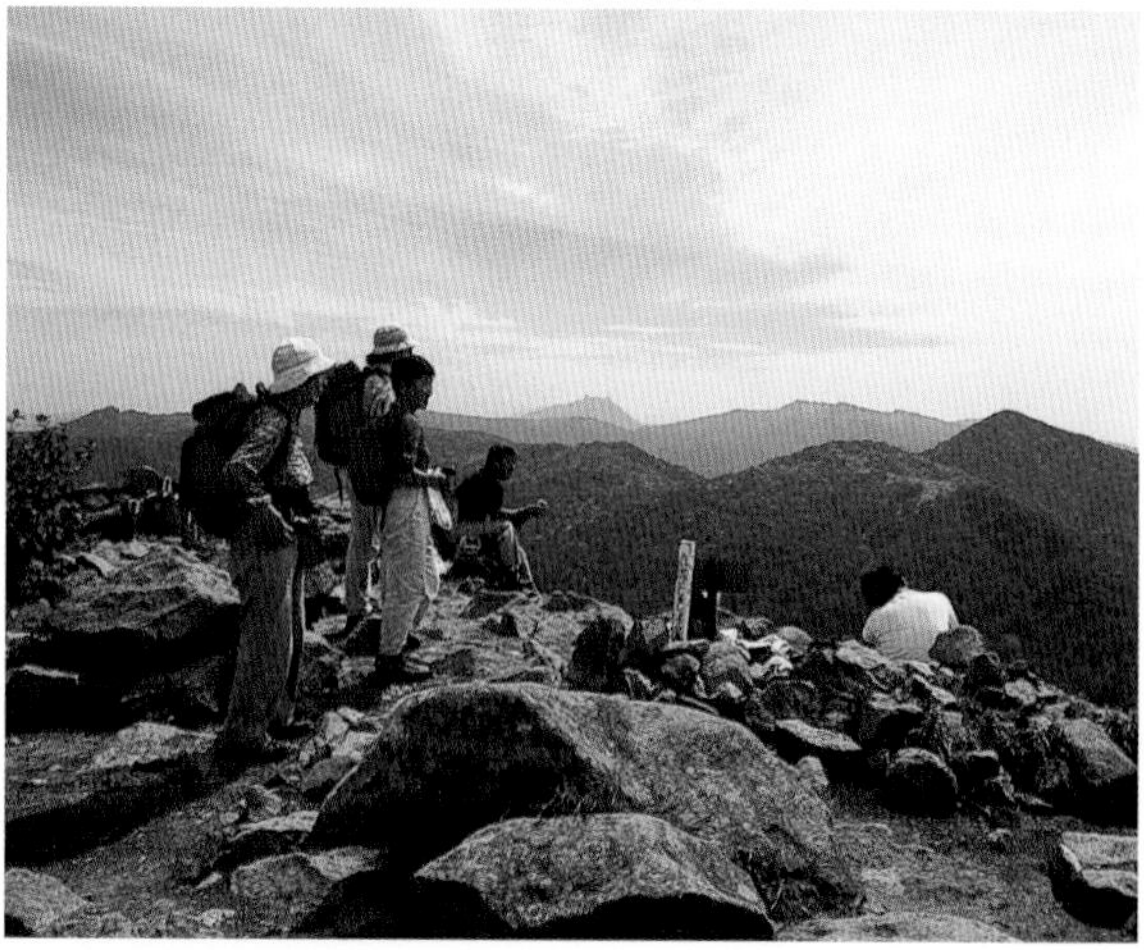

神社の碑を見ると山頂である。
展望はよく、札幌市街地から空沼岳、支笏湖周辺の山、羊蹄山や尻別岳などぐるりと見渡せる。

豊滝コース

いにしえの登山道をたどる

盤ノ沢沿いの林道入り口。木に小さな標識あり

■**交通**

JR札幌駅からじょうてつバス（☎011-572-3131）快速7、8、または地下鉄真駒内駅から12系統で「豊滝」下車。登山の起点となる林道ゲートまで徒歩約3キロ。

■**マイカー情報**

国道230号「豊滝」交差点を南に入り、豊滝地区を抜けて約2・6キロ、盤ノ沢を渡る手前を左折し、さらに林道を約500メートルで林道ゲート。造林関係車両の迷惑にならないよう、林道脇か送電線の鉄塔脇にスペースを見つけて駐車する。

送電線下の林道ゲートがスタート地点

体力（標高差）	45点
登山時間加算	C
高山度（標高）	B
険しさ	D
迷いやすさ	C
総合点60点［中級］	

■**コースタイム**（日帰り装備）

林道ゲート ―1:00↓ 1:00↑― 林道終点 ―0:30↓ 0:20↑― 縦走路分岐 ―1:30↓ 1:10↑― 札幌岳

標高差　約905メートル
登り　3時間
下り　2時間30分

■**ガイド**（撮影　6月16日）

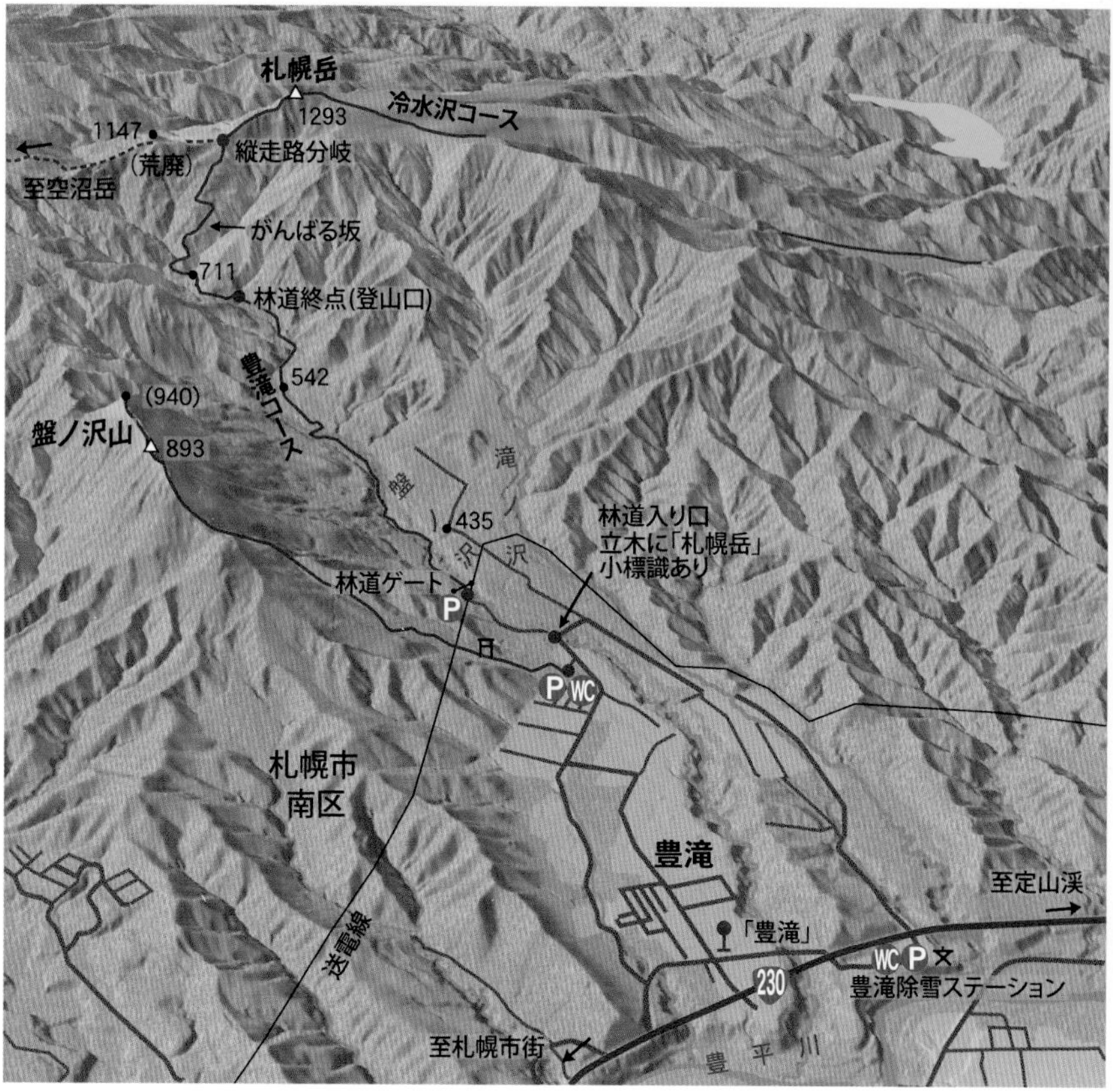

このコースは古くは信仰登山の道だったという。一度は荒廃した時期もあったが、近年はササ刈りや標識などの手入れも行われ、徐々に登山者も増えているようだ。前半の林道歩きがやや長いものの、登山道に取り付いてからは一気に高度を稼いで、比較的短時間で頂上に立つことができる。

前半は植林地の林道歩き

山頂からの支沢を渡る。対岸をよく見て

林道終点から登山道に入る

「がんばる坂」を登る。道の状態はよく歩きやすい

ゲートを出発して林道を奥へと進む。伐採作業の重機や関係車両も通るので注意しよう。途中で左岸に渡るとやや斜度が増し、洗掘などで道が荒れてくる。やがて標高650メートル付近で小さな転回場のある林道終点となり、「札幌岳登山口」の標識に従って右の支流方向に続く登山道に入る。

すぐに小沢を横切り、本流沿いに河畔林を進んだのち、711メートル標高点付近で山頂からの支沢を渡る。川幅は狭いが荒れ気味で、ルートを見失わないようにしよう。

ここから斜面に取り付き、ひと登りで尾根に乗る。斜度が増し、「がんばる坂」の札も目に入るがそれほどの急登でもない。右に斜上しながら高度を稼ぎ、いっとき傾斜が緩んだのちに、再び滑りやすい土の急斜面が現れる。その後は稜線に向かってササの斜面の直登となる。取材時はきれいに刈られていたが、タイミングによっては煩わしいかもしれない。

登りきったところは空沼岳への

縦走路分岐に出た

稜線手前にはロープのかかった急斜面も

山頂に向かってダケカンバの尾根をゆく

稜線に出ると花も増えてくる。上：ウコンウツギ　右：コヨウラクツツジ

縦走路分岐である（縦走路は2021年秋現在通行不能。72ページ参照）。山頂までの距離は残り500メートル弱だが、標高差は160メートルほどある。スミレ類やハクサンチドリ、ノウゴウイチゴなどの花々や、所々で開ける展望を楽しみながら登っていけば、小さな岩稜を経て山頂に飛び出す。

1251m

空沼岳《そらぬまだけ》

万計沢コース

森、沢、沼　最後は好展望の頂

■交通

地下鉄真駒内駅から中央バス（☎011-584-3105）空沼線に乗車。季節運行便（例年6月上旬～10月上旬の土日祝日運行。1日2便程度。詳細は春に決定）は終点「空沼登山口」下車。登山口まで徒歩約1・3キロ。それ以外は同路線の通常便終点「空沼二股」下車。徒歩約3キロ。

藻岩山から

深い森林、清冽な沢、点在する沼、そして支笏湖をはじめとする群を抜く展望と多彩な魅力にあふれる山。それだけに人気は高く、週末を中心に多くの登山者で賑わう。一方、札幌岳から続くなだらかな稜線上にあるためこれといった特徴がなく、札幌市街から見えているにも関わらず指呼しにくい。

登山道は万計沢《ばんけいざわ》に沿い、沼と森を巡って変化に富む。途中には宿泊できる山小屋もあり、季節を変えて何度も訪れたくなる山である。

■マイカー情報

国道453号常盤パーキングの南約300メートルで西側の枝道に入り、約3・5キロで道路終点の採石場に着く。「空沼」の標識に従って構内を抜け、真駒内川にかかる橋へ。そこから林道終点までの約800メートルの間に、数カ所に分かれて数台分ずつの駐車スペースがある。週末を中心に混雑する。

■コースタイム（日帰り装備）

登山口 1:50↓ 1:30↑ 万計沼 0:45↓ 0:40↑ 真簾沼 0:55↓ 0:40↑ 空沼岳

累積標高差　約880メートル
登り　3時間30分
下り　2時間50分

■ガイド（撮影　10月3日）

まずは万計沼へ

変化に富むコースで疲れを感じにくいが、距離は長く登山口から

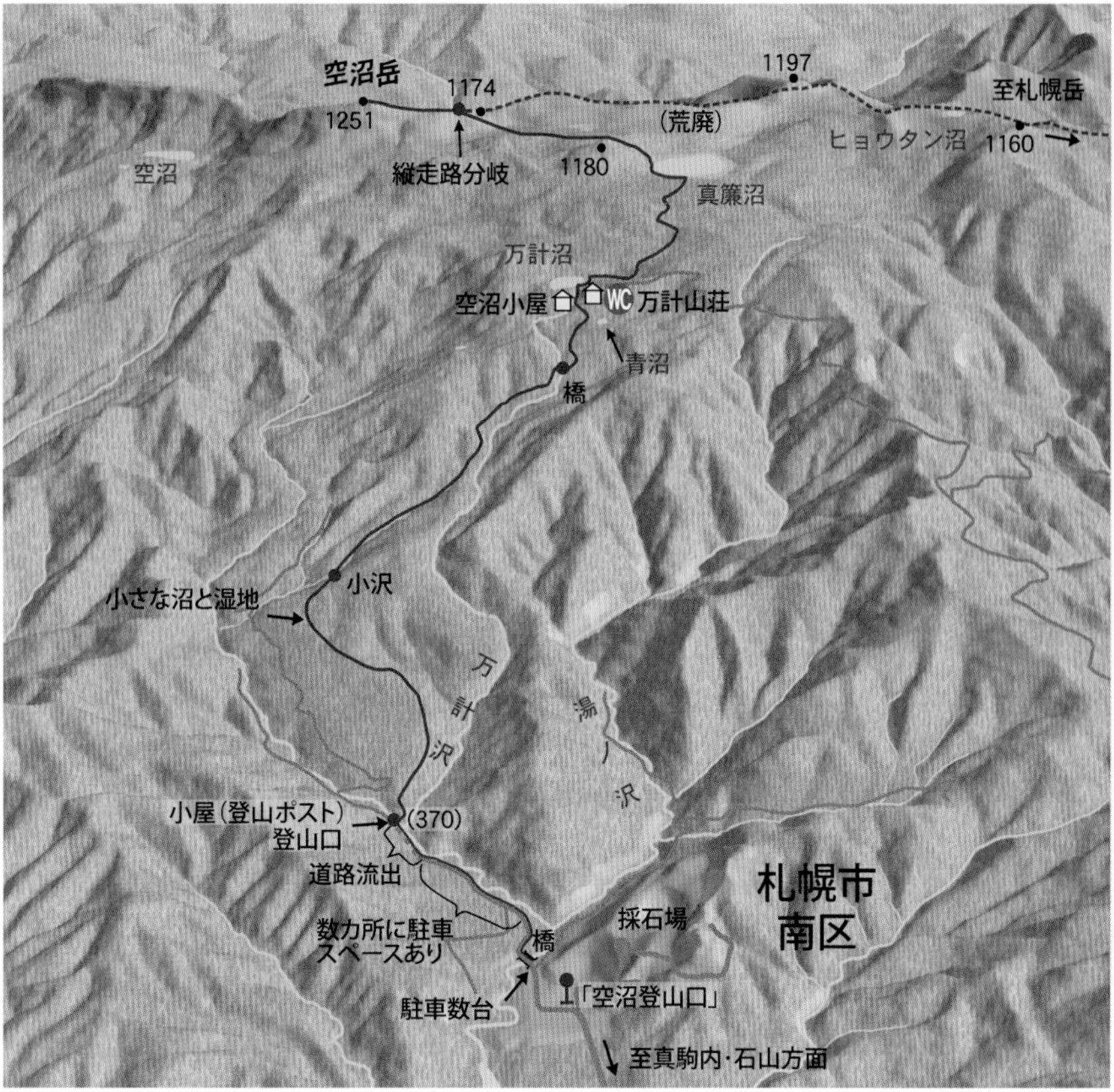

数台ずつの駐車場スペースが点在

体力（標高差）	40点
登山時間加算	C
高山度（標高）	B
険しさ	C
迷いやすさ	D
総合点55点［中級］	

片道約8キロほどある。見どころも多いので、余裕ある計画を立てペースを考えて登りたい。

かつては登山口まで車が入った

コース全般に傾斜は緩く、
心地よい森歩きが楽しめる

登山口の丸太小屋で登山届を記入

万計沼手前の滝。滑落注意

ひっそりとたたずむ青沼

が、２０１４年（平成26年）の集中豪雨で手前２００メートルほどの林道が流失した。現在の林道終点から真駒内川沿いに踏み跡や流れの縁をへつるようにして進んだ先、小さな丸太小屋のある所が登山口である。小屋内で登山届を記入したら、仮橋で川を渡って登山開始だ。

しばらくは立派な針広混交林の

万計山荘

休憩、宿泊が可能。万計山荘友の会のボランティアにより維持管理されている。団体宿泊は要予約。

▶収容人数＝50 人

▶期間＝通年開放

▶使用料＝無料（募金の協力を）

▶管理・問い合わせ先＝空沼岳万計山荘友の会、長水様方☎ 011-571-7728

空沼小屋

1928 年（昭和 3 年）秩父宮が建設した北海道大学所有の小屋。使用希望日の前週水曜正午までに、使用許可申請と使用料納付が必要。

▶収容人数＝30 人

▶期間＝6 月中旬～11 月中旬の土日曜、土日を含めた連休となる祝日

▶使用料＝有料

▶管理・問い合わせ先＝北海道大学学務部学生支援課☎ 011-706-7533

秋の万計沼。多くの登山者が憩ってゆく

万計沼の景色になじんだ万計山荘

中を緩やかに登ってゆく。道の状態はよく、ハリギリやエゾマツの大木が現れたりして退屈さを感じさせない。

標高550《メートル》付近で小沢に沿うがほどなく別れ、次いで650《メートル》付近で右下から沢音とともに万計沢が近づいてくる。斜度が増してきたところで橋を渡って対岸に移り、いったん沢から離れて森のなかをゆく。途中の右に入る踏み跡は青沼へ続いており、数十《メートル》ほどなので寄ってみるといいだろう。

再び左手に沢が近づき、滝を高巻くように慎重に登ると前方が開けて万計沼のほとりに出る。森に囲まれた静かな沼で、2軒の山小屋が立っている。

真簾《まみす》沼を経て空沼岳へ

万計沼から真簾沼までは平坦な道と小さな登りを繰り返す。丸太

上：優しい顔をした龍神地蔵　左：広々とした真簾沼。つい長居をしたくなる雰囲気

真簾沼からの急な登り。標高差は 100 m もない

等が敷かれているが、ぬかるみがちな箇所も多い。一方、このあたりからゴゼンタチバナやマイヅルソウ、ツバメオモトなどが見られるようになる。

真簾沼は明るく開放感あふれる沼で、湖畔はゴロゴロした岩と草原が広がっている。左手に見えるのは札幌岳へと続く稜線だ。登山道の脇に祀られた龍神地蔵は、農業や生活用水の恵みに感謝して昭和8年に建立されたものだという。

真簾沼を離れると、距離は短いがコース上唯一といえる急登となる。これを登りきって斜度が緩み、右側の稜線が近づいてくると札幌岳への縦走路分岐。空沼岳は左に折れ、稜線の右下直下をたどれば間もなく頂上である。

南北に細長い山頂からの展望は札幌屈指といっても過言ではない。まず支笏湖と恵庭岳が間近に見られるのがうれしい。そして漁岳から無意根山、遠く羊蹄山も端正な姿を見せている。札幌市街と近郊の山々、さらに手前に広がる深い森――その中を通ってきたのである――も印象的だ。

山頂から支笏湖、恵庭岳方面を望む。風不死岳と樽前山が重なって見える

左：尻別岳（左）と羊蹄山
下：札幌市街とその北西に広がる山々。晴れた日は遠く樺戸山地や夕張山地も望まれる

空沼岳・札幌岳縦走コース

札幌近郊の貴重な縦走コース

空沼岳から見た札幌岳。比較的穏やかな稜線が続く

■特記事項

本コースは近年、ササ刈りが行われておらず、2021年秋現在、通行不能状態である。ただし、有志らによる整備計画もあるとのことなので、ここでは過去の取材を基にした概要のみを紹介する。利用の際は必ず状況を確認のこと。

■ガイド

札幌近郊の山で唯一といえる縦走路である。全般にササが深く、展望も限られるが、縦走の充実感は存分に得られる。ここでは空沼岳から札幌岳に向けてガイドしよう。登山口から縦走路分岐間は、各ガイドを参照のこと。

空沼岳から縦走路分岐に戻り、万計沼へ下る道と別れて稜線上の縦走路に入る。真簾沼を背に緩く起伏しながら進むと、右下に意外な大きさでヒョウタン沼が見えてくる。渇水期には小さくなるようだが、イワイチョウ、ミツガシワ、ヒルムシロなどが生育している。

後半はダケカンバ林が優勢となり、道の起伏もきつくなる。徐々に高度を上げてハイマツ帯に入ると、豊滝コースが合流して札幌岳へと向かう。

コースタイムは空沼岳から札幌岳まで、道の状況がいいときで約3時間20分。逆方向も同様である。

縦走路のハイライト、ヒョウタン沼

同じく札幌岳側分岐。入り口にはロープが張られていた

2021年の空沼岳側縦走路分岐。入り口付近こそ踏み跡は見えるがすぐにササが深くなる

983m 神威岳《かむいだけ》

1109m 烏帽子岳《えぼしだけ》

百松沢林道コース

歩きごたえある二座往復縦走

■交通

JR札幌駅からじょうてつバス（☎011-572-3131）快速7、8、または地下鉄真駒内駅から12系統で「百松橋」下車。

■マイカー情報

国道230号「豊滝」交差点から定山渓方面に3・4キロ、豊平川にかかる百松橋を渡った百松沢林道入り口に10台程度駐車可能。ただし同橋の架け替え工事に伴い、2022年から数年間は車両通行不可（歩行者は可）。その間は、国道を札幌側に約200メートル走った道路脇に駐車スペースがある。

■コースタイム（日帰り装備）

藻岩山から。①神威岳、②烏帽子岳

神威岳の山容は頂上に岩壁をめぐらせ、もし草木がなければ西部劇の舞台にでもなりそうな特異なもの。ただしこれは国道230号方向からのみで、それ以外はさほど人目を引かない。アイヌ語名はプーネシリ。

吊尾根で結ばれた烏帽子岳は一段高い。藻岩山や定山渓天狗岳など東西方向からはその名の通り烏帽子のように尖っているが、南北方向からは緩く長い頂稜が目立ち別の山のようだ。登山道は1本で、標高の割に登りごたえがある。

■体力（標高差）	45点
■登山時間加算	C
■高山度（標高）	B
■険しさ	C
■迷いやすさ	C
総合点60点［中級］	

●烏帽子岳まで

■体力（標高差）	40点
■登山時間加算	C
■高山度（標高）	C
■険しさ	C
■迷いやすさ	C
総合点55点［中級］	

●神威岳まで

「迷いやすさ」はササ刈り後の2021年取材時の状態。整備状況により変化あり

百松沢小屋で登山届を記入

百松沢林道入り口 ─1:10↓ 1:00↑─ 林道終点 ─1:00↓ 0:40↑─ 見晴台 ─1:00↓ 0:40↑─ 神威岳 ─1:00↓ 1:00↑─ 烏帽子岳

神威岳 累積標高差 約765メートル
登り 3時間10分
下り 2時間20分

烏帽子岳 累積標高差 約990メートル
登り 4時間10分
下り 3時間20分

沢に下りると“林道終点”。ここから登山道となる

林道から短絡路へ。標識もある

見晴台は尾根上の小広場

■ガイド（撮影　6月18日）

百松橋を渡った右側に小さな丸太小屋「百松沢小屋」があり、ここで登山届を記入して、右の百松沢林道に入る。

右手に砥山《とやま》ダムの湖面を見下ろしたのち、林道はカーブを描きながら百松沢上流へと入っていく。大崩壊跡の崖下を通過し、対岸へ渡る橋の手前で林道をショートカットする短絡路に入る。もし、見落としてそのまま進んでも、少し遠回りにはなるが上流で合流できる。なお、秋にこのあたりの林道脇で、道内には珍しいテンニンソウの花が見られる。

短絡路に入ってすぐにカツラの大木がある沢を横切ると、しばらく広葉樹林下の平坦な道が続く。ササ被りもなく快適で歩きやすい。20分ほどで丁字路となって再び林道に出るので、これを左折してさらに谷の奥へ。次第に草が茂って荒れ始め、林道とはいい難い状態になってくる。支沢を回り込んで流れの縁に降りた所が林道終点だが、木に掛かった標識でそれとわかるほどだ。

コースはここから登山道となり、緩急つけながら高度を上げてゆく。急斜面の谷をひとつ渡って

巌望台から間近に迫った神威岳を見上げる

最後に待ち受けるロープの急斜面

登り返し、台地上の斜面から顕著な尾根へと移行する。針広混交林の樹間に山頂の岩峰が見え隠れし、気持ちがはやってくるだろう。

一段と傾斜がきつくなり、ロープの掛かった土壁を登りきると尾根上の見晴台。休憩に適した小広場だが展望は期待できない。もっとも急登の後だけに、夏は風の抜ける木陰が心地よい。

傾斜の緩んだ尾根上をしばらく進み、小さく下って８３２メートル峰と神威岳のコルに立つ。巌望台《がんぼうだい》と呼ばれ、その名の通り神威岳の岩場がよく望まれる。地図上ではあともうひと息の感だが、さて実際の山頂を前にどう感じるか——。

コルから再び急な尾根道となり、迫る岩壁を仰ぎながらぐんぐん高度を上げてゆく。背後には札幌岳から空沼岳へと続く稜線が大きい。ただし右手は急な雪崩斜面

そこそこ広い神威岳山頂。百松沢山が近くに見える

神威岳から木々の間に見る定山渓天狗岳と余市岳

なので踏み外さないように。

岩壁基部で左側に回り込むと、沢登りで人気のある木挽《こびき》沢源頭からの踏み跡が合流する。かなり顕著なので、下山時に間違えて入らないよう注意したい。最後に長いロープのかかった急斜面を登り切ると烏帽子岳との分岐で、神威岳は右に入ればすぐである。

岩峰上の山頂だが、結構樹木が茂り、その間から定山渓天狗岳や余市岳、手稲山などが見える。

烏帽子岳へ

神威岳下の分岐から烏帽子岳の往復は距離約3キロ、累積標高差が300メートルほどある。道も若干粗削りとなるので、時間、体力と相談して決めたい。

分岐を過ぎ、長めのロープで一気に高度を下げる。しばしダラダラした鞍部をたどったのち、登り

神威岳を背に烏帽子岳の頂稜へ。出迎えてくれたのはタニウツギ

三等三角点のある烏帽子岳山頂

返しが始まる。ひと登りするとタニウツギやエゾグンナイフウロの咲く開けたガレ場となり、にわかに周囲が開けてくる。ここまでの展望に対するモヤモヤ感が一気に吹き飛ぶ気分である。

登り切って小さなお花畑を過ぎたら、あとはかん木帯の頂稜を西端までたどるのみ。山頂からは、定山渓ダムと無意根山、その横に羊蹄山が望まれる。

598m

朝日岳《あさひだけ》

岩戸公園コース

針葉樹林と広葉樹林の森林浴

■交通

JR札幌駅からじょうてつバス（☎011-572-3131）かっぱライナー号（予約制）、快速7、8、または地下鉄真駒内駅から12系統で「第一ホテル前」下車。

■マイカー情報

「定山渓」バス停前、定山渓まちづくりセンター裏の定山渓日帰り公共駐車場を利用する。

定山渓大橋から

定山渓温泉の西にある小さな山で、豊平川とその支流の白《しら》井《い》川《がわ》に挟まれた尾根上の起伏のひとつ。山名の由来は温泉街から見て最初に朝日の当たる山ということなのであろう。素晴らしい展望が期待できそうな山容だが、頂上まで樹木に覆われてせいぜい木の間越しに近郊の山を眺める程度である。

その代わり魅力的な花々が多く自生し、これを見るために訪れても充実した半日を過ごせそうだ。温泉宿泊客も少ないながら登っている。

■体力（標高差）	35点
■登山時間加算	D
■高山度（標高）	D
■険しさ	D
■迷いやすさ	D
総合点35点［初級］	

■コースタイム（日帰り装備）

岩戸公園 —0・50↓ 0・35↑— 分岐 —0・10↓ 0・05↑— 朝日岳

標高差　約320メートル
登り　1時間
下り　40分

■ガイド（撮影　8月21日ほか）

国道230号から豊平川を渡った所が湯の町で、この繁華街と山が接する所が岩戸観音のある岩戸公園。登山口は石造りの階段を登った所にある。入林者名簿に記

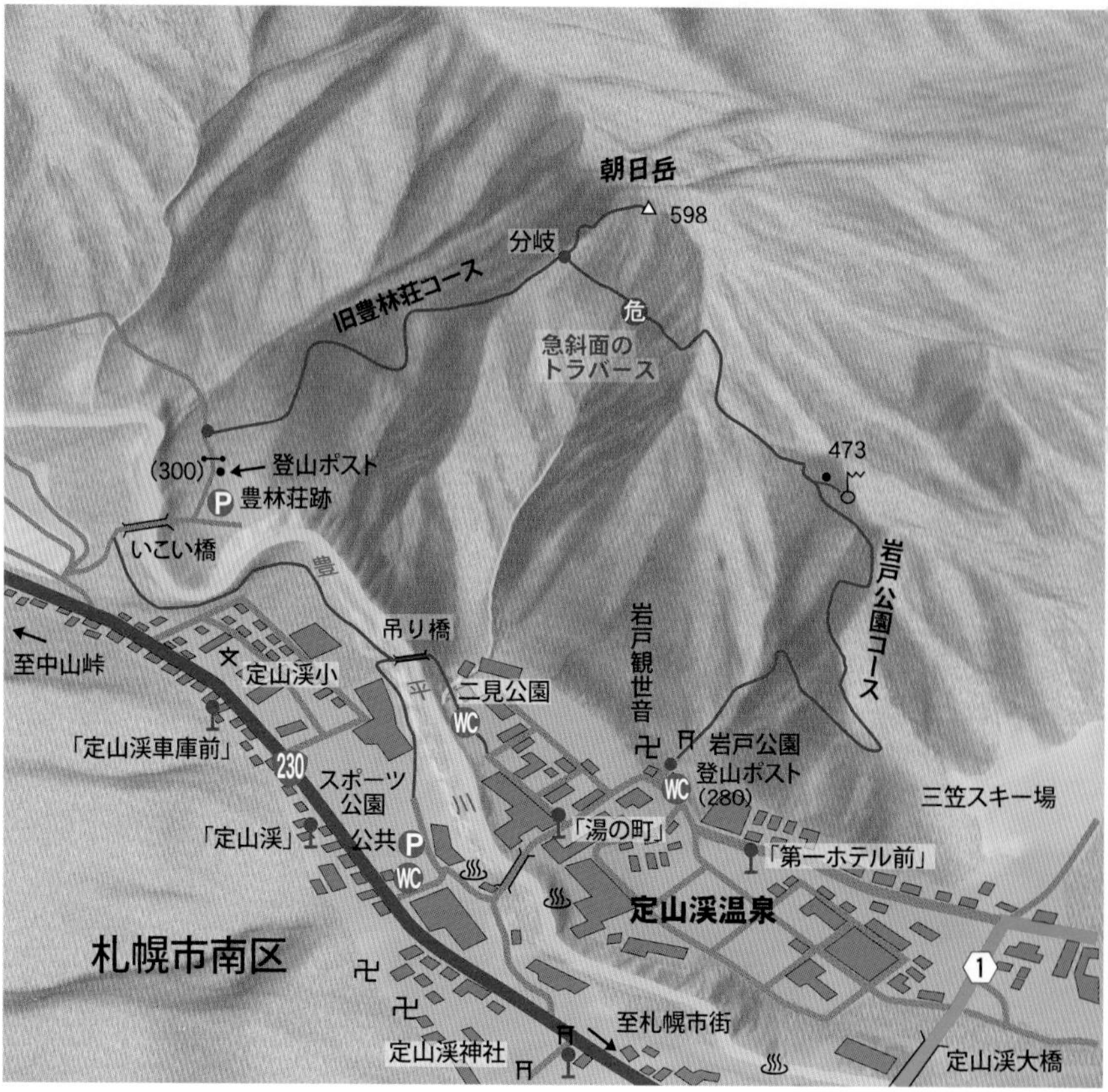

国道沿いにある公共駐車場

入し林の中に入る。広葉樹の天然林にはギンリョウソウのほかツツジ科の植物が多い。シラネアオイなどを眺めながら急斜面のジグザグ道を登り切ると尾根に出て、白井川側の景色が望まれる。

473㍍コブの西側を経て尾根伝いに登り、頂上東側の急斜面に回り込んだ所で旧豊林荘《ほうりんそう》コースとの分岐。頂上は右に折れ、トドマツの小径木林をくぐり抜けるように登る。頂上は周囲の木によって

シラネアオイ。花期は
5月中旬〜6月上旬

岩戸公園にある登山口

樹木に囲まれた山頂

森林浴コースといえそうな広葉樹の中をゆく

展望は厳しいが、それでも余市岳や札幌岳が少し望まれる。

旧豊林荘コース

一気に頂上へ至る最短コース

■交通、マイカー情報

岩戸公園コースと同じバスに乗り「定山渓車庫前」下車。車は定山渓公共駐車場か豊林荘の跡地へ。

■コースタイム（日帰り装備）

登山口 ─ 0:40↓ 0:30↑ ─ 分岐 ─ 0:10↓ 0:05↑ ─ 朝日岳

標高差　約300メートル
登り　50分
下り　35分

■ガイド（撮影　8月21日ほか）

バス停から登山口まではやや遠いが、登山そのものは短い。

山頂の木の間から余市岳が見えた(6月中旬)

旧豊林荘口はトドマツの林で始まる

旧豊林荘口から温泉街へは渓谷美が楽しめる散策路がある

国道230号沿い定山渓小学校の中山峠寄りから右の枝道に入る。いこい橋で豊平川を渡り、分岐を左に入るとほどなく右手のトドマツ人工林に登山口がある（分岐を直進すると豊林荘跡地へ）。

整然としたトドマツ林を過ぎると傾斜が増してきて、広葉樹林のジグザグ道となる。大木も多く展望は全く利かない。単調ながら整備された道を快適にたどり、汗をかき始めるころ、岩戸公園コースとの分岐となる。

■体力(標高差)	35点
■登山時間加算	D
■高山度(標高)	D
■険しさ	D
■迷いやすさ	D
総合点35点［初級］	

594m

夕日岳《ゆうひだけ》

定山渓神社コース

小沢から尾根へ明るい林をゆく

■**交通**

JR札幌駅からじょうてつバス（☎011-572-3131）かっぱライナー号（予約制）、快速7、8、または地下鉄真駒内駅から12系統で「定山渓神社前」下車。

■**マイカー情報**

「定山渓」バス停前、定山渓まちづくりセンター裏の定山渓日帰り公共駐車場を利用する。

定山渓大橋から

札幌市の奥座敷と称される定山渓温泉の東にある小さな山である。山の位置からして名前の由来は「夕日の落ちる山」ではなく、温泉街の日が暮れても残照に染まっていることによるのだろう。

登山の対象としては少々物足りないスケールなので、豊平川対岸の朝日岳（80ページ参照）とセットにするとほどよい充実感が得られるだろう。山腹の大部分を二次林が占め、明るい林床には初夏、シラネアオイの花が美しい。

■体力（標高差）	35点
■登山時間加算	D
■高山度（標高）	D
■険しさ	D
■迷いやすさ	D
総合点35点［初級］	

■**コースタイム**（日帰り装備）

登山口 0:40↓ 0:30↑ 見晴らし台 0:30↓ 0:20↑ 夕日岳

標高差　約305メートル

登り　1時間10分

下り　50分

■**ガイド**（撮影　7月17日ほか）

山の高さから想像されるように全コースが林の中で、展望はほとんど利かない。道端の草花や紅葉などを楽しみながら登るとよい。

国道230号定山渓温泉中心部

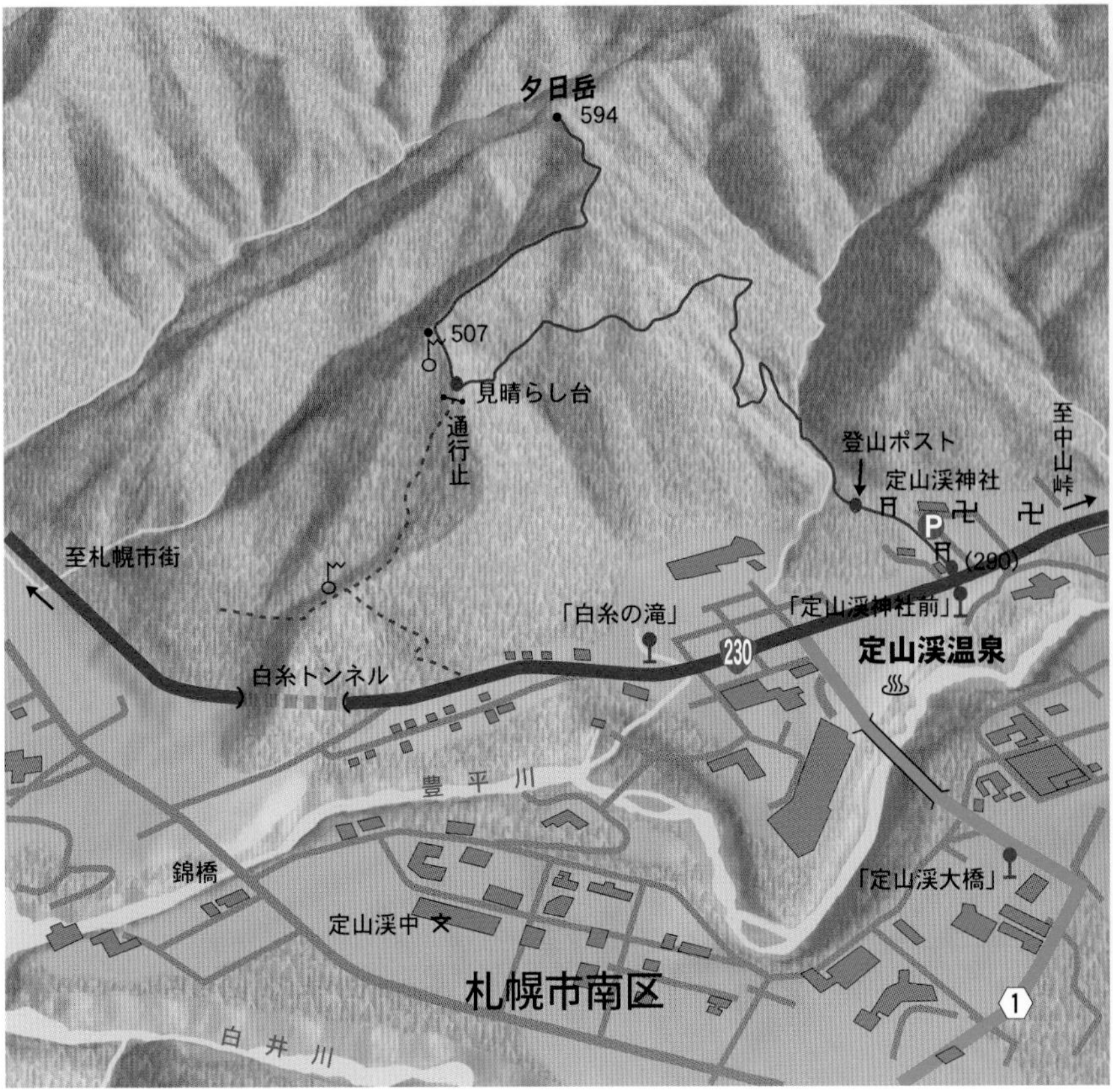

の山側に定山渓神社の鳥居に続く立派な階段がある。登山口はこれを上がった拝殿の横。少し入ると登山ポストがあり、案内板も立っている。

いくつもの砂防ダムで寸断された神社裏の小沢を進み、最奥のダム左側の沢型から山腹へと取り付

定山渓神社の鳥居から登山口へ

はじめは小沢に沿った道をゆく

拝殿横を入るとすぐ登山ポストがある

展望は今ひとつでも“見晴らし台”

シラネアオイ咲く山腹をトラバース

く。ズダヤクシュやイチヤクソウ類の生える山腹に電光を切って高度を稼ぐと、小さな尾根に出る。伐採跡に若木がたくましく育ち、その間を抜けていく。

再び山腹に出て、そこをトラバースしながら北へ向かう。高度はほとんど上がらず、小尾根を越えながら巻いていく。湿った所にはシラネアオイが結構見られる。やがて出る顕著な尾根が見晴らし台。かつては温泉街が箱庭のように見下ろせたが、周囲の木が成長し、今はその間から余市岳や定山渓天狗岳を遠望するだけである。

見晴らし台からテレビアンテナ塔を左上に見て尾根道をたどる。気持ちよい風が吹き抜け、ムラサキヤシオツツジが美しい。ミヤマハンショウヅルやコケモモも確認できるだろう。

見晴らし台から望む余市岳（左）と定山渓天狗岳（中央の岩峰）

樹木に囲まれた山頂

最後はやや急登で山頂に立つ。ここも以前は見晴らし台同等の展望が得られたが、すっかり木が育ってしまった。せめて木の間からいくつかの山を確認して下山することとしよう。

なお、下山路として利用価値のあった見晴らし台～白糸トンネルのコースは、廃道状態で通行禁止である。

初夏の道沿いでたくさん見られるズダヤクシュ（ユキノシタ科）の花

765m

小天狗岳《こてんぐだけ》

定山渓ダムコース

整備された道を登り さっぽろ湖を眺める

さっぽろ湖対岸から

定山渓ダムによって生まれたさっぽろ湖の西側に聳《そび》えるこぢんまりした山だ。山名の由来は、小規模とはいえ山頂部に岩壁を見せるので、さらに奥にある岩山・天狗山（定山渓天狗岳）のミニチュア版といったところだろう。

登山道は1本。ダムの完成前から登山道は開削されていたが、ダム下流園地が整備されてから一般の人々も気軽に登れるようになった。定山渓温泉周辺の手頃な山として朝日岳や夕日岳とともに人気が高い。

■交通

ＪＲ札幌駅からじょうてつバス（☎０１１‐５７２‐３１３１）かっぱライナー号（予約制）、快速7、8、または地下鉄真駒内駅から12系統で「定山渓大橋」下車。登山口まで徒歩約2・2キロ。

■マイカー情報

国道２３０号定山渓温泉から道道1号に入り、温泉街の外れから小樽内《おたるない》川沿いの道を定山渓ダム方面へ。ダム下流園地に広い駐車場がある。開園時間は9～17時で、時間外は門が閉鎖される。

■体力（標高差）	35点
■登山時間加算	D
■高山度（標高）	C
■険しさ	C
■迷いやすさ	D
総合点40点［初級］	

■コースタイム（日帰り装備）

登山口 ─0:40↓ 0:25↑─ 岩塔 ─0:40↓ 0:25↑─ 小天狗岳

標高差　約４５０メートル
登り　１時間20分
下り　50分

■ガイド（撮影　8月16日ほか）

定山渓ダムは１９８９年（平成

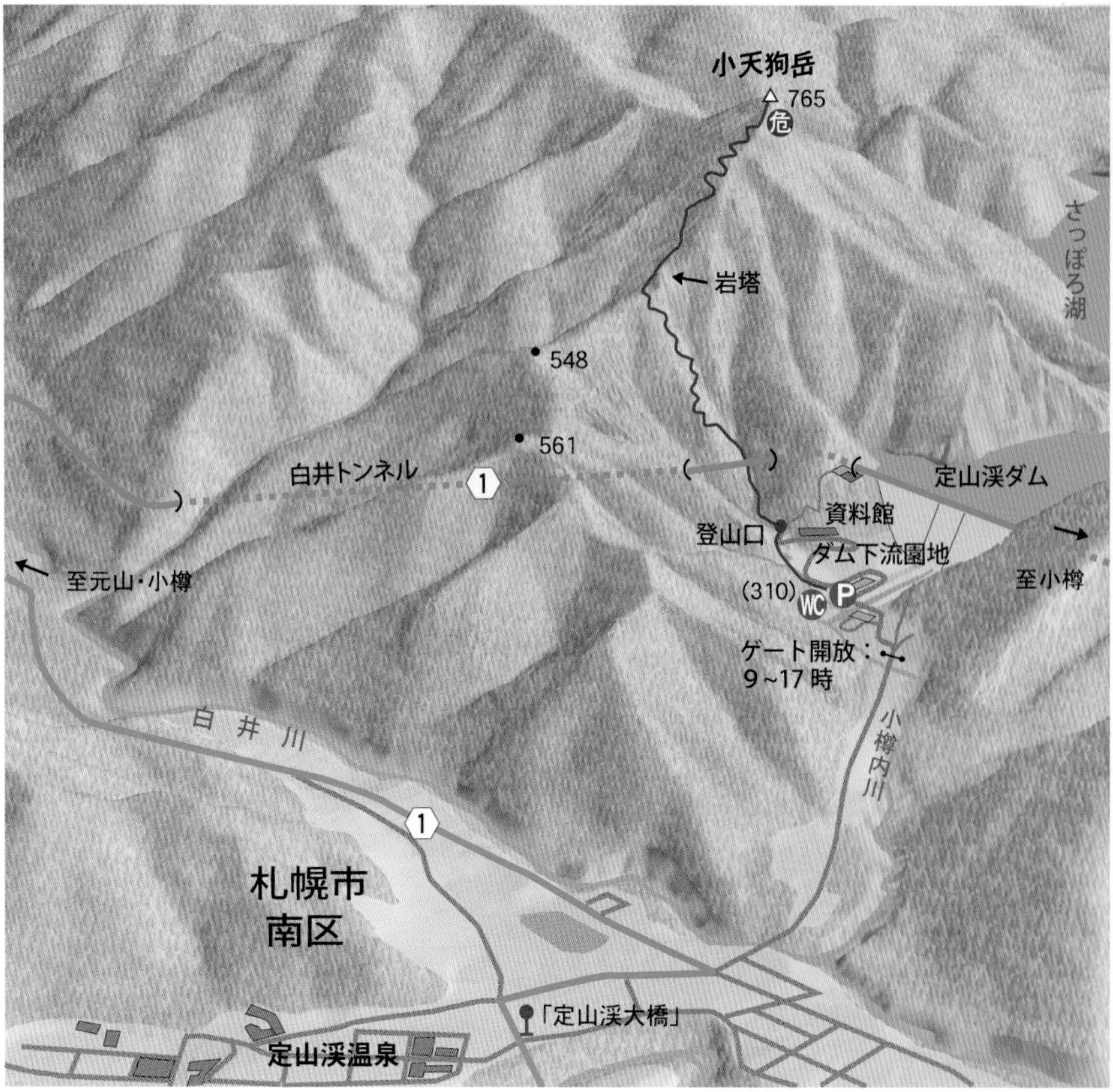

元年）竣工。そのえん堤下に広い駐車場を併設したダム下流園地があり、登山口は最上部のダム資料館左奥にある。園地内の散策路を歩いてもよいが、駐車場左上のカーブから直接向かう歩道もある。

登山口から小さな谷の左岸に沿って登り始め、ほどなく道道1号小樽定山渓線の橋脚の側を通って対岸に渡る。

道道の下をくぐると登山道は沢

ダム下流園地駐車場。開園時間に注意

急斜面に設置された木の階段

登山道入り口。入山ポストもある

中ほどにある岩塔の基部を通過する

から離れ、広葉樹林の急斜面にジグザグを切って高度を上げていく。特に急な箇所には木の階段が造られ、整備もされているようだが、所々木材が腐って支えの鉄筋が地面から飛び出している所がある。つまずいたり転んだりしないよう十分に注意したい。林内はトドマツやエゾマツも散見されるが、それ以上にミズナラの大木が目を引く存在だ。

やがて正面に岩塔が現れ、その基部を通過する。札幌湖側に切り立った断崖となって見える岩場であり、イワキンバイ、エゾマンテマ、ミヤマイワデンダなどが生えている。ただし、岩塔の先は危険なので足を踏み入れないこと。

ここでいったん傾斜がなくなるが、ふたたび急斜面のつづら折りとなり、これが山頂近くまで続く。登り切ると右足もとが崖状となった尾根に出、さっぽろ湖の全貌が眺められる。ここも滑落に要注意だ。頂上はすぐ先の高みである。

以前は定山渓天狗岳や無意根山など西側の山々がよく見えたが、

上部では見ごたえあるミズナラが迎えてくれる

さほど広くない小天狗岳頂上

頂上には方位盤があるが実際に見える山は限られる

頂上手前からさっぽろ湖の展望。左奥に神威岳と烏帽子岳が見える

今は樹木が伸びて落葉期にかろうじてシルエットが分かる程度だ。なお、頂上奥は崖となっているので立ち入らないように。

1005m

迷沢山《まよいさわやま》

■体力（標高差）	35点
■登山時間加算	D
■高山度（標高）	C
■険しさ	D
■迷いやすさ	D
総合点40点［初級］	

上平沢コース

山頂直下までひたすら林道歩き

■**交通**

利用できる公共交通はない。

■**マイカー情報**

国道230号定山渓温泉から道道1号小樽定山渓線に入って約13キロ、右手に登山口となる上平沢林道入り口ゲートがある。そのすぐ手前に7、8台分の駐車場がある。周辺は目印に乏しく、また約400メートル手前の迷沢林道と間違えないよう注意のこと。小樽側からは国道5号「朝里川温泉入口」交差点から同道道を約25キロ。

小天狗岳から

平野部から山頂が見えにくく、姿も平凡で、知る人の少ない山である。地形図が不正確だった時代に沢で迷うことが多かったために迷沢の名が付いたと聞く。

冬山では昔から登られていたが、林道が山頂脇まで通ったことで夏も登られるようになった。だが、再度ブッシュが茂れば最後の登りは面倒なことになるかもしれない。コースの大半は林道歩きだが、危険箇所や迷いやすい場所がないことから密かに人気があると聞く。

■**コースタイム**（日帰り装備）

林道ゲート ―1:50↓ 1:30↑― 迷沢山

標高差　約595メートル

登り　1時間50分

下り　1時間30分

■**ガイド**（撮影　10月9日）

ゲートから長い林道歩きが始まる。途中に分岐もあるが、あくまでも沢に沿って登ることを念頭に

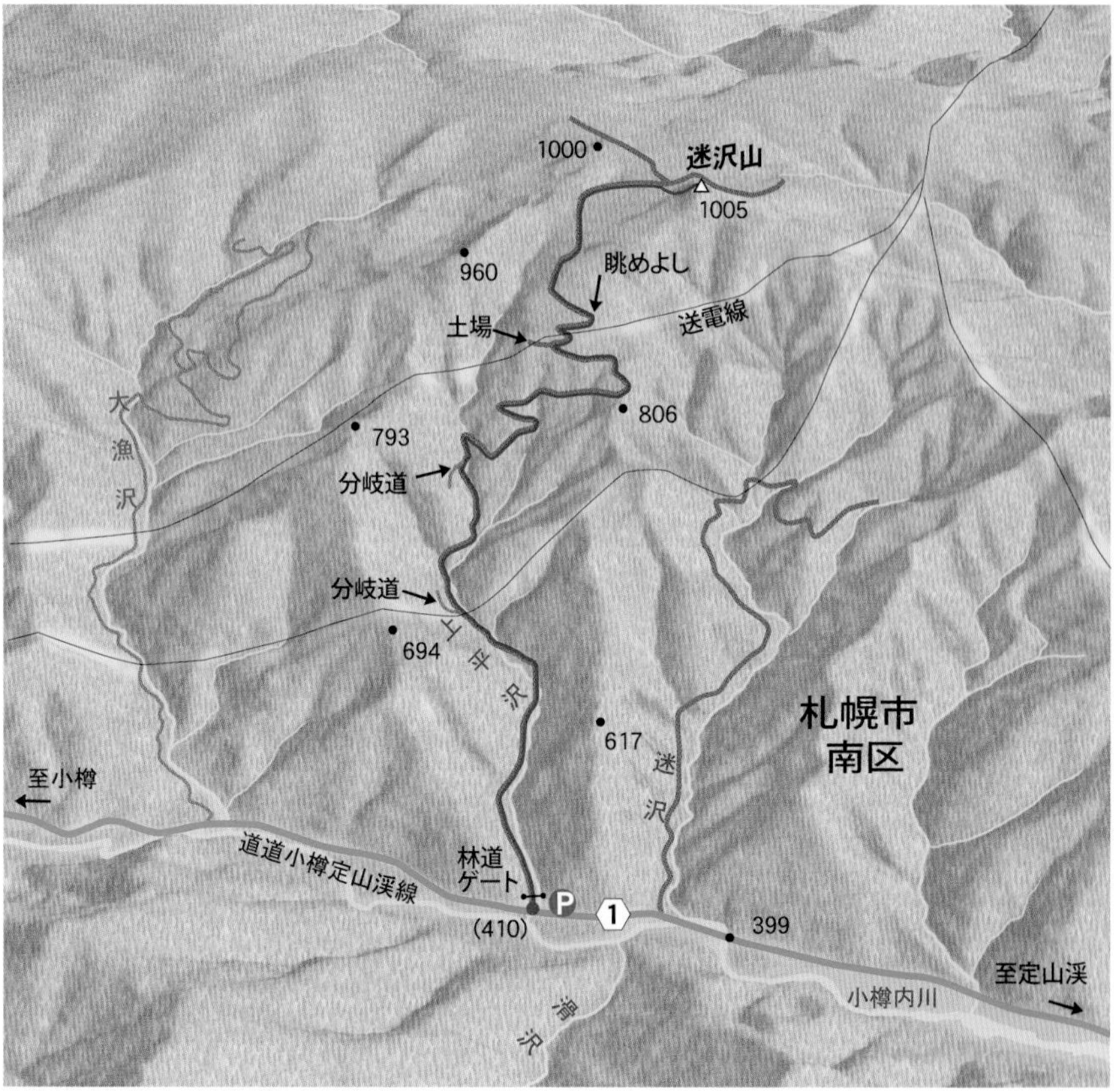

置いていれば間違うことはないだろう。また、かなり上部まで眺めもなく、美しい植物が見られるわけでもない。春なら山菜、秋は紅葉が楽しみといったところか。

行程の目印になるのは頭上を二度通る送電線だ。直線距離では最初がおおよそ三分の一地点、二度目が三分の二地点となり、大まかな目安となる。

最初の送電線を過ぎて1キロほど

道道から少し奥まった所にある駐車場

前半は沢に沿った道をゆく

上平沢林道であることを確認して出発

2本目の送電線あたりから展望が開けてくる

行った所で沢を離れ、カーブを切りながら斜面を登るようになる。2度目の送電線が目の前に見えてくると道は直進道と分岐して右に急カーブする。直進道はすぐ先で土場となって行き止まる。

　この登りでようやく眺めがよくなる。朝里岳、白井岳、余市岳、無意根山などが見え、間近には定山渓天狗岳がなかなかの迫力だ。さらにその右肩には羊蹄山も。

林道自体は古いもののようだ

定山渓天狗岳。左肩に無意根山、右肩に羊蹄山が頭だけを覗かせる

山頂部もきれいに刈られている

林道から山頂への刈り分け道へ

手稲山の南面がよく見える

標高９００メートル近くなると傾斜が緩み、太いダケカンバが多くなって高山の雰囲気となる。山頂の北側に差し掛かったあたりで、「山頂へ」の案内板とともにササを刈り分けた道がある。これを入ればほどなく山頂だ。ちなみに林道は山頂から数十メートル低いところを回り込み反対側の沢へと続く。

山頂からは新たに手稲山や札幌市街の展望が得られる。

1145m

定山渓天狗岳《じょうざんけいてんぐだけ》（天狗山《てんぐやま》）

熊ノ沢コース

花を愛でながら険しさに挑む

■**交通**

利用できる公共交通はない。

■**マイカー情報**

国道230号定山渓温泉から道道1号小樽定山渓線を経由し、道道95号に入って元山《もとやま》方面に向かう。国道から約9・2キロの白井二股を右折し、橋を渡った所に10台程度の駐車スペースがある。傍らに登山届の置かれた小さな丸太小屋「天狗小屋」がある。

白井二股への道道95号から

定山渓温泉の北西、小樽内川と白井川に挟まれた位置にあり、特異な姿を見せる岩山。地形図には天狗山の名で記されているが、一般的には定山渓天狗岳、通称「定天《じょうてん》」の名で親しまれており、本書でもそれに倣うこととする。

アイヌ語名はキトウシヌプリ（ギョウジャニンニクが多くある山）である。花の多い山としても知られている。

登山道はかつて2本あったが、東尾根のコースは廃道となり利用できない。

体力（標高差）	40点
登山時間加算	D
高山度（標高）	B
険しさ	B
迷いやすさ	B
総合点60点［中級］	

■**コースタイム**（日帰り装備）

白井二股 ─0:35↓ 0:35↑─ 登山口 ─0:50↓ 0:40↑─ 大高巻き ─1:30↓ 1:20↑─ 定山渓天狗岳

累積標高差　約755メートル

登り　2時間55分

下り　2時間35分

■**ガイド**（撮影　6月13日）

白井二股の天狗小屋前からゲートを通過し白井川左岸の林道を下流方向に向かう。ちなみに上流方向は廃道状態の余市岳白井右股川

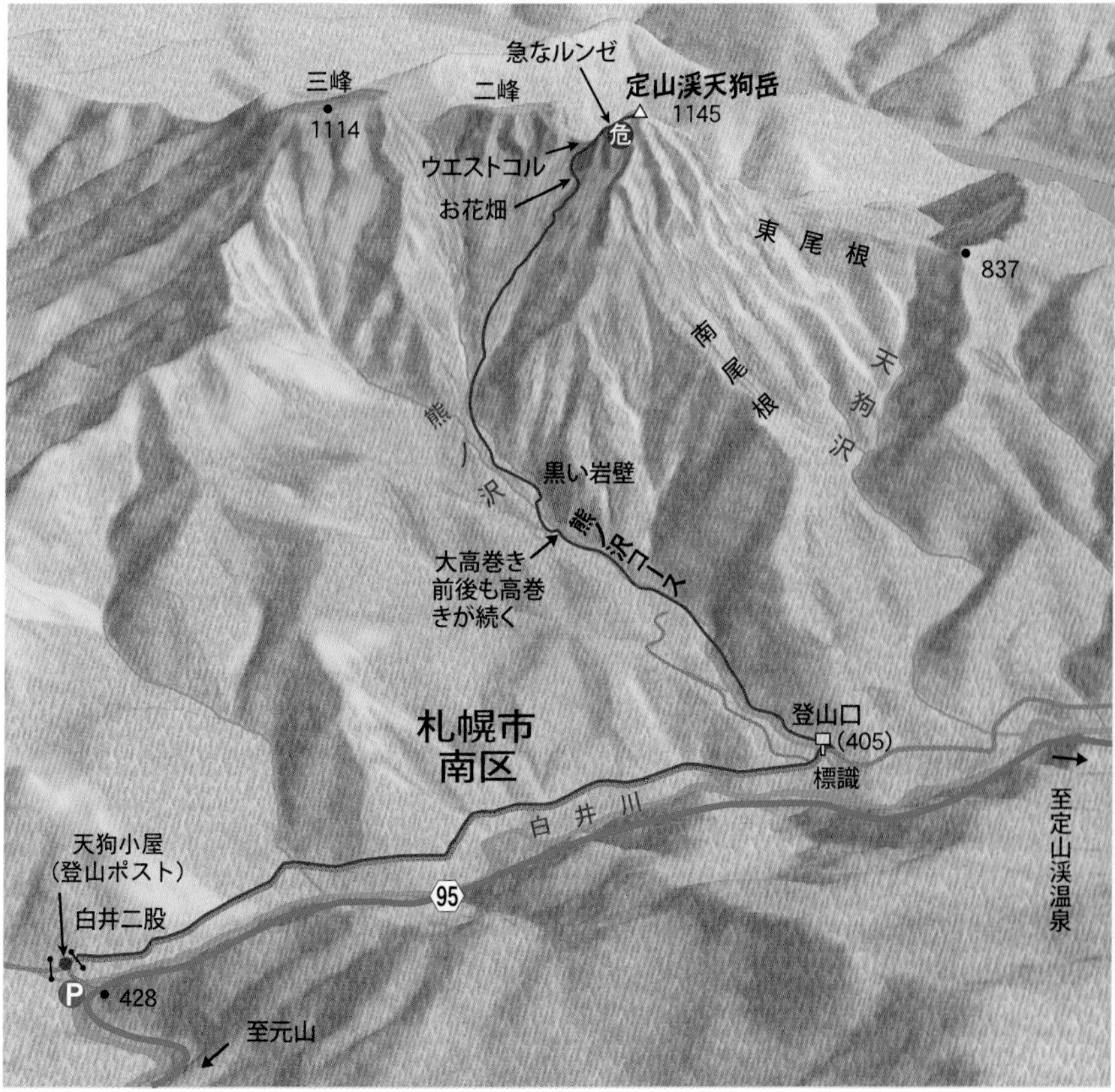

コースに通じる。清流の音を耳にごく緩い下り勾配の道をゆくこと約2キロ、左に入る林道をやり過ごし、さらに150メートル進むと登山口の標識が立っている。

　折り返すようにこれに入り、しばらく沢に沿ってトドマツ林の斜面を切って進む。やがてその沢を右へ左へと渡りながら上流へと向かう。斜度はさほどきつくなく、

天狗小屋前の駐車スペース。花の時期は混む

大高巻きを登る。ロープが
架かっているが慎重に

登山口。林道から折り返すように入る

急な上り下りで沢を横切る

沢が狭まり特徴的な黒い岩壁が見えてきた

時折、小さな高巻きやロープのかかった斜面もあって変化が楽しい行程だ。

　谷が狭まってくると右手（左岸）に黒い岩壁が迫り、ロープの架かった大高巻きが現れる。慎重にこれを登ると台地に出て、小規模ながら多段の滝など見ながら進んでいく。再び沢沿いとなるが水

大岩壁の下、シラネアオイの咲く道を登る。他にも下のような花々が

イワベンケイ

サクラソウモドキ

シコタンソウ

量はほとんどなく、ぬかるみがちの所もある。足元にはエンレイソウやユキザサが多く、気をつけているとミドリニリンソウも見つかるだろう。
　次第に傾斜が増し大小の転石を越えながら源頭を詰めていく。と同時に頭上に覆い被さるがごとく大きな岩壁が迫ってくる。このあたりから定山渓天狗岳ならではの花が次々と現れ、目を楽しませてくれる。ミヤマアズマギク、タカネグンバイ、キクバクワガタ…。有名なアツモリソウは絶滅寸前で目にすることは難しい。
　この岩壁を回り込むようにしてさらに傾斜の強まった斜面を登り、ウエストコルと呼ばれる岩壁の切れ目の手前で右に折れる。そこから本コース最大の難所、土と岩の長いルンゼ（岩溝）に取り付

最後の難所、ルンゼを登る。長いロープに振られないようバランスよく

あまり広くない山頂部

頂稜からウエストコルを挟んで二峰を見る

く。ロープが固定されているが落石や滑落に細心の注意を払い、自分だけでなく前後の登山者にも気を配ること。また、混んでいても焦らず、順序を守ってほしい。

登りきった瞬間、無意根山と羊蹄山が目に飛び込み、思わず歓声が上がる。そこから細い頂稜を東にたどると三角点があり、その先に展望の開けた頂上が待っている。草木が生えてわかりにくいが両側とも切れ落ちているので最後まで緊張感を持って行動しよう。

頂上は一方が低木やダケカンバに囲まれ、さっぽろ湖を挟んだ烏帽子岳や札幌岳方面がよく見える。

さて、登ってわかると思うが、下山時も気の抜けない山である。ルンゼや高巻きはもちろん、急斜面での落石などにも十分に注意しながら下っていこう。

ルンゼを登りきると無意根山（左）と羊蹄山が現れる

山頂からはさっぽろ湖方面の展望が開ける

1464m

無意根山《むいねやま》

薄別コース

大蛇ヶ原の湿原がアクセント

■**交通**

JR札幌駅と洞爺湖温泉方面を結ぶ道南バス（☎011-865-5511）中山峠経由札幌洞爺湖線（予約制）で「薄別《うすべつ》」下車。第2ゲートまで林道を徒歩約3・4㌔、約1時間20分。

■**マイカー情報**

国道230号の定山渓温泉から中山峠方向に約4・6㌔走行し、無意根山登山口の標識および「薄別」バス停から林道に入る。ほどなく第1ゲート（通常開放）を通過し、細く急でやや荒れた林道を約3・4㌔走ると第2ゲート（施錠）。左手に10台程度の駐車場がある。慎重に運転すれば普通乗用車で可。第1ゲートは状況により閉鎖されることがある。詳しくは北海道森林管理局のホームページまたは石狩森林管理署（☎011-622-5111）に確認のこと。

■**コースタイム**（日帰り装備）

第2ゲート —0:0↓ 0:25↑— 宝来小屋（登山口）—0:50↓ 0:40↑— 無意根尻小屋 —1:40↓ 1:10↑— 無意根山

標高差　約810㍍
登り　3時間
下り　2時間15分

烏帽子岳から

東側に岩壁をめぐらせた頂稜が東西に1kmほど続く台形の山で、おおらかな山容――特に雪を被った姿は、この山の北方にある余市岳と兄弟のようだ。アイヌ名で「ムイネシリ」といい、箕《み》の形の山の意味である。

無雪期、積雪期ともに登山者は多い。夏道は国道230号薄別から入るものと白井川上流の元山からの2本があり、双方とも標高差の割に距離があり歩きごたえがある。また、札幌近郊の山の中では高山植物は多い方といえる。

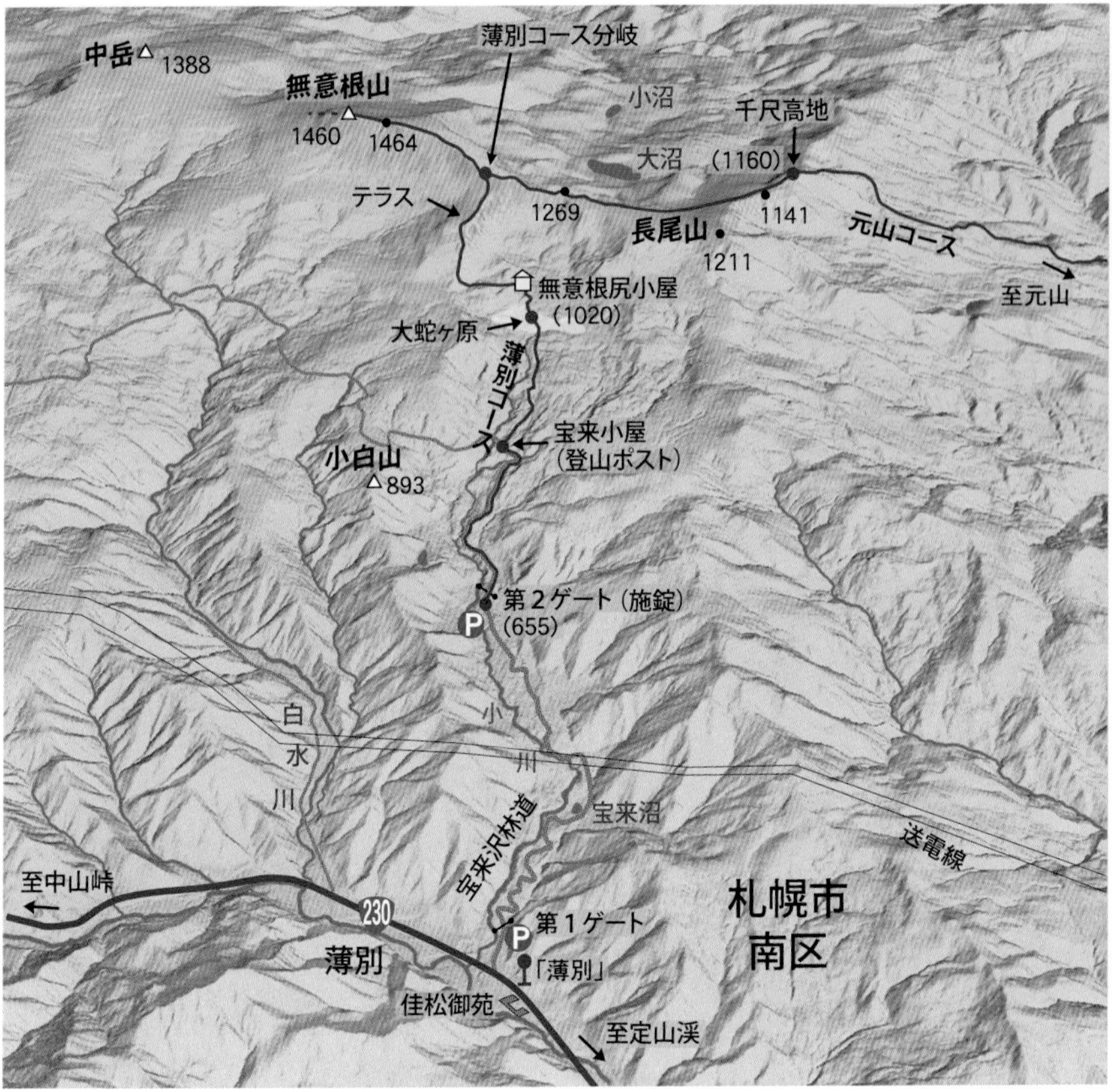

第2ゲート横の駐車場

体力(標高差)	40点
登山時間加算	C
高山度(標高)	B
険しさ	C
迷いやすさ	C
総合点55点［中級］	

■ガイド（撮影　7月3日ほか）

第2ゲートから林道を歩き、登山届の置かれた丸太小屋「宝来小屋」へ。ここが本来の登山口で、

沢にはアルミ梯子の橋がかかっている

宝来小屋。登山道は標識右手へ

アカエゾマツに囲まれた大蛇ヶ原湿原

左へ延びる林道と別れて右の歩道に入る。周囲は針広混交林で、1カ所傾斜の増す所があるが、全般には緩い登りである。アカエゾマツが目立つようになり、またミズバショウが生える湿地が出てくると、前方に頂上稜線が見えてくる。

少し下ってハシゴ製の橋で小沢を2回渡ると、前半のハイライト大蛇《おろち》ヶ原湿原である。縁をたどって進んだ先に湿原内を散策できる木道が敷かれている。一面のワタスゲのなかにチングルマやハクサンチドリ、モウセンゴケなども見られる幻想的な場所だ（アブや蚊の多さには閉口するが…）。

北海道大学所有の無意根尻小屋は大蛇ヶ原から少し登ったところにある。この先始まる急登に備えてひと息ついていこう。

小屋を出てすぐに急な木の階段

無意根尻小屋

1931 年（昭和 6 年）に建てられた北海道大学所有の小屋。事前に使用許可申請と使用料納付が必要。宿泊の場合は薪節約のため、ストーブを持参されたい。

▶収容人数＝30 人
▶期間＝通年（土日のみ）
▶使用料＝有料
▶管理・問い合わせ先＝北海道大学学務部学生支援課☎ 011-706-7533

テラスに出ると頂上稜線が見えてくる

元山コース分岐付近から、来た方を見下ろす

祠のある最高点。休憩スペースはない

を登り、しばし雰囲気のある混交林を進んだのち、頑張り所となる急な坂に取り付く。木の階段をひと登りし、右に折れて太いダケカンバとハイマツの中をなおも登る。標高１２００メートル付近でテラスと呼ばれる台地上に出れば急登は終わりで、ササ原の先に大きな頂上稜線が現れる。

その斜面が近づいて再び斜度が増してくると元山コースが合流。

頂上の先から、左に中岳、中央に羊蹄山、右にニセコ連峰を望む

三角点のある頂上でくつろぐ

山頂付近にはお花畑が点在する

振り返ると谷を挟んで札幌岳が大きい。左に進路を変えて広い頂稜の縁に沿って進めば、広がる展望とともに気分も高揚してゆく。

　が、ほどなくハイマツ廊下に突入し、背の高い人はしばしば身を屈めて歩くことになる。落とした視線の先にはゴゼンタチバナやセリ科の花などが静かに咲いている。左に慰霊碑への踏み跡を分け、そのすぐ先に祠と最高点の標識がある。若干下り気味となった道をさらに２５０メートルほどゆけば、三角点のある山頂だ。

　周囲は明るく開け、休憩するのに十分な広さがある。札幌第２の高峰だけに展望はよい。特に南に延びる踏み跡を少し入ると、羊蹄山やニセコ連峰が遮るものなく眺められ、お花畑も広がっている。

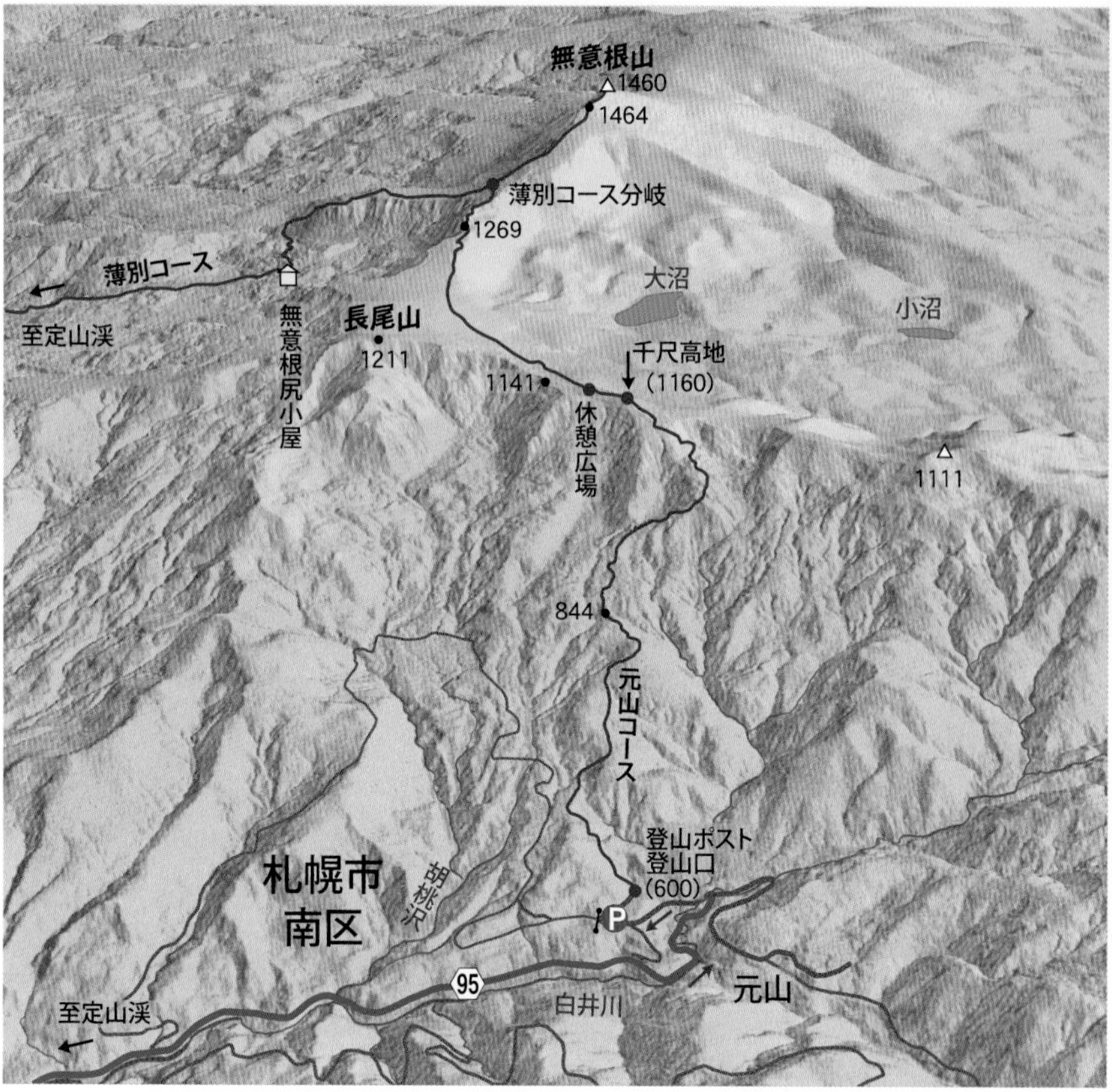

元山コース

千尺高地からたおやかな尾根を

■交通

利用できる公共交通はない。

■マイカー情報

国道230号定山渓温泉から道道1号小樽定山渓線を経由し、道道95号に入って元山へ。イラストマップを参考に進むと、一段高い所に広い駐車場がある。定山渓温泉から約14・3キロ。

体力(標高差)	45点
登山時間加算	C
高山度(標高)	B
険しさ	D
迷いやすさ	C
総合点60点［中級］	

元山コース前半の森。木漏れ日が降り注ぎ、鳥のさえずりが耳に心地よい

休憩広場付近から山頂を望む

広々とした元山コース駐車場

■コースタイム（日帰り装備）

登山口 ─1:30↓ 1:10↑─ 千尺高地 ─1:10↓ 1:00↑─ 無意根山

薄別コース分岐 ─0:40↓ 0:30↑─ 無意根山

累積標高差　約905《メートル》

登り　3時間20分

下り　2時間40分

■ガイド（撮影　7月3日）

豊羽元山は亜鉛や銀を産出する鉱山だったが、2006年（平成18年）閉山。登山口駐車場の広場は無意根山荘やスキー場の跡地である。登山口は広場の中央にあり、入ってすぐに登山ポストがある。

序盤は雰囲気のよい針広混交林で、緩急あるものの歩きやすい道が続く。標高900《メートル》あたりから傾斜が増し、ロープの架かる急斜面を超えて登り着いた高みが千尺高地だ。そこからわずかに下り「無意根山3・7《キロ》」の標柱の立つ所

上部稜線に咲くミヤマハンショウヅル

大沼は木々の間にわずかに見えるのみ

背後に定山渓天狗岳や烏帽子岳が見えてくると薄別コース分岐は近い

が休憩広場である。

　コースは尾根をたどって山頂方面に向かう。平坦な上に一面背の高いネマガリダケであまり展望が利かないが、時折余市岳や山頂方面が見える。稜線上の長尾山はピークを踏まず、西側をショートカットして１２６９メートルコブへ。右手の木々の間にチラリと見える湖面はペーペナイ川源流のムイネシリポロトー（地図では大沼）という。かつては大きなイワナがいて釣り大会も開かれたそうである。

　次第に尾根が狭くなるとともに左手の展望が開け、眼下には薄別コースの無意根尻小屋が、そして振り向けば定山渓天狗岳の特異な山容が見える。すでに無意根山の頂稜の一端に差し掛かっており、ほどなく薄別コースが合流する。以降は薄別コースを参照のこと。

1177m

喜茂別岳《きもべつだけ》

黒川短縮（中岳林道）コース

ほどよい勾配で展望の頂上へ

■**交通**

利用できる公共交通はない。

■**マイカー情報**

国道230号の中山峠から喜茂別方向に約9キロ下り、喜茂別一号川手前の林道中岳線に入る。約2・4キロで本来の黒川コース登山口へ至る道を右に分け、さらに1・4キロで短縮コース登山口に着く。周辺に10数台分の駐車スペースがある。

尻別岳から。左端は無意根山

札幌市の西南方向、京極、喜茂別町との境に無意根山や中岳などをのせたなだらかな山稜が走り、喜茂別岳はその南端に位置している。喜茂別市街から中山峠に向かう国道230号からよく見える。

コースは森林管理署の作業用歩道を利用する2本があったが、中山峠からの道はササが被って事実上廃道となった。もう1本の黒川（裏ノ沢）コースは大半の人が短縮コースを利用している。初夏にはタケノコ採りでも賑わう。

■体力（標高差）	35点
■登山時間加算	D
■高山度（標高）	B
■険しさ	D
■迷いやすさ	C
総合点45点［初級］	

■**コースタイム**（日帰り装備）

短縮コース登山口 ―0・15↓ 0・10↑― 合流点 ―1・35↓ 1・10↑― 喜茂別岳

標高差　約450メートル
登り　1時間50分
下り　1時間20分

■**ガイド**（撮影　6月12日、9月7日ほか）

これまで本書で黒川短縮コースと呼んできたコースである。前述の通り、本来の黒川（裏ノ沢）コースは林道を途中で右折し黒川沿い

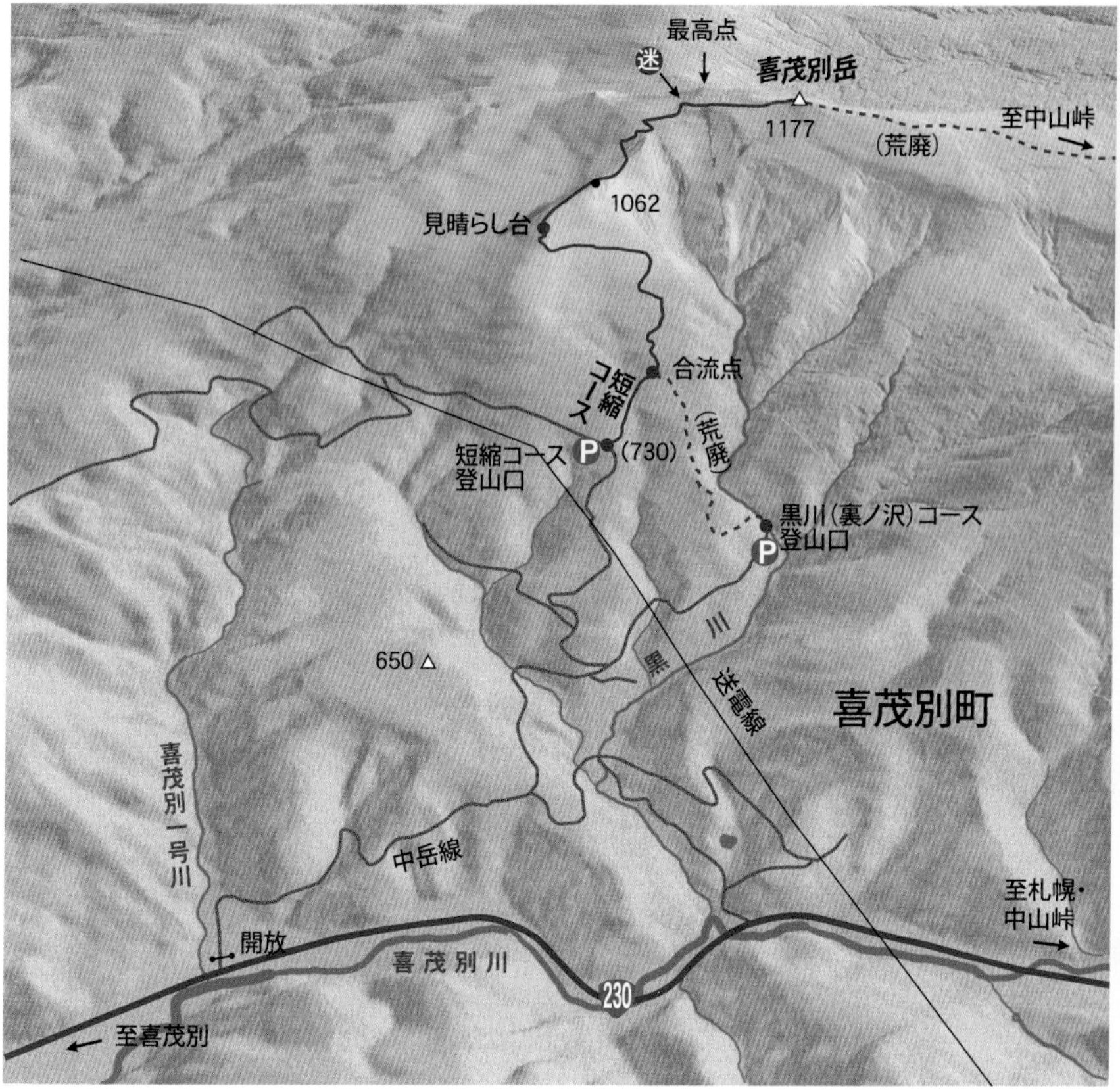

に入るが、2021年秋現在、簡易ゲートが置かれササ刈りもされていない。登山コース自体は確認できるが、やはりササ刈りしておらず荒れ気味である。また、近年ほとんどの登山者は短縮コースを利用している。これらを踏まえ、本改訂版より黒川短縮コースを喜茂別岳へのメインコースとして紹介することにする。なお「中岳林道コース」と呼ぶ人が多いようだ。

初夏はタケノコ採りの車で混雑する

見晴らし台付近から山頂方面を見る

ネマガリダケとダケカンバの中をゆく

シラネアオイが咲く道を山頂へ

最高点は踏まず、南側をトラバース

標識のある登山口を出発し、ネマガリダケとダケカンバで見通しの利かない森をゆく。やがて黒川（裏ノ沢）コースとの合流点となり、さらに先へ進む。

標高が950メートルを超えると徐々に展望が利きはじめる。南尾根に乗ったところに見晴らし台の標識があって、中山峠から小喜茂別岳、尻別岳などが見える。その後1062メートル標高点の西側を巻いていくが、このあたりで中岳の尖った山頂がちらりと見える。

尾根から最後の急斜面に変わり、ジグザグを切って高度を上げる。展望はどんどん開け、折り返すたびに羊蹄山の端正な姿が目に入る。

最後は最高地点の南側をトラバースし、イソツジの咲く低木斜面を登り切れば三角点のある山

山頂から無意根山方面の展望

羊蹄山（右）と尻別岳（左）

二等三角点のある頂上

荒れ気味の黒川（裏ノ沢）コース（タケノコ採りの人は入っているようだが…）

頂である。

山頂はササとウコンウツギなどの低木に囲まれているが、羊蹄山や尻別岳、ニセコ連峰、さらに無意根山をはじめ札幌近郊の山々がよく見える。

なお、山頂からササ原に中山峠コースの痕跡が見えるが、すぐにササが生い茂り廃道状態となる。

1023m

手稲山《ていねやま》

北尾根コース

緑あふれる尾根からゲレンデを抜けて

札幌市北区モエレ沼公園から

明治末期に登山道ができ、大正末にはパラダイスヒュッテが建設されるなど、北海道の登山、山スキーの原点といえる山である。しかし戦後は開発が進み、頂上一帯は道央圏をカバーする電波塔が林立、また山の上半分はスキー場、ゴルフ場などで占められている。

標高 570m まで車が上がるため、手軽なハイキングを楽しむ人も多い。一方、山麓からの平和ノ滝、北尾根、乙女ノ滝の各コースは、今も静けさが残り充実した登山が味わえる。

■交通

JR札幌駅・地下鉄宮の沢駅と手稲営業所・小樽方面を結ぶJRバス（☎011-681-3637）で「手稲本町」下車。自然歩道手稲山北尾根ルート手稲本町入り口まで徒歩約1キロ。またはJR手稲駅から徒歩約1・3キロ。

■マイカー情報

国道5号札幌市手稲区手稲本町3-3の札幌日産手稲店横の道を山側に入り、道なりに約800メートルで自然歩道手稲本町入り口。20台程度の駐車場がある。

■コースタイム（日帰り装備）

手稲本町入り口 —1:30↓ 1:00↑— 見晴台 —0:40↓ 0:40↑— 分岐点 —1:00↓ 0:50↑— 山麓駅 —1:00↓ 0:40↑— 手稲山

累積標高差　約1050メートル

登り　4時間10分

下り　3時間10分

体力（標高差）	45点
登山時間加算	C
高山度（標高）	C
険しさ	D
迷いやすさ	D
総合点55点［中級］	

●手稲本町入り口から

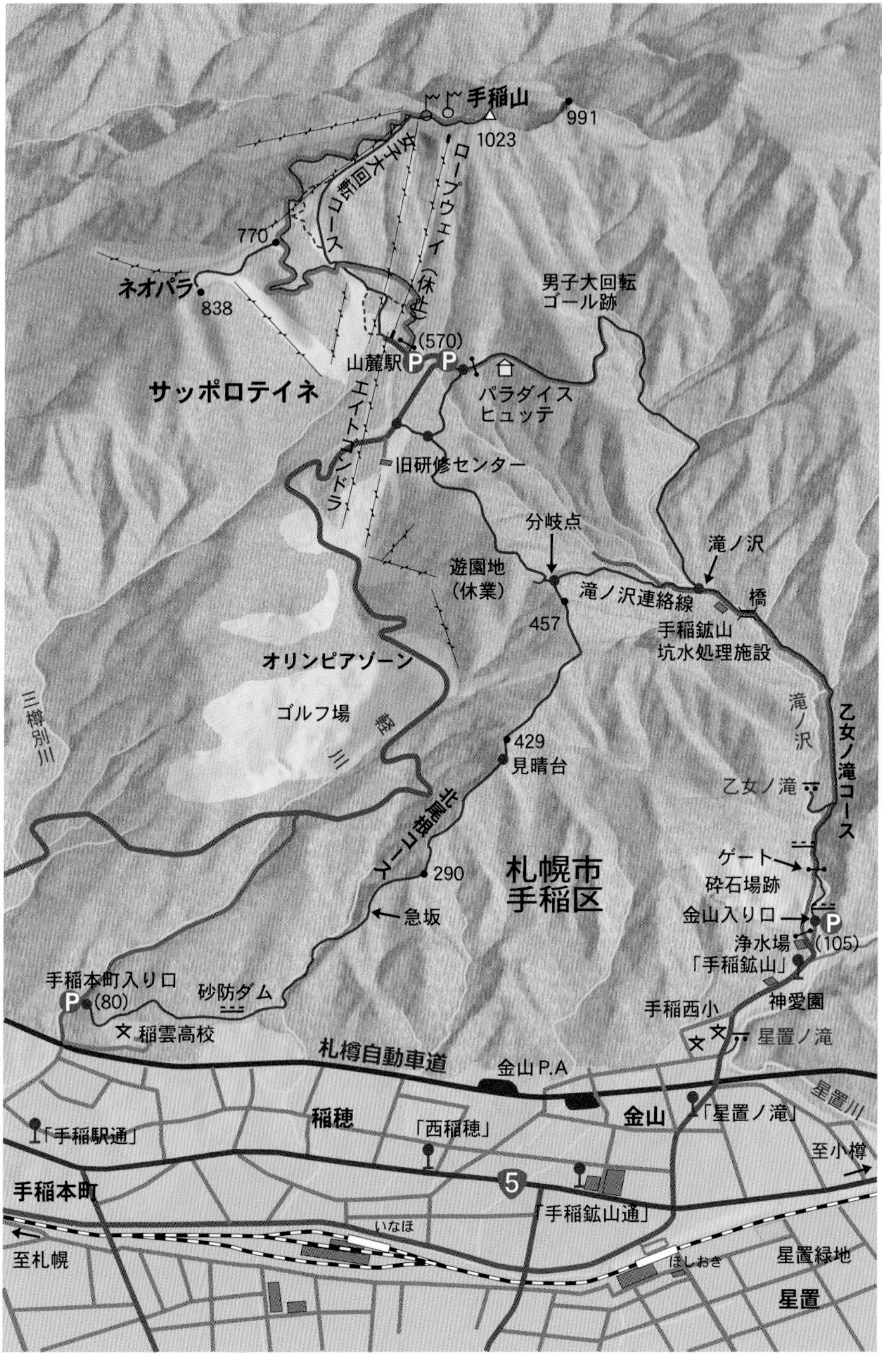
手稲山
1023
991
ロープウェイ（休止）
女子大回転コース
770
ネオパラ
838
(570)
山麓駅
サッポロテイネ
パラダイスヒュッテ
男子大回転ゴール跡
エイトゴンドラ
旧研修センター
分岐点
遊園地（休業）
滝ノ沢
滝ノ沢連絡線
457
橋
手稲鉱山坑水処理施設
オリンピアゾーン
ゴルフ場
軽川
三樽別川
滝ノ沢
乙女ノ滝コース
429
見晴台
乙女ノ滝
北尾根コース
札幌市手稲区
ゲート
砕石場跡
290
急坂
金山入り口
(105)
浄水場
「手稲鉱山」
神愛園
手稲本町入り口
(80)
砂防ダム
稲雲高校
手稲西小
星置ノ滝
札樽自動車道
金山P.A
星置川
稲穂
金山
「星置ノ滝」
「手稲駅通」
「西稲穂」
至小樽
5
手稲本町
「手稲鉱山通」
いなほ
ほしおき
至札幌
星置緑地
星置

尾根の急登は我慢どころだ

自然歩道手稲本町入り口と駐車場

休憩適地の見晴台だが展望は今ひとつ

■ガイド（撮影　7月1日ほか）

コースは札幌市が管理する自然歩道で、整備状況はよい。

手稲本町入り口を入ると、しばし市街地に沿うような森林歩きである。稲雲《とううん》高校の裏を通り、小さく起伏しながら時に民家ぎりぎりを抜けてゆく。真新しい砂防ダムを過ぎた先でようやく山に向かい、小さな沢を右へ左へと渡りながら奥へと進む。

少々複雑な地形を見た先に待っているのが、標高差200メートルほどの急な尾根。雨上がりなどはズルズル滑るほどの急登で難儀するが、これを過ぎれば当面は楽になるので頑張ろう。途中には木々の間から星置《ほしおき》方面の眺めのいい場所もある。登り着いたところは見晴台というが、周囲は草やササが伸びて遠く海原が見える程度だ。

ここからはほとんど高低差のない、しかし長い尾根歩きが始まる。途中、使われなくなったリフト降り場から見る手稲山山頂が、まだ遠く感じられることだろう。457メートルコブを越えると乙女ノ滝コースとの連絡路が合流する分岐点。左手の木々の向こうにスキー場や遊園地跡を見ながらなおも緩く上り下りしてゆくと、再び分岐

緩やかで気分のいい森が続く

古いリフト跡から山頂方面を望む

休止中のロープウェイ山麓駅と駐車場

自然歩道から山麓駅への車道に出た

となる。直進すればほどなく車道に出て、1キロほどでロープウェイ山麓駅に至る。車道歩きを好まなければ右折して林間の歩道をたどったのち、この車道に合流する。車道のカーブは車に注意を。

山麓駅から手稲山へ

山麓駅前に10台程度、周辺にも広い駐車場があり、ここをスタートとする人たちも多い。山麓駅とエイトゴンドラ山頂駅前を通り抜け、そのすぐ先の作業道を右折してゲレンデ内を登ってゆく。ほど

■体力(標高差)	35点
■登山時間加算	D
■高山度(標高)	C
■険しさ	D
■迷いやすさ	D
総合点40点［初級］	

●山麓駅から

女子大回転コースを登る。天気のよい日は石狩湾の先に増毛の山々も

山頂近くのベニバナイチヤクソウ

巨大なアンテナが林立する山頂一帯

なく車道（テレビ山道）に出合うので、ゲレンデ内を直登する場合は横切って直進、緩く登りたければ車道をゆくとよい。この急斜面は1972年（昭和47年）の札幌オリンピック、アルペンスキー女子大回転の舞台である。振り返るとたどってきた北尾根や石狩湾がよく見え、また意外と花も多い。

ゲレンデ最上部で再び車道と出合ったら、あとはこれをたどる。情報化社会を反映するようなアンテナ群はより新しく大型化し、ロケット基地のようだ。行き着いた先に手稲神社奥宮と一等三角点が置かれた手稲山山頂がある。札幌近郊の山々から石狩湾、増毛山地まで遠望する明るい頂上だ。

ネオパラ山

手稲山東方の838メートルピーク

広い展望台となった手稲山山頂。中央左は烏帽子岳

ゲレンデ食堂手前を左に入り、ネオパラへ

770 m 標高点に向けてテレビ山道を下る

で、スキー場上部からこんもりとして目立つ。ネオパラは「ネオ・パラダイス」の略で第2手稲山ともいう。展望は利かないが、山頂まで道がついている。

　テレビ山道の７７０《メートル》標高点の分岐を東に入り、最初の分岐は左、次を右に入る。ゲレンデ食堂（廃業）手前で「ネオパラ山頂」の標識に従って左折、あとは刈り分けられた道をたどるのみである。７７０《メートル》標高点から約20分。

木々に囲まれたネオパラ山頂

上：金山入り口。駐車も可能だ　左：乙女ノ滝は高さ8ｍのかわいらしい滝

乙女ノ滝コース

涼しげな滝を見て渓流沿いをたどる

■交通

JR札幌駅・地下鉄宮の沢駅からJRバス（☎011-681-3637）「手稲鉱山」行きに乗り終点下車。自然歩道金山入り口まで0・5キロ。またはJR星置駅から徒歩約2キロ。

■マイカー情報

国道5号札幌市手稲区「金山1-2」交差点を山側に入り、道なりに約1・6キロ走った宮町浄水場前で右の枝道に入る。下った先が自然歩道金山入り口で、10台程度の駐車スペースがある。

■コースタイム（日帰り装備）

金山入り口 ―1:00↓ 0:50↑― 滝ノ沢 ―1:00↓ 0:40↑― 山麓駅 ―1:00↓ 0:40↑― 手稲山

標高差　約920メートル

登り　3時間

下り　2時間10分

■ガイド（撮影　9月14日ほか）

本コースも札幌市の自然歩道である（「北尾根ルート」と書いてあるのは違和感があるが）。近年はトレランレースの開催で通行者が増え、コースの状況は一時期よりよくなっている。

金山入り口から川沿いの歩道を歩いて採石場をかわし、あとは単

体力（標高差）	45点
登山時間加算	C
高山度（標高）	C
険しさ	D
迷いやすさ	D
総合点55点［中級］	

滝ノ沢からは沢を渡りながら登る

坑水処理施設の脇を抜ける

パラダイスヒュッテ

1926年(大正15年)、建築家マックス・ヒンデルの設計で建てられた日本初の本格的なスイス式スキーヒュッテ。北海道大学所有。94年に再建された。
▶収容人数=30人
▶期間=通年（土日のみ)
▶使用料=有料
▶管理・問い合わせ先=北海道大学学務部学生支援課☎011-706-7533

調な林道歩きが続く。途中、200㍍ほど脇道に入って乙女ノ滝に立ち寄ってみよう。林道沿いに目に入る古い石垣や建物の基礎は、かつて金などを産出した手稲鉱山の施設跡である。

標高250㍍付近で鉱山の坑水処理施設があり、その先の急な左カーブで分かれる登山道に入り沢沿いに進む。ここが滝ノ沢で、林道をそのまま進めば北尾根コースに至る滝ノ沢連絡線だ。

細い登山道は何度か木橋で沢を渡り、やがて冬季オリンピックの男子大回転ゴール跡に出る。すでに施設はなく、周囲は樹木が茂って当時の面影もない。そこから平坦な車道跡をたどり、パラダイスヒュッテの入り口を通って山麓駅へ向かう。以降は北尾根コースを参照のこと。

平和ノ滝コース

清流沿いから ロックガーデンへ

登山口の平和ノ滝。駐車場奥から降りられる

■**交通**

JR・地下鉄琴似駅または地下鉄発寒南駅からJRバス（☎011-631-4111）で「平和の滝入口」下車。登山口まで徒歩約1・6キロ。

■**マイカー情報**

北1条・宮の沢通から道道82号手稲左股通に入り、道なりに約4・2キロの丁字路を右折、さらに琴似発寒川に沿って1・5キロで平和ノ滝駐車場。30台程度駐車可。トイレあり。

広々とした平和ノ滝駐車場

■体力（標高差）	40点
■登山時間加算	C
■高山度（標高）	C
■険しさ	C
■迷いやすさ	D
総合点50点［初級］	

■**コースタイム**（日帰り装備）

登山口 ―1:20↓ 1:00↑― 布敷ノ滝 ―0:30↓ 0:20↑― ロックガーデン入り口 ―1:10↓ 0:50↑― 手稲山

累積標高差　約770メートル
登り　3時間
下り　2時間10分

■**ガイド**（撮影　7月1日）

登山口は駐車場の入り口、大平和寺の横で、序盤は琴似発寒川に沿った林道をゆく。成長したカラ

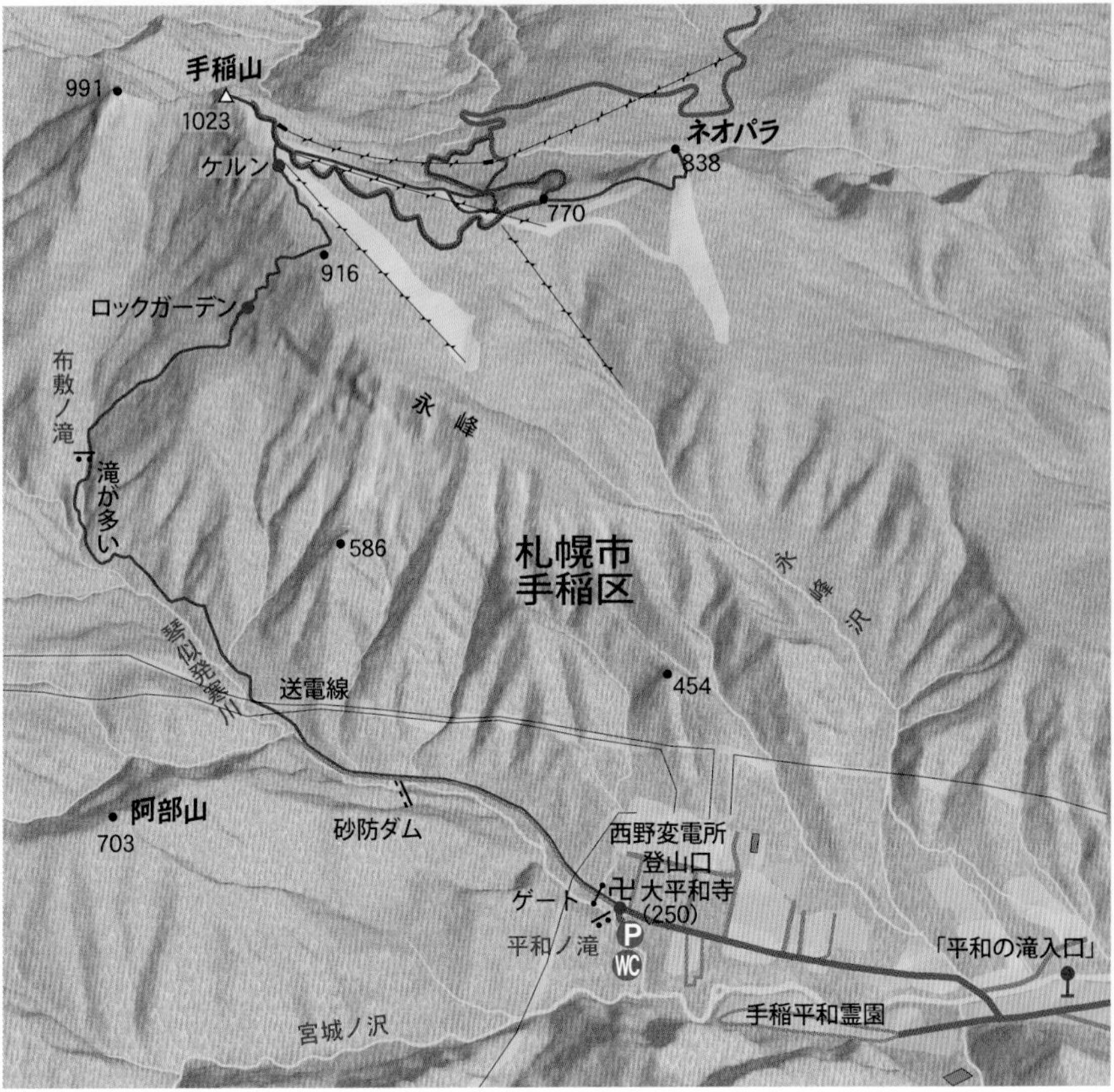

マツ林の先で大きな砂防ダムが見え、さらに進んで送電線をくぐる。その先でやや道が狭まり、小沢を渡る。所々で見られる渓谷美は、単調になりがちな林道歩きに癒やしを添えてくれるだろう。

やがて本流と別れ、右の支沢に入る。すぐに小さなベンチの置かれた休憩スペースがあり、そこから高巻き状のやや急な登りで尾根に出る。が、すぐにまた沢に沿い、木橋で左岸に渡ると前方に布敷《ぬのしき》ノ

大平和寺の横を抜けて出発

見た目も涼しい布敷ノ滝の横を抜けて谷の奥へ

滝が見えてくる。

なおも沢に沿って登ってゆくと次第に水流は細くなり、いつしか伏流水となって足元から音だけが聞こえるようになる。途中の湧き水は生飲不可と表示がある。

ダケカンバやカエデ類の森に続く道はさほど急でもなく、森林浴気分で心地よい。さらに緩やかになりトドマツが目立ってくると、ロックガーデンの入り口となる。

ここから様子は一変、岩が累々とした広い斜面を登ってゆく。ペンキ印通りに歩を進めれば割とカッチリしているが、時に浮き石もあるので注意しよう。高度が上がって烏帽子岳や百松沢山が見えてきたところで、足元の岩場はそのままに林間へと入ってゆく。次第に傾斜はきつくなり、最後は大

足元に注意しながらロックガーデンを登る

台地を登って見晴らしのいいコブへ。中央左に藻岩山が見える

手稲神社奥宮と三角点が並んだ手稲山山頂

レリーフの埋まったケルン

山頂から石狩湾を見渡す

きくジグザグを切ってチシマザサとダケカンバの台地上に出る。

道は平坦な森を進んでスキー場のゲレンデ手前で左に折れ、緩く登っていく。やがて札幌市街や藻岩山などの見晴らしのいい場所に出て、大きなケルンの脇を抜ける。その先で車道に出たらこれを左折し、アンテナ群の間を10分ほど進めば山頂である。

537m

銭函天狗山《ぜにばこてんぐやま》

銭函コース

小粒ながらピリリ 石狩湾の眺めがよい

■**交通**　ＪＲ手稲駅・地下鉄宮の沢駅とＪＲ小樽駅を結ぶＪＲバス（☎０１１-６８１-３６３７）、またはＪＲ銭函駅発の中央バス（☎０１３４-54-８７２８）で「銭函」下車。登山口まで徒歩約９００メートル。またはＪＲ銭函駅から徒歩約１・８キロ。

■**マイカー情報**　国道5号の札樽自動車道銭函ICの進入路を入り、大倉山学院の小さな標識を頼りに狭く急な道を上る。歩行者に注意しながら大倉山学院前を通り抜けると、登山口の手前に駐車場がある。

■**コースタイム**（日帰り装備）

登山口 ―0:40↓ 0:30↑― 尾根 ―0:50↓ 0:40↑― 銭函天狗山

標高差　約４４０メートル
登り　１時間30分
下り　１時間10分

■体力（標高差）	35点
■登山時間加算	D
■高山度（標高）	D
■険しさ	C
■迷いやすさ	D
総合点40点［初級］	

札幌市手稲区手稲山口から

標高500ｍ少々の山だが、頂上部には落差40ｍほどの垂直な岩壁をめぐらし、その堂々とした姿は手稲の平野部からよく見える。また、札幌付近では数少ない岩登りの練習場にもなっている。

地形図では単に天狗山だが、他の天狗山と区別するために銭函天狗山と呼び、「銭天《ぜにてん》」の名で親しまれる。コースは銭函からの往復が一般的。手稲金山から長い林道を経ても登れるが、通行許可が必要なため本改訂では掲載を見合わせた。

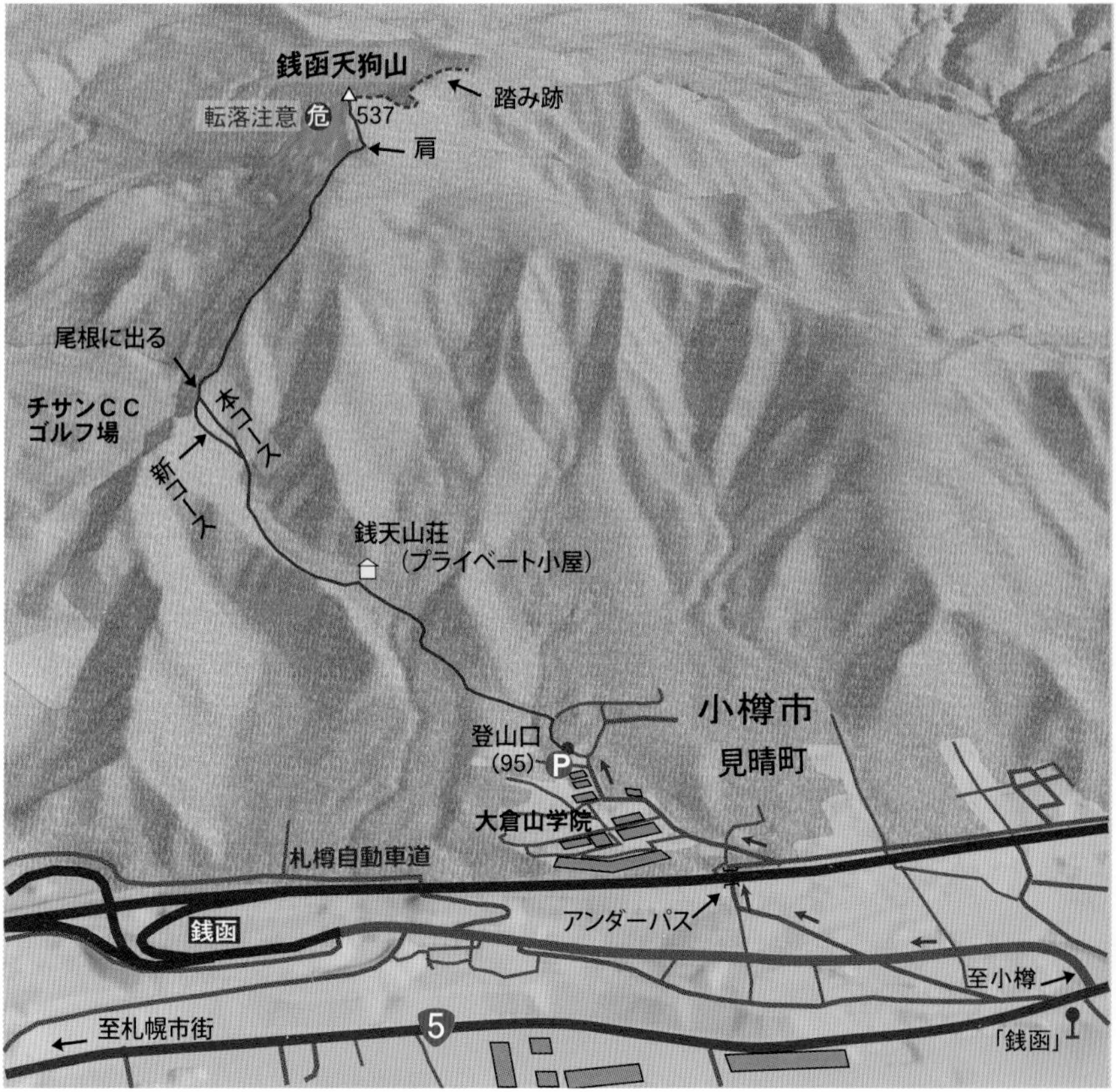

駐車場。登山口は道を渡って右奥

■ガイド（撮影　9月6日ほか）

登山口から林の中の登山道をたどり、15分ほどでプライベートな山小屋、銭天山荘前を通過する。しばらく沢に沿って進んでゆくが、春はキタコブシ、シラネアオイ、ニリンソウ、キクザキイチゲなどが咲いて美しい。

その先、急斜面を登って尾根に取り付く所で、道は右の「本コース」と左の「新コース」に分かれる。後者のほうが傾斜が緩くぬか

沢沿いの林を進んで尾根取り付きへ

銭天山荘前を通ってゆく

急な尾根にはロープを張った所も

岩壁が迫ってきた

るみもなく歩きやすい。尾根に上がったら、肩と呼ばれる岩壁基部まで急な登りが続く。石を敷き詰めたような肩はクライマーの休憩場所となっている。またエゾキリンソウが多く、春はこの植物を食べるジョウザンシジミという黒っぽい小さな蝶が舞う。

頂上へは岩壁の右斜面を巻くようにたどってゆく。着いた山頂は木がないので眺めはよいが、崖に近づきすぎないよう注意を。緩やかにカーブした石狩湾の向こうに増毛山地から樺戸山地の連なりが見え、空気が澄んでいれば石狩平野の奥に大雪山系、夕張山地、日高山脈の山々まで見える。

なお、山頂の先に続く踏み跡は手稲金山や桂岡方面の林道に通じるが、前者は要通行許可、後者は新幹線工事のため通行できない。

眺めのよい頂上。左前方には手稲山が見える

石狩湾と手稲市街の眺め。遠く増毛や樺戸の山々もうっすら見える

907m

春香山《はるかやま》

■体力（標高差）	40点
■登山時間加算	D
■高山度（標高）	C
■険しさ	D
■迷いやすさ	C
総合点45点［初級］	

桂岡コース

しっとりした森と頂上の展望が楽しみ

おたるドリームビーチから

　昔は遥山と呼ばれ、スキー登山の山として古くから親しまれてきた。昭和初期からの歴史を持つ山小屋「銀嶺荘」も魅力のひとつだったが、2022年春に閉館したのが惜しまれる。
　姿に特徴がなく、札幌の都心部からも見えないため、山の姿はあまり知られていない。コースは小樽市桂岡からと道道1号側からの2本がある。展望は限られるが、気軽に登れるために幅広い層に人気が高い。春の山菜採り、秋の紅葉を目当てに訪れる人も多い。

■交通
　JR銭函駅発の中央バス（☎0134‐54‐8728）「銭函浄水場」行きで終点下車。登山口まで徒歩約250メートル。またはJR手稲駅・地下鉄宮の沢駅とJR小樽駅を結ぶJRバス（☎011‐681‐3637）で「桂岡」下車。登山口まで徒歩約1・4キロ。

■マイカー情報
　国道5号の桂岡交差点を山側に入り、住宅街最奥の登山口前に2台分ほどの駐車スペースがある。近隣居住者に配慮し、混雑時はJR銭函駅周辺の有料駐車場と路線バスの利用などを検討されたい。

■コースタイム（日帰り装備）
登山口 ─1:20↓ 0:50↑─ 土場 ─0:40↓ 0:35↑─ 春香山
銀嶺荘 ─0:35↓ 0:25↑─ 春香山

標高差　約780メートル
登り　2時間35分
下り　1時間50分

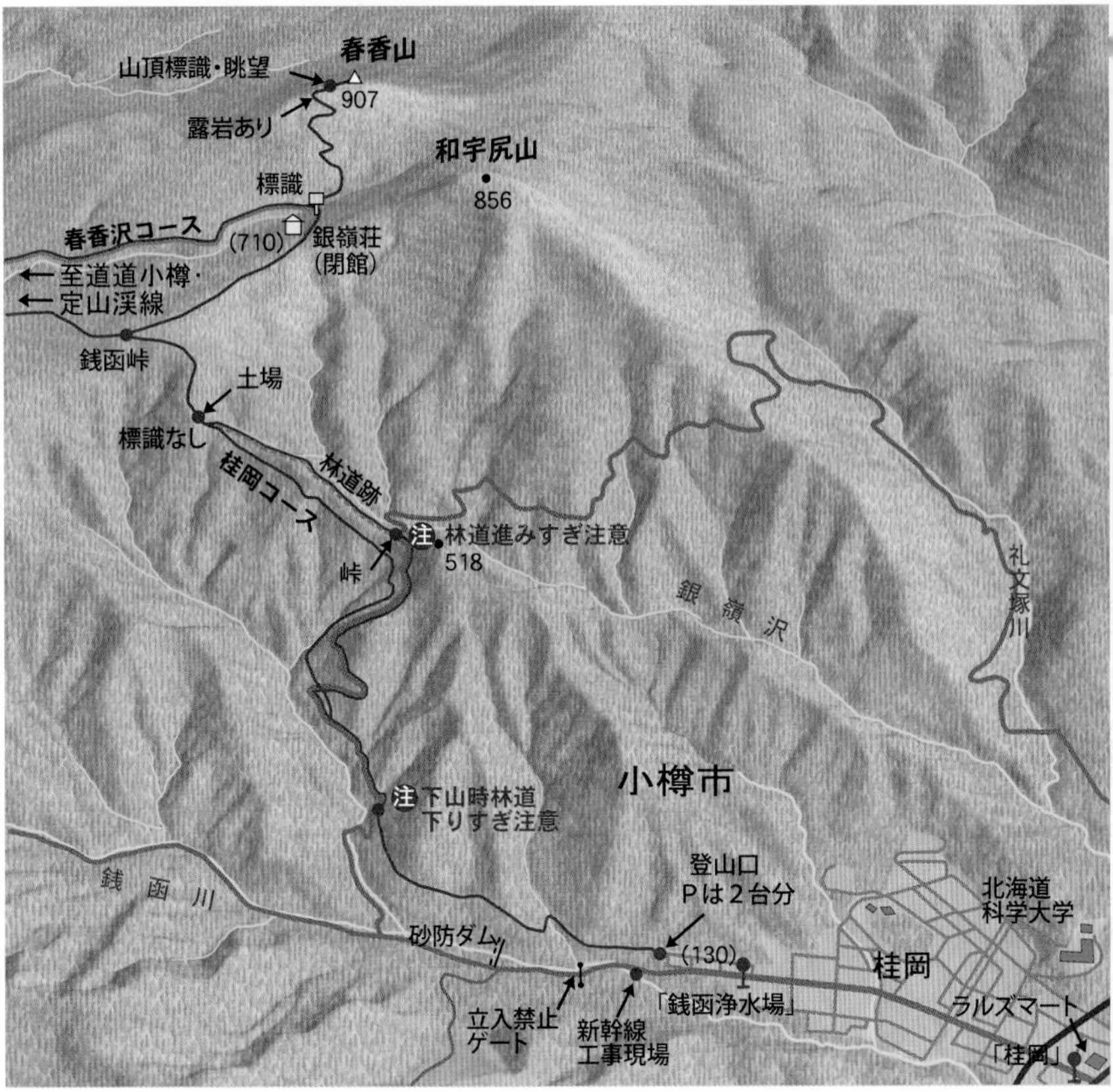

駐車スペースは限られる。公共交通の利用や、状況により他の山への変更なども考えよう

■**ガイド**（撮影　9月15日ほか）

登山口は桂岡市街地の最奥で、山林に接する所にある。以前は銭函川沿いの林道からも入れたが、新幹線工事の残土置き場が設置されたため通行できなくなった。

登山口を入るとほどなく支沢を横切り、シラカバやミズナラなど

下山時に備えて林道の分岐を確認

全般に広葉樹主体の明るい森が広がる

荒れ地状となった土場

の緑濃い山腹をトラバースするように進んでゆく。1・3キロほどで林道に出てこれを右折するが、ここは帰路、見落とさないよう注意したい。500メートルほどで右手に分かれる歩道に入り、すぐ先で再び林道を横切る。あとは土場までだらだらとした山腹の道をゆく。なお土場へは、林道をそのまま歩き、峠の丁字路（下土場）から尾根上を南に入っても行ける。雨天や朝露が煩わしいときなど、多少は快適だろう。

　土場は特に表示もないうえ、若木や草が生えて「尾根上のちょっと開けた場所」といった感じだ。そこからしばらく傾斜が増すが、ほどなく緩み、平坦になった森の中をゆくと銭函峠に出る。春香山は右へ入り、ダケカンバの明るい林の中に延びる平坦な道をゆく。

銭函峠。春香山は右へ

左に入る道は林道を経由して春香沢コース登山口につながる。

　しばし気持ちいい森歩きを楽しんだ先に見えてくるのは銀嶺荘だ。東海大学が所有し一般登山者も利用できる山小屋だったが、老朽化などのため2022年春に閉館。再建などの予定もないそうだ。

　小屋前から続く林道を進むと、すぐに山頂への登山道が右に分岐する。はじめはぬかるんだ所もあ

山頂から石狩湾と石狩平野を見渡す。右手前の低い山は銭函天狗山

山頂はほぼ唯一の展望場所。ごゆっくり

山頂近くのクロツリバナ

ササに囲まれた三角点

るが、次第に急斜面となりジグザグを切り始める。樹間に隣の和宇尻《わうす》山や石狩湾が見えはじめ、ロープの架かった小さな岩場を越えると山頂である。

　ベンチの置かれた山頂は東側が切り拓かれ、石狩湾を挟んだ増毛の山から石狩平野、さらに見通しのよい日は夕張山地や大雪山系まで見渡すことができる。山頂から50メートルほど先には三角点があるが、こちらは樹木とササに囲まれて残念ながら展望ゼロである。

春香沢コース

コースの大半は静かな林道歩き

■**交通**
利用できる公共交通はない。

林道ゲートと春香山小屋を見ながら出発

■**マイカー情報**
国道230号定山渓温泉から道道1号小樽定山渓線に入って約17キロ、右に林道が分岐しすぐにゲートとなる。周辺のスペースにじゃまにならないよう駐車する。登山届のある丸太小屋「春香山小屋」もある。小樽側からは国道5号「朝里川温泉入口」交差点から同道道を約20・5キロ。

586ｍ標高点の分岐は左へ（右は作業道経由で銭函峠へ）。道の間に標識がある

シラカバのまぶしい道をゆく

■体力（標高差）	35点
■登山時間加算	D
■高山度（標高）	C
■険しさ	D
■迷いやすさ	C
総合点40点［初級］	

■**コースタイム**（日帰り装備）
ゲート ─1・00↓ 0・40↑─ 春香山雨量観測所 ─0・50↓ 0・30↑─ 銀嶺荘 ─0・35↓ 0・25↑─ 春香山
累積標高差　約425メートル
登り　2時間25分
下り　1時間35分

■**ガイド**（撮影　9月15日）
銀嶺荘（閉館）まで一般車両の通らない林道をたどる。道の状態はとてもよいが、途中に分岐が多く、またすべての分岐に標識があるわけではない。

ゲートから歩き始めてすぐ、右に奥手稲ノ沢に沿った林道を分け、2・5キロで金ヶ沢を渡って春

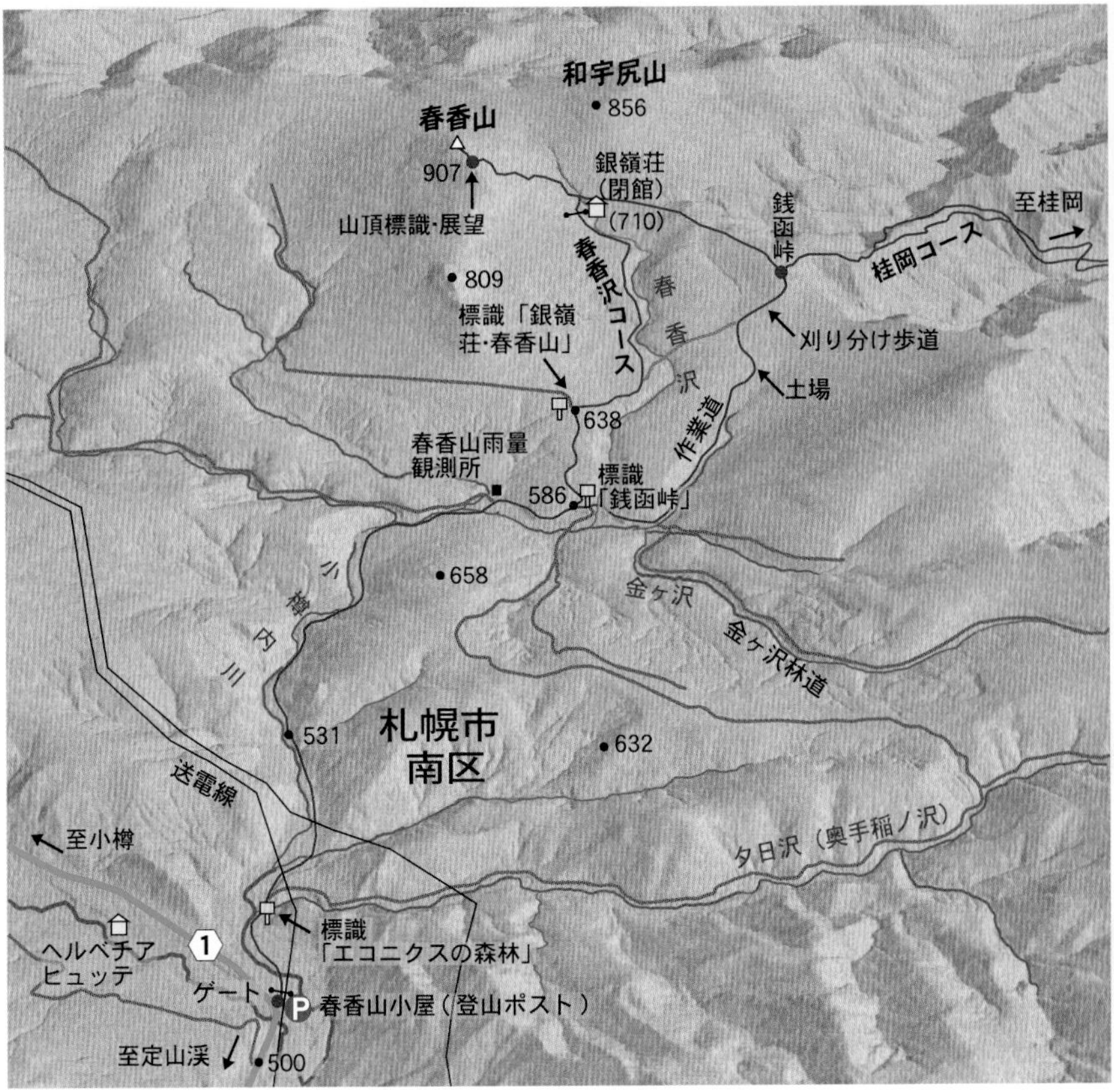

香山雨量観測所を見る。586メートル標高点の分岐は左、638メートル標高点分岐は右にとる（ともに古めの標識あり）。春香沢に沿ってシラカバの美林を詰めていくと銀嶺荘が見えだし、林道終点の手前左に頂上への分岐がある。以降は桂岡コースを参照のこと。

なお2021年秋現在、銭函峠から金ヶ沢へと抜ける作業道も草刈りがされており問題なく歩けた。ただし分岐が多く、歩く際は現在地をよく確認しながら

銭函峠～金ヶ沢の作業道も
ササ刈りされている

683m

朝里天狗岳《あさりてんぐだけ》

魚留ノ滝口コース

送電線作業道から展望の頂上へ

■交通

利用できる公共交通はない。

■マイカー情報

登山口は国道5号「朝里川温泉入口」交差点から道道1号小樽定山渓線に入って約10・7キロ地点。魚留ノ滝《うおどめのたき》標識のすぐ先、頭上を横切る送電線が目印になる。国道230号側からは、定山渓温泉から同道道を約27キロ。駐車場は登山口の約500メートル定山渓寄りに広いスペースがある。

■コースタイム（日帰り装備）

登山口 ―0:30↓ 0:20↑― 分岐 ―0:40↓ 0:30↑― 朝里天狗岳

標高差　約300メートル

朝里ダム越しに見る朝里天狗岳

札幌から小樽近郊にいくつか見られる天狗山と同様、この山も地形図上は単に「天狗岳」である。ここでは朝里峠や朝里川に近いことから朝里天狗岳とした。山頂部はやや急だが、さほど尖っているわけではない。

登山コースは札幌市定山渓と小樽市朝里を結ぶ道道1号の朝里峠近くから拓かれている。かつてはやや迷いやすい場所もあったが、地元山岳会による整備や増加する登山者によって道はずいぶん馴染みが出て、歩きやすくなってきた。

駐車場は広いが休日はあふれるほどの人気

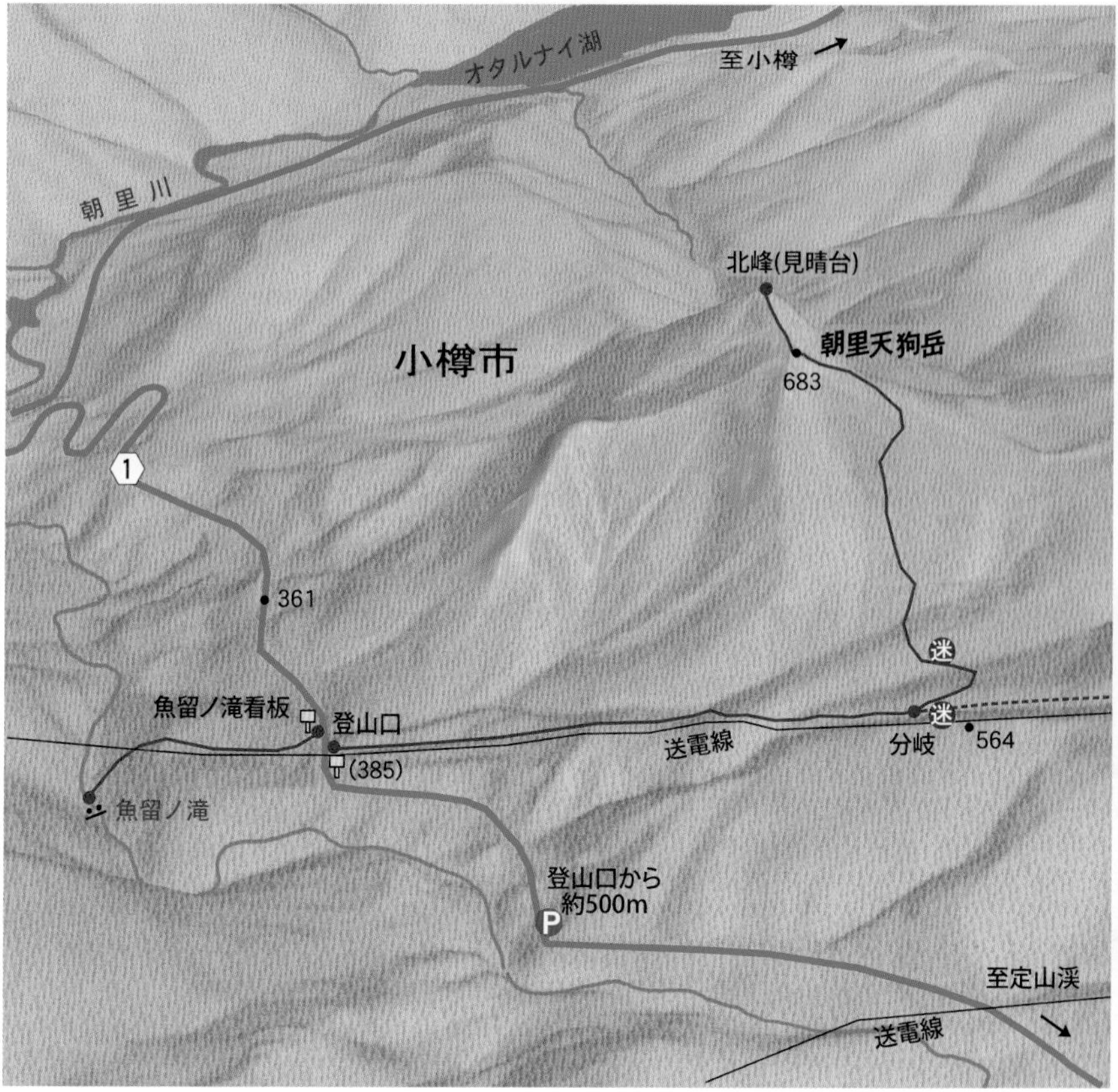

道道から登山道へ。小さな標識がある

体力(標高差)	35点
登山時間加算	D
高山度(標高)	C
険しさ	D
迷いやすさ	C
総合点40点［初級］	

登り　1時間10分
下り　50分

作業道と別れて山頂方面の道に入る

小沢が単調な作業道に変化を与えてくれる

秋、オオカメノキの実が彩りを添えていた

周囲が開けて露岩が出てくると山頂は近い

■ガイド（撮影 9月1日）

木の幹に取り付けられた朝里天狗岳登山口の標識に導かれて、送電線下の作業道に入る。毎年草刈りが行われるので歩きやすい。

小沢を渡って高度を上げ、3カ所目の鉄塔を過ぎてから送電線下の作業道と別れて左に折れる。太い木の幹に〝天狗岳←〟のサインがあるので見落とさないよう注意しよう。

樹林下のコースは平坦で小川が流れ、その川への踏み跡が多いので慎重に進む。山頂部への詰めは小さな流れを跨いで始まる。直登、時に斜上と急斜面に高度を上げてゆくと、やがて高木が切れて岩の露出した山頂に出る。展望のほか、イワハゼやイワツツジの花を楽しめるはずだ。

さらに、山頂から北に約200

右：山頂をあとに北に続く道へ　下：最後の登りの先に待っているのは…

朝里天狗岳北峰（見晴台）からの展望。左奥は赤岩山

山歩きの締めは滝見物で。魚留ノ滝

《メートル》、木を縫うように5、6分細い道をたどると、朝里天狗岳北峰と標識の立つ崖上に出る。眼下の朝里ダムと日本海、小樽方面の展望が広がる爽快なピークだ。

下山後は魚留ノ滝にも寄ってみよう。登山口から道道を挟んで少し右寄りの入り口から踏み跡を下っていくと、朝里川支流にかかる滝を見られる。

533m

小樽天狗山《おたるてんぐやま》

地蔵コース

石仏が佇む森を抜け観光客で賑わう頂へ

■交通

ＪＲ小樽駅発の中央バス（☎０１３４−25−３３３３）「天狗山ロープウェイ」行きで終点下車。本数は１時間２～３本。

■マイカー情報

国道５号の小樽市「稲穂２丁目」交差点を山側に入り、「天狗山」の標識に沿ってロープウェイ山麓駅へ。周辺に広い駐車場あり。国道から約２・７キロ。

■体力（標高差）	35点
■登山時間加算	D
■高山度（標高）	D
■険しさ	D
■迷いやすさ	C
総合点40点［初級］	

■コースタイム（日帰り装備）

山麓駅 ０・50↓ ０・40↑ 第１展望台 ０・15↓ ０・15↑ 小樽天狗山

標高差　約３４０メートル
登り　１時間５分
下り　55分

■ガイド（撮影　8月20日、29日）

登山道入り口までが少々わかりにくい。ロープウェイ山麓駅前を山に向かい、ゲレンデ下部を右折。スキースクール前、さらにリフト乗

小樽港勝納（かつない）埠頭から

札幌・小樽近郊にいくつかある天狗山（岳）のなかで最も有名な山といえるが、丸みを帯びた山容は最も天狗っぽくない。山名の由来は諸説ありよくわかっていない。小樽市街のどこからもよく見え、札幌の藻岩山、函館の函館山などとともに夜景スポットとして知られる。

スキー場やロープウェイなど古くから開発が進む一方で、霊場巡りを兼ねた静かな登山道がある。この山単体はもちろん、アクセスの良さを活かして塩谷丸山方面の縦走も楽しめる。

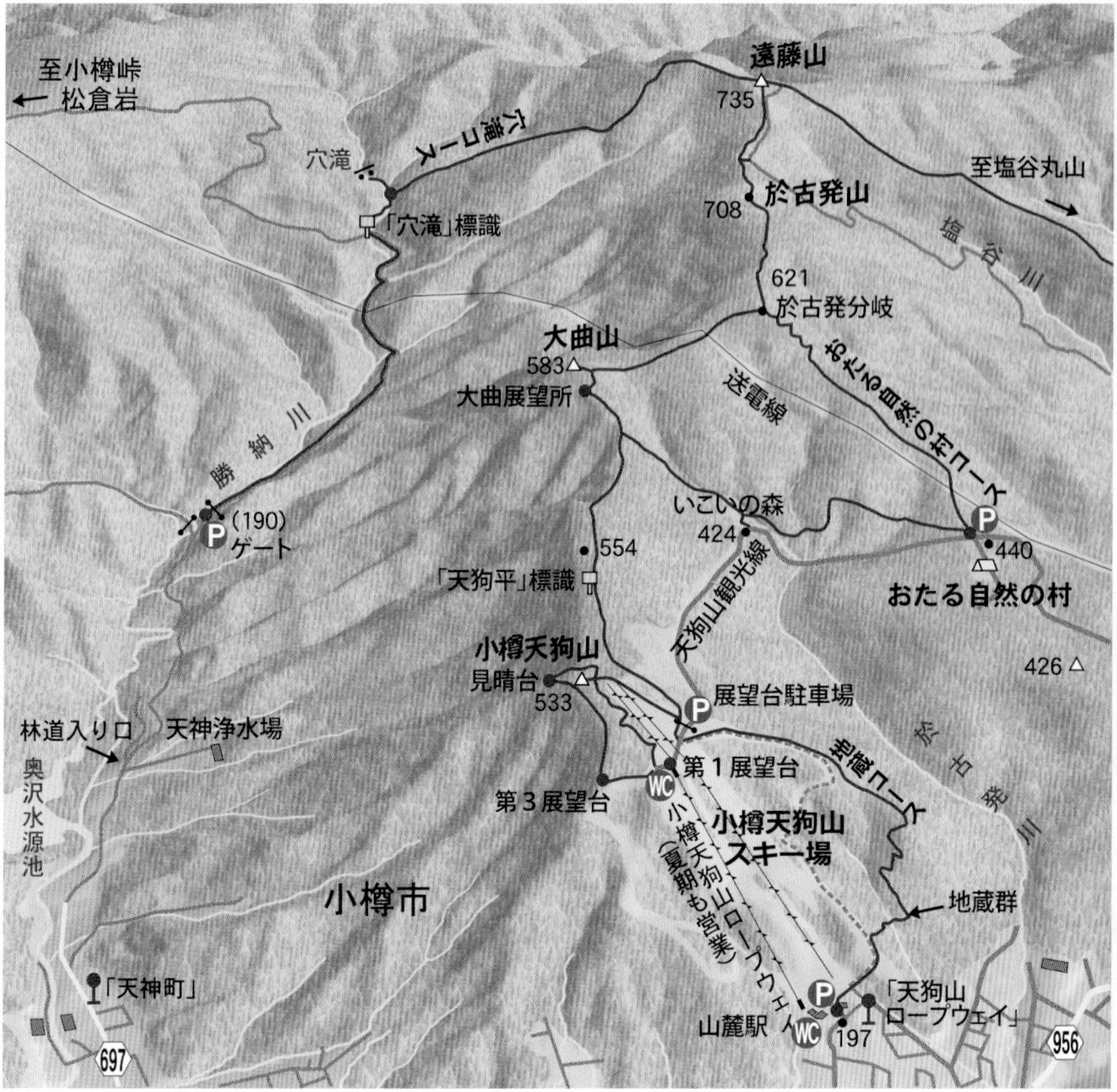

天狗山ロープウェイ山麓駅と駐車場

り場下を通り抜けた先で、左（山側）に曲がりながらゲレンデ内を進む。すぐに右手に分かれる小道が地蔵コース入り口で標識が立っている。なお、そのままゲレンデ内（ロングラインコース）の道を直登しても上部で合流できる。

林に入ると原色系に彩られた地蔵群の小広場があり、独特の雰囲気が漂っている。コースは左に曲がり、道端に点々と祀られた素朴

上：まずはゲレンデ下部に向かい道なりに右折　左：そこからスキースクール前を通り、さらにその先のゲレンデへ

地蔵コース上部からゲレンデ内を登る

優しい顔のお地蔵さんが迎えてくれる

鮮やかに彩られた地蔵コース下部のお地蔵さん

な石のお地蔵さんを見ながら高度を上げてゆく。斜度が一段と増した先で再びゲレンデに出、その中を延びる明るい道をたどる。展望台駐車場前の車道に合流したら、第1展望台のあるロープウェイ山頂駅は目前だ。

山頂へはそのまま直進して西へ進む。大きな天狗面や神社、第2、第3展望台とめぐったのち、進路を南に変えて広葉樹林の緩やかな遊歩道をゆく。最後に平坦な林の中をぐるっと回った先が山頂

右：第1展望台からは小樽市街を一望できる　上：後志自動車道や春香山を望む第3展望台

三角点のある天狗山頂上

頂上に続く広葉樹の散策路。いい雰囲気だ

山頂からゲレンデ内を通る踏み跡もある

だが、展望は得られない。

なお、山頂駅から山頂へは天狗山スライダー（遊具）左手の散策路、あるいは右手のゲレンデ内踏み跡からも行ける。また、遠藤山方面に縦走する場合、山頂部から直接縦走路に入ることはできず、いったん展望台駐車場近くまで戻って入り直す必要がある。

735m

遠藤山《えんどうやま》

イラストマップは141ページ参照

塩谷丸山から

小樽天狗山から北西に延びるなだらかな尾根上にある山。一連の山並みの中ではもっとも高く、また一等三角点が設置されているが、地形図に山名の記載はない。

山容は目立たず、山頂からの展望もない。しかし、小樽天狗山、塩谷丸山の人気2座、さらに穴滝ともルートが結ばれており、隣の於古発山《おこばちやま》とともに訪れる人は少なくないようだ。地元山岳会によって定期的にササ刈りなどの整備が行われているのもありがたい。

■体力（標高差）	40点
■登山時間加算	D
■高山度（標高）	C
■険しさ	D
■迷いやすさ	D
総合点45点［初級］	

「迷いやすさ」はササ刈後の評価。夏草繁茂時はややわかりにくい所あり

展望台駐車場を利用して、行程を短縮することもできる

小樽天狗山コース

終始樹林帯をゆく静かな森歩き

■**交通、マイカー情報**

小樽天狗山（140ページ）と同じ。マイカーは道道956号小樽環状線から天狗山観光線に入り、終点の展望台駐車場を利用することもできる。

■**コースタイム**（日帰り装備）

山麓駅（0:50↓ 0:40↑）第1展望台（1:00↓ 1:00↑）遠藤山

於古発分岐（0:50↓ 0:40↑）遠藤山

累積標高差　約650メートル

登り　2時間40分

下り　2時間20分

■**ガイド**（撮影　8月20日）

第1展望台までは小樽天狗山

（140ページ）を参照のこと。

展望台駐車場の上、ゲレンデ右側下部から標識に従って登山道に入る。平坦な樹林の中を進み、右から天狗山観光線からのコースが合流すると若干斜度が増す。大曲展望所は夏はほとんど展望がない。すぐ先の583メートル三角点には大曲山の標識がある。緩く登って送電線をくぐると621メートル標高点の於古発分岐。右からおたる自然の村コースが合流し、遠藤山は左に入る。

その先の於古発山は樹林帯のコブといった感じで眺めのないまま通過する。緩く下ったのちに、やや急な斜面をひと登りすれば遠藤山である。この緩い鞍部は右に林道が並行しているが、遠藤山山頂を経由せず巻いてしまう。

おたる自然の村コース

森林浴気分で歩く最短コース

■交通

利用できる公共交通はない。

■マイカー情報

道道956号小樽環状線から天狗山観光線に入り、自然の村入り口向かいの駐車場を利用。

登山道入り口。草刈り前だと少しわかりにくい

ピーク感に乏しく、展望もない於古発山

一等三角点が設置された遠藤山

■体力（標高差）	35点
■登山時間加算	D
■高山度（標高）	C
■険しさ	D
■迷いやすさ	D
総合点40点［初級］	

■**コースタイム**（日帰り装備）

自然の村 —0·30↓ 0·20↑— 於古発分岐 —0·50↓ 0·40↑— 遠藤山

累積標高差　約350メートル
登り　1時間20分
下り　1時間

■**ガイド**（撮影　8月29日）

遠藤山への最短コースである。駐車場奥のゲートを抜けて作業道をまっすぐ登る。斜度が増すとほどなく於古発分岐に着く。以降は小樽天狗山コースを参照のこと。

自然の村入り口。駐車場は右へ

作業道を登ってゆく

■体力(標高差)	35点
■登山時間加算	D
■高山度(標高)	C
■険しさ	D
■迷いやすさ	C
総合点40点［初級］	

穴滝コース

霊気漂う穴滝からダケカンバ林へ

■**交通**

JR小樽駅発の中央バス（☎0134-25-3333）「天神町」行きで終点下車。本数は1時間2〜3本。ゲートまで徒歩2・6キロ。

■**マイカー情報**

国道5号小樽市「奥沢十字街」から国道393号に入り、そのまま道なりに直進。約4キロ先の天神浄水場から未舗装の林道となり、さらに約1・5キロでゲート。手前に数台分の駐車スペースがある。

なお、沿道では新幹線工事が始まっており、今後の状況変化に注意のこと。

■**コースタイム**（日帰り装備）

ゲート —1·10↓ 1·10↑— 穴滝 —1·00↓ 0·40↑— 遠藤山

標高差　約550メートル
登り　2時間10分
下り　1時間50分

■**ガイド**（撮影　8月20日）

ゲートを後にし、まずは2・4キロの林道歩きである。道の状態はいいが長く感じる行程だ。遠藤山・穴滝の標識に従い、勝納《かつない》川沿いの山道に入る。400メートルほどで遠藤山分岐。穴滝はさらに150メートルほど進む。洞窟状に掘れた岩壁から

洞窟となった穴滝。流れ落ちる水を“裏側から”見ることができる

美しいダケカンバ林が広がる

分岐からしばらくは急登が続く

滝が落ち、幽玄な雰囲気が漂う。

分岐に戻り、遠藤山方面の道に入る。最初に急傾斜で高度を稼いだのち、明るい林の中を緩急つけて登ってゆく。標高６００メートルを超えるとダケカンバの林となり、その白さは目にまぶしいほどだ。

やがて右に直角に折れると、ほとんど傾斜のない尾根となり、遠藤山に至る。

629m

塩谷丸山《しおやまるやま》

■体力（標高差）	35点
■登山時間加算	D
■高山度（標高）	C
■険しさ	D
■迷いやすさ	D
総合点40点［初級］	

余市港から

高さが適度で眺めもよく、またJR塩谷駅から直接登れる利便性もあって、春から秋遅くまで登山者が絶えない人気の山である。地形図には丸山と記されている。各コースは小樽周辺自然歩道の一部になっており、さらに遠藤山、於古発山、天狗山へと延びている。体力に応じていろいろなコース取りができるのも魅力だ。

山頂からは断崖が続く海岸線の眺めが美しく、遠くに積丹岳、余別岳、ニセコアンヌプリ、羊蹄山も見える。

JR塩谷駅コース

家族登山に最適　海岸線が美しい

■**交通**

JR塩谷駅下車。またはJR小樽駅発の中央バス（☎0134—25—3333）余市・積丹方面行きで「塩谷」下車。塩谷駅まで徒歩約900メートル。

■**マイカー情報**

国道5号の小樽市塩谷の交差点から道道956号に入り、約1・3キロ先の塩谷駅手前を右折。イラストマップを参考に後志自動車道下の駐車場へ。2カ所に計20数台駐車可能。週末は混雑するので近隣住民の迷惑にならないよう配慮のこと。トイレあり。

■**コースタイム**（日帰り装備）

塩谷駅 (0:20↓ 0:20↑) 登山口 (0:50↓ 0:30↑) 450メートル台地 (0:30↓ 0:20↑) 塩谷丸山

標高差　約580メートル
登り　1時間40分
下り　1時間10分

■**ガイド**（撮影　9月5日）

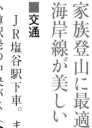

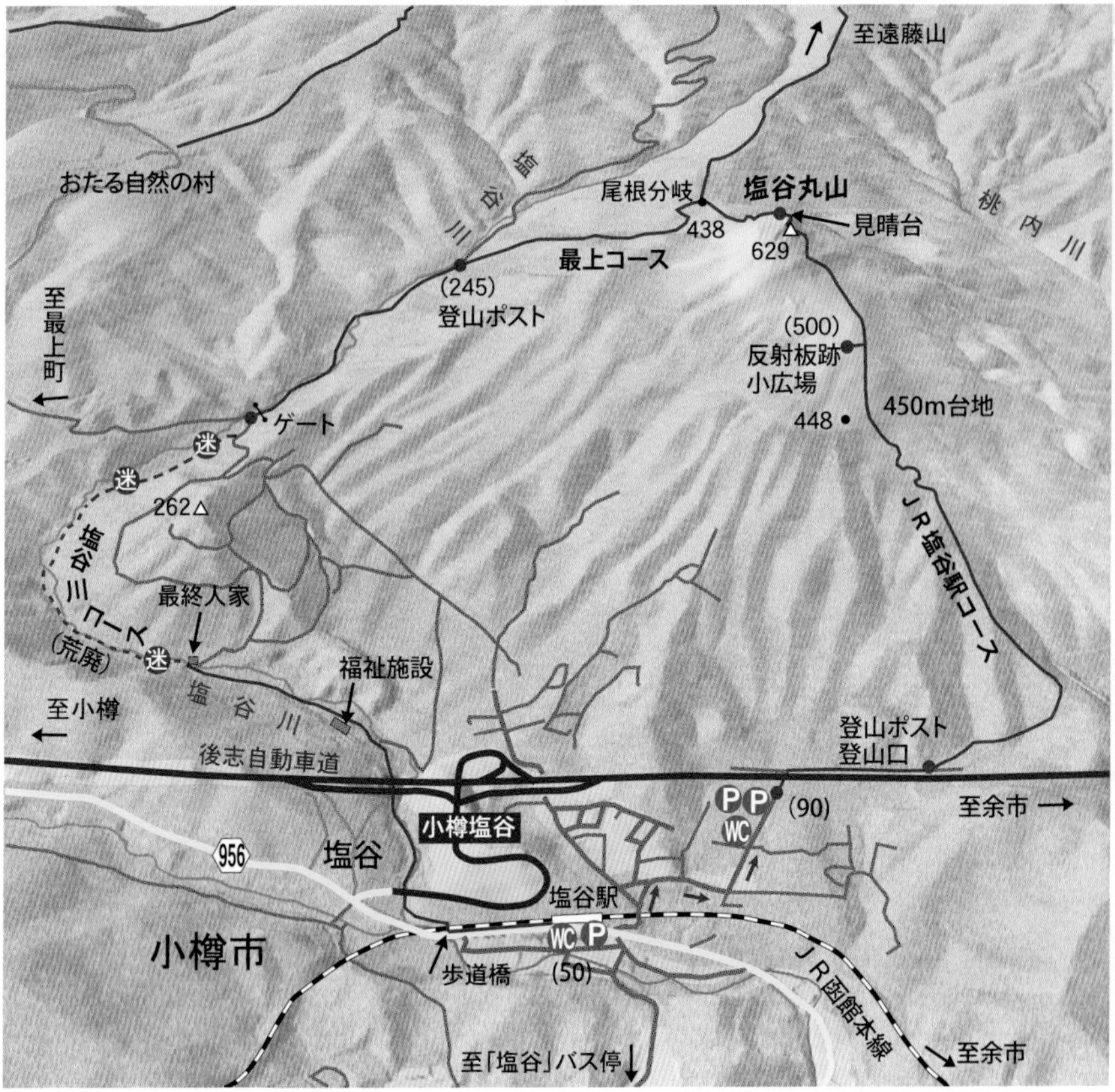

鉄道利用の登山もいいものだ

塩谷駅からイラストマップを参考に登山口へ向かう。登山口から山道となり、山頂方向に進路を変える。はじめは緩やかだが、次第にきつい登りになってくる。

４５０《メートル》台地に出ると傾斜が緩んでひと息つきたくなるが、深いササのため休める場所がなく、また景色も見えない。もうひと頑張りして標高５００《メートル》まで登ると、マイクロウェーブ反射板の跡地が

登山ポストが置かれた登山口

高速道路が完成し、駐車場も整備された

反射板跡を過ぎ山頂が近づいてきた

前半は樹林帯。徐々に急な登りになってくる

あり、休憩に適した広場になっている。ここからの山頂は近くに見えるが、まだ20分はかかる。次第に広がる背後の景色を振り返りながらゆっくり登っていこう。

　登りきった所は三角点のある山頂北端で、方角盤が設置されて眺めもいい。が、60《メートル》ほど奥に進んだ見晴台はさらに視界が開け、広

どこが見えるかな？

塩谷丸山山頂。眼下には忍路の海岸線が

開放感に溢れる見晴台だが、周囲は切れ落ちている。足元に注意を！

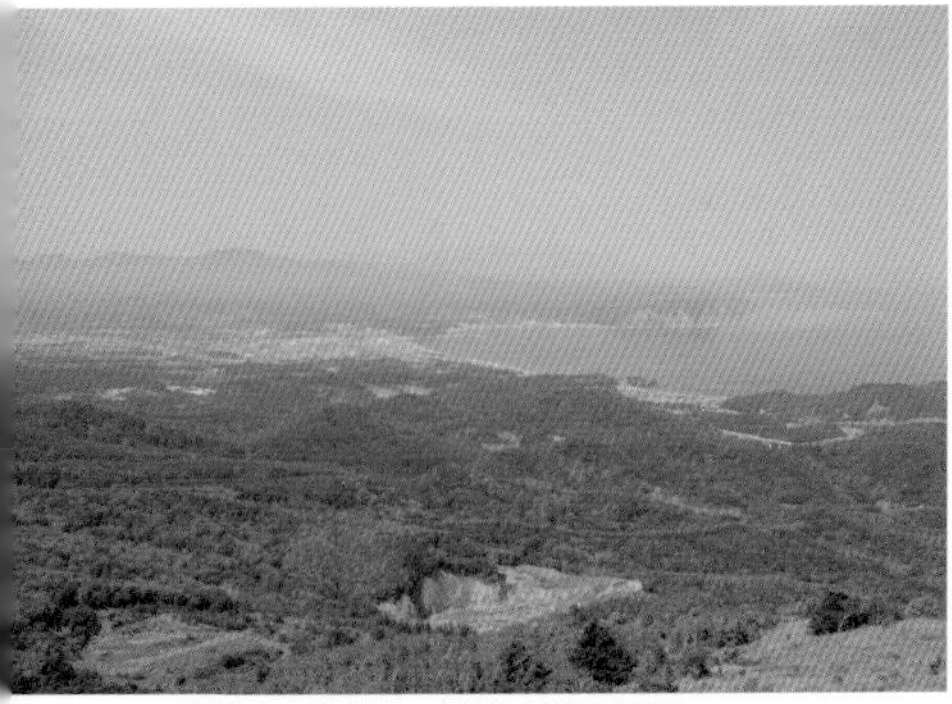
見晴台から余市、積丹方面の展望

い休憩スペースがある。ただし切れ落ちた崖の上なので注意を。

見晴台からは忍路《おしょろ》から積丹方面に続く海岸線を始め、遠藤山や於古発山、遠くニセコの山々や羊蹄山も見える。積み重なった岩の上に祀られた祠と大きな鉄の錨は、眼下に広がる海で働く人々による安全祈願だろう。

最上コース

塩谷側と違った趣
新幹線工事に注意

■**交通**

JR小樽駅発の中央バス「最上《もがみ》町」行きで終点下車。ゲートまで徒歩約2・8キロ。

■**マイカー情報**

道道956号と小樽天狗山への天狗山観光線の間の細い舗装道路に入り、イラストマップを参考にゲートへ。ゲート手前に2台ほどの駐車スペースがある。

なお、新幹線工事にともないゲートが開放されていることがあるが、一般車両は進入禁止である。駐車および林道の歩行は工事関係車両に十分注意すること。また、今後の状況変化にも注意のこと。

上：ゲート。新幹線工事で状況は変わりつつある　左：登山口を入った所に登山ポストが　下：尾根分岐。道標は完備されている

山頂はもうすぐだ

■体力（標高差）	35点
■登山時間加算	D
■高山度（標高）	C
■険しさ	D
■迷いやすさ	D
総合点40点［初級］	

■**コースタイム**（日帰り装備）

ゲート ―0:20↓ 0:20↑― 登山口 ―0:40↓ 0:30↑― 尾根分岐 ―0:30↓ 0:20↑― 塩谷丸山

標高差　約460メートル
登り　1時間30分
下り　1時間10分

■**ガイド**（撮影　9月5日）

ゲートを通過し、林道を進む。

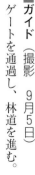

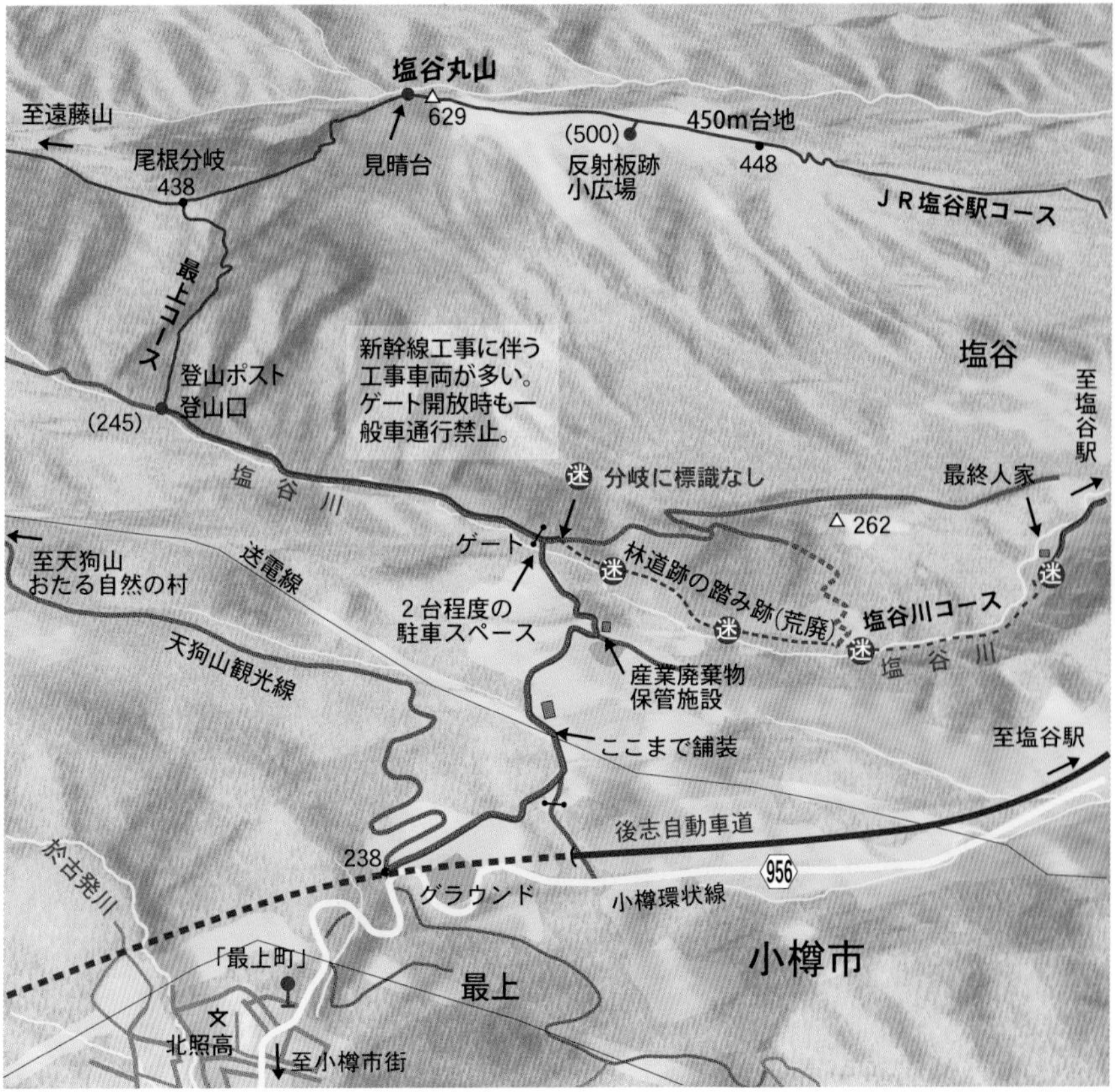

約1・2キロで登山口となり、右手の坂の上に登山ポストがある。

ここから山道の登りが始まり、ひと汗かくころ尾根分岐に出る。左に行けば遠藤山、右に進めば塩谷丸山だ。

頂上までは一気に登れる距離だが、結構急で息が上がる。背後に遠藤山や於古発山の展望が広がり、岩が露出して高山らしい雰囲気が出てくると間もなく山頂だ。

塩谷川コース

■交通

ＪＲ塩谷駅コースに同じ。

■マイカー情報

駐車場はない。

■コースタイム（日帰り装備）

塩谷駅 1:00↓ 1:00↑ ゲート 1:30↓ 1:10↑ 塩谷丸山

標高差　約５８０メートル
登り　２時間30分
下り　２時間10分

■**ガイド**（撮影　９月５日）
最上コースのゲートと塩谷駅を結ぶ林道跡のコースで、ＪＲ塩谷駅コースとあわせて周回で歩くことができる。しかし、近年は未整備でヤブが深く、廃道同然である。現時点では整備の予定もないとのこと。よほどルートファインディングに長け、ヤブ慣れしていない限り、通行しないほうがよい。

出入り口もわかりにくく、現状はほぼ廃道だ

塩谷丸山−遠藤山縦走

小樽天狗山と結んで歩くのもよし

■**コースタイム**（日帰り装備）
塩谷丸山 ―1:20↓ 1:10↑― 遠藤山
累積標高差（行き）約３０５メートル（帰り）約２００メートル
行き　１時間20分
帰り　１時間10分

■**ガイド**（撮影　８月20日）
塩谷丸山山頂の見晴台から正面に見えるゆったりとした尾根をたどるコースで、展望はないが静かな森歩きが味わえる。塩谷丸山から往復してもよいし、小樽天狗山へ抜ければ入下山とも公共交通を使った縦走が可能だ。道は地元山岳会によって定期的にササ刈りされている。イラストマップは１４１ページ、１４９ページを参照のこと。

見晴台から崖沿いに最上コースに入り、尾根分岐まで下る。展望が利くのはこの下りだけなので存分に楽しんでおこう。

分岐を直進して緩く登ったのち、カラマツの植林帯に延びる平坦な道を進む。ほぼ中間点に立つ標識を過ぎ、たんたんと登った先で林道に飛び出す。これを横切ればひと登りで遠藤山だ。なお、小

大きな錨の置かれた見晴台

見晴台から見た遠藤山方面。中央の尾根が縦走コース

中間点付近。終始ほぼこんな感じだ

林間に塩谷丸山がちらっと見える

於古発山手前で林道から登山道に入れる

樽天狗山方面に行く場合は、林道を左に進み、遠藤山をショートカットして於古発山との鞍部に出ることもできる。登山道は10メートルほど右を並行しており、於古発山手前で林道が左に逸れるあたりの踏み跡から合流できる。

なお、遠藤山直下にできた巨大な鉄塔は風力発電所設置計画の調査用で、縦走路も計画地域に含まれているとのことである。

1488m

余市岳《よいちだけ》

赤井川コース

ダケカンバの森から陽光の尾根へ

■特記事項

2022年夏、キロロリゾートは改装工事を行うためゴンドラを含めた各施設を休業予定。ゲートまでの村道は通行可能予定だが、駐車場は私有地のため利用の可否も含めて詳細未定。春以降、キロロリゾートのホームページで確認のこと。以下のガイドは21年夏の取材をもとにしたものである。

無意根山元山コースから

札幌市と赤井川村との境界にあり、札幌市内の最高峰。山の大きさや奥深さは近隣で群を抜く。山名の由来は江戸時代、松前藩によって開かれた余市場所に流れ込む余市川の上流にあったことによる。ヨイチはアイヌ呼称の「ユオチ」で「温泉がたくさんあるところ」の意味と、「イオチ」で蛇が多くいる所という意味の2説がある。

登山道は赤井川村側と定山渓奥の白井右股川からのコースがあったが、後者は荒廃のため掲載を取りやめた。

体力(標高差)	45点
登山時間加算	C
高山度(標高)	B
険しさ	D
迷いやすさ	C
総合点60点 [中級]	

■交通

利用できる公共交通はない。

■マイカー情報

国道363号赤井川村常盤からキロロリゾートに続く村道に入り、約4㌔で最奥のマウンテンセンターとシェラトン北海道に着く。登山口への林道はその右側にあり、入り口に施錠されたゲートがある。駐車はホテル利用者の迷惑にならないよう、第1駐車場かバス駐車場へ。

■コースタイム(日帰り装備)

郵便はがき

料金受取人払郵便

札幌中央局
承認

8382

差出有効期間
2023年12月
31日まで
(切手不要)

0 6 0 - 8 7 5 1

672

(受取人)
札幌市中央区大通西3丁目6
北海道新聞社 出版センター
愛読者係
行

お名前	フリガナ			
ご住所	〒□□□-□□□□ 都道府県			
電話番号	市外局番( ) —	年齢	職業	
Eメールアドレス				
読書傾向	①山 ②歴史・文化 ③社会・教養 ④政治・経済 ⑤科学 ⑥芸術 ⑦建築 ⑧紀行 ⑨スポーツ ⑩料理 ⑪健康 ⑫アウトドア ⑬その他( )			

★ご記入いただいた個人情報は、愛読者管理にのみ利用いたします。

愛読者カード

新 夏山ガイド１道央

本書をお買い上げくださいましてありがとうございました。内容、デザインなどについてのご感想、ご意見をホームページ「北海道新聞社の本」https://shopping.hokkaido-np.co.jp/book/の本書のレビュー欄にお書き込みください。

このカードをご利用の場合は、下の欄にご記入のうえ、お送りください。今後の編集資料として活用させていただきます。

〈本書ならびに当社刊行物へのご意見やご希望など〉

■ご感想などを新聞やホームページなどに匿名で掲載させていただいてもよろしいですか。（はい　いいえ）

■この本のおすすめレベルに丸をつけてください。

高（ 5・4・3・2・1 ）低

〈お買い上げの書店名〉

都道府県　　市区町村　　書店

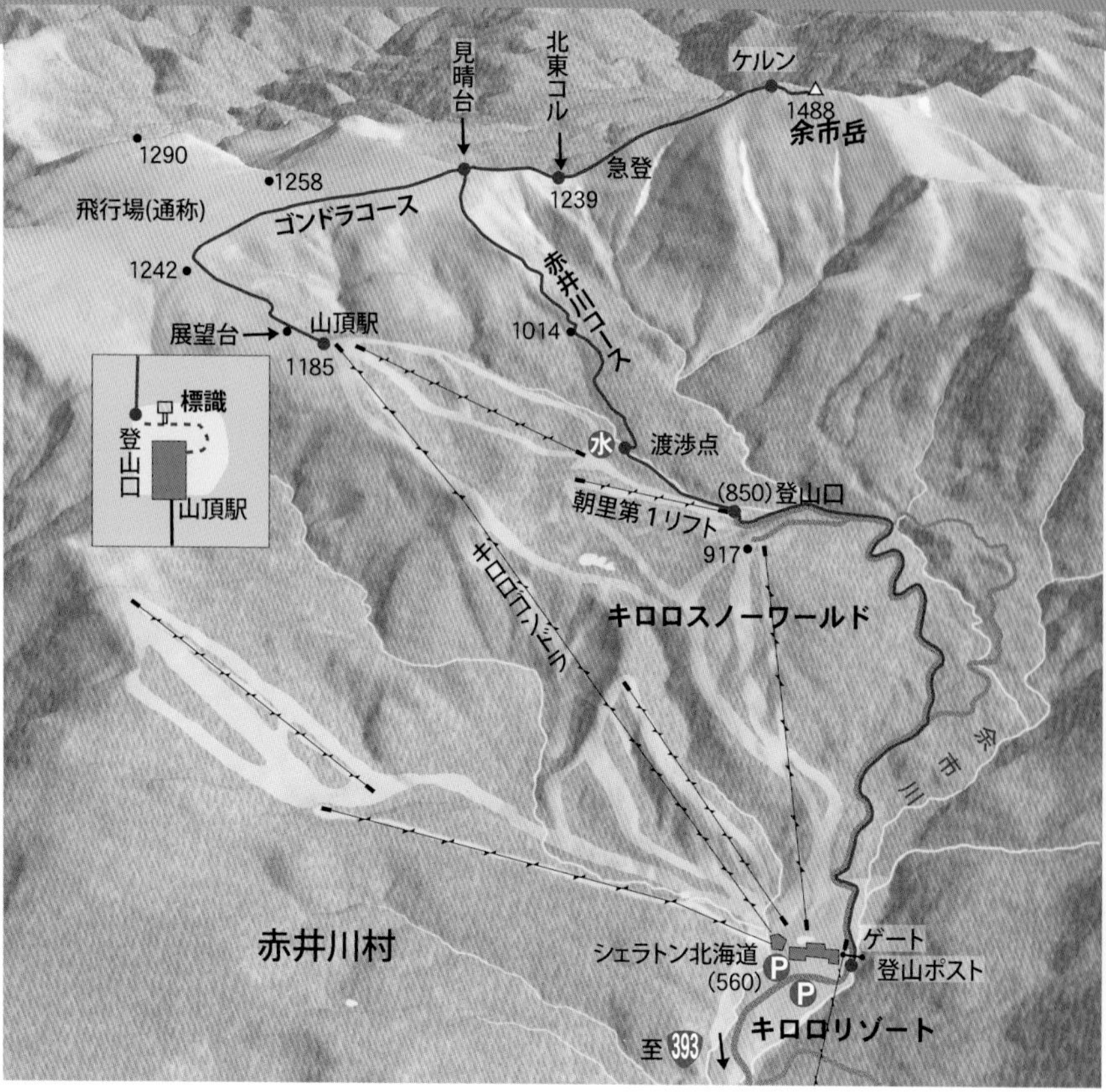

ゲート ─1:10↓ 1:00↑─ 登山口 ─1:30↓ 1:10↑─
見晴台 ─1:10↓ 0:50↑─ 余市岳

累積標高差　約990メートル
登り　3時間50分
下り　3時間

■**ガイド**（撮影　7月22日）

スタートはシェラトン北海道右隣の林道ゲート。登山ポストも設置されている。1時間ほど林道を歩いてゲレンデに出たら、緩く下

ホテル右横にある林道ゲート

飛び石で沢を渡る

林道歩き終盤、ゲレンデを横切り登山口へ

りながらこれを横切る。朝里第1リフトをくぐった先に、立派な標識の立つ登山口がある。
　ここから登山道となり、しばし沢音を聞きながら余市川源流右岸の道をたどる。ほどなく現れる渡渉点は、通常は飛び石で渡れる。ここは最終水場でもある。

見ごたえあるダケカンバの林

　さほど急でない道を登るうち、周囲には立派なダケカンバが目立ってくる。その見事さは思わず立ち止まって見回すほど。と同時に急斜面に行き当たり、ジグザグを切りながら高度を上げる。
　斜面が緩んでくると周りはササとかん木になり、右に余市岳、左にはゴンドラ山頂駅が見え始める。続いて背の高いハイマツ帯となり、ゴンドラコースとの合流点、

ゴンドラコースとの分岐、見晴台

余市岳山頂への急登。背後左の台地は通称「飛行場」と朝里岳、右奥は白井岳

札幌市最高点の展望を楽しもう

緑が戻ってきた山火事跡を山頂へ

見晴台に着く。

進路は南に変わり、すぐに余市岳が全貌を見せる。迫る大斜面に気合も入るが、その前にいったん北東コルに下る。ここは白井川コースの合流点で、道の痕跡こそ認められるものの、太く深いササが被って廃道状態となっている。

コルからいよいよ急登に取り付く。といってもきつい部分は標高差150《メートル》ほど。背後の朝里岳や白井岳、左手の定山渓天狗岳など眺めながら焦らず登っていこう。

傾斜が落ち、長いハイマツ廊下を抜けると、周囲が開けてケルンと観音像の前に出る。山頂のような雰囲気だが、本当の山頂はもうひとつ奥の高み。山火事跡のハイマツ墓場からお花畑へと変わりつつある平坦地を300《メートル》ほどの距離である。

ゴンドラコース

空中散歩でラクラク運行日を要確認

■**特記事項**

赤井川コースの項と同様、キロロリゾート改装工事のため、2022年夏のゴンドラ運行は休止される。また翌年以降の運行についても未定。

ここでは運行が再開された場合を想定し、21年夏の取材をもとにガイドする。

■**交通、マイカー情報**

赤井川コースに同じ。

■**コースタイム**（日帰り装備）

山頂駅 ―0·50↓ 0·40↑― 見晴台 ―1·10↓ 0·50↑― 余市岳

累積標高差　約360メートル

登り　2時間

下り　1時間30分

標高差約600mを十数分で

山頂駅を出ると正面に余市岳が

■**ガイド**（撮影　7月22日）

ゴンドラの運行日・時間などはキロロリゾート（☎0135-34-7111）のホームページで確認してほしい。

山頂駅を出て正面に余市岳を見た所で、左に回り込んで登山口へ。コースは前半、深い雨裂が続き、これを避けながら進む。一帯は「飛行場」と呼ばれる朝里岳から続く広い台地上で、平坦なうえ

登山口は山頂駅から左に回った所

見晴台まではネマガリダケに囲まれ単調だ

登山道をえぐる雨裂。足元に注意

見晴台から北東コルへ。山頂が大きく迫ってきた

■体力(標高差)	35点
■登山時間加算	D
■高山度(標高)	B
■険しさ	D
■迷いやすさ	D
総合点40点［初級］	

ネマガリダケに覆われて視界はあまりよくない。ただひたすら歩き続けるのみである。余市岳が正面に見えてくると赤井川コースとの合流点、見晴台だ。以降は赤井川コースを参照のこと。

支笏湖周辺

清田《きよた》
(2.5万)
北広島市
石山《いしやま》
(5万)
北広山
島松山
506
北広島《きたひろしま》
(2.5万)
島松
しままつ
南長沼《みなみながぬま》
(2.5万)
恵庭《えにわ》
(5万)
恵庭市
えにわ
道東自動車道
島松山《しままつやま》
(2.5万)
恵庭《えにわ》
(2.5万)
恵庭
恵庭
長都《おさつ》
(2.5万)
337
漁川
ャンコッペ山
ちとせ
千歳
千歳
千歳川
新千歳空港
紋別岳
866
支笏湖温泉《しこつこおんせん》
(2.5万)
胆振蘭越《いぶりらんこし》
(2.5万)
千歳《ちとせ》
(2.5万)
しんちとせくうこう
支笏湖温泉
樽前山《たるまえさん》
(5万)
千歳市
千歳《ちとせ》
(5万)
36
モラップ
不死岳
1102
ウトナイ湖《うとないこ》
(2.5万)
樽前山《たるまえさん》
(2.5万)
276
胆振高岡《いぶりたかおか》
(2.5万)
苫小牧東
樽前山
1041
苫小牧市
沼ノ端
ぬまのはた
235
苫小牧中央
苫小牧
とまこまい
勇払
錦岡《にしきおか》
(2.5万)
苫小牧西
ゆうふつ
勇払《ゆうふつ》
(2.5万)
錦岡
にしきおか
苫小牧《とまこまい》
(2.5万)
白老《しらおい》
(5万)
道央自動車道
苫小牧《とまこまい》
(5万)
36
老
社台《しゃだい》
(2.5万)
しらおい

本倶登山《ぼんくとさん》
(2.5万)
無意根山
1464
無意根山《むいねやま》
(2.5万)
定山渓《じょうざんけい》
(2.5万)
札幌市
石山《いしや》
(2.5万)
中岳 1388
定山渓《じょうざんけい》
(5万)
豊平峡ダム
札幌岳
1293
並河岳 1258
中山峠《なかやまとうげ》
(2.5万)
京極町
喜茂別岳
1177
豊平川
狭薄山
1296
空沼岳《そらぬまだけ》
(2.5万)
京極《きょうごく》
(2.5万)
小喜茂別岳
970
空沼岳
1251
恵庭市
札幌岳《さっぽろだけ》
(2.5万)
中山峠
230
453
漁岳
1318
小漁山
1235
恵庭岳
1320
栄《さかえ》
(2.5万)
漁岳《いざりだけ》
(2.5万)
喜茂別《きもべつ》
(2.5万)
1046 フレ岳
丹鳴山
1040
恵庭岳《えにわだけ》
(2.5万)
喜茂別町
双葉《ふたば》
(5万)
支笏
双葉
千歳市
276
留寿都《るすつ》
(2.5万)
留寿都村
伊達市
白老岳《しらおいだけ》
(2.5万)
風不死岳《ふっぷしだけ》
(2.5万)
双葉《ふたば》
(2.5万)
多峰古峰山
661
白老岳
968
大滝
三階滝
453
徳舜瞥山
1309
1322
ホロホロ山
北湯沢温泉
中洞爺《なかとうや》
(2.5万)
蟠渓《ばんけい》
(2.5万)
徳舜瞥山《とくしゅんべつやま》
(2.5万)
森野《もりの》
(2.5万)
白老町
久保内
蟠渓
徳舜瞥山《とくしゅんべつやま》
(5万)
オロフレ山
1231
カルルス温泉《かるるすおんせん》
(2.5万)
壮瞥《そうべつ》
(2.5万)
飛生《とびう》
(2.5万)
白老《しらおい》
(2.5万)
オロフレ峠
加車山
898
壮瞥町

約*485m*

北広山《きたひろやま》(島松山《しままつやま》)

仁井別川コース

明るい林を縫って大展望の稜線上へ

■交通

利用できる公共交通はない。

■マイカー情報

国道36号北広島市大曲から道道790号に入り道なりに走行。約7・5キロ先のダイナスティゴルフクラブ有明入り口から未舗装路となり、市道を約2キロで開放された林道ゲート、その奥に施錠ゲートがある。手前右手に駐車スペースがある。

恵庭岳第二見晴台から

島松山は札幌市、北広島市、恵庭市の境界をなし、その南斜面から東山麓にいたる広い地域が自衛隊の演習場になっている。加えて山頂部には防衛省のレーダーサイトとしての施設が林立し、残念ながら自然度は低い。

北広島側から登路が開削されているが、島松山の頂上は立入禁止のため、登山可能な最高点に「北広山」の名が記された。標高が低く平らな頂上の割には、支笏湖周辺の山や札幌近郊の山を見渡せる。

■体力(標高差)	30点
■登山時間加算	D
■高山度(標高)	D
■険しさ	D
■迷いやすさ	D
総合点30点［初級］	

■コースタイム(日帰り装備)

ゲート —0:40↓ / 0:30↑— 白樺平 —0:30↓ / 0:20↑— 北広山

標高差　約205メートル
登り　1時間10分
下り　50分

■ガイド(撮影　7月10日)

この山は登山の対象としてよりも山菜(タケノコ)採りの山として人気があるようだ。春先にはかなりの入山者を見るが、稜線上ま

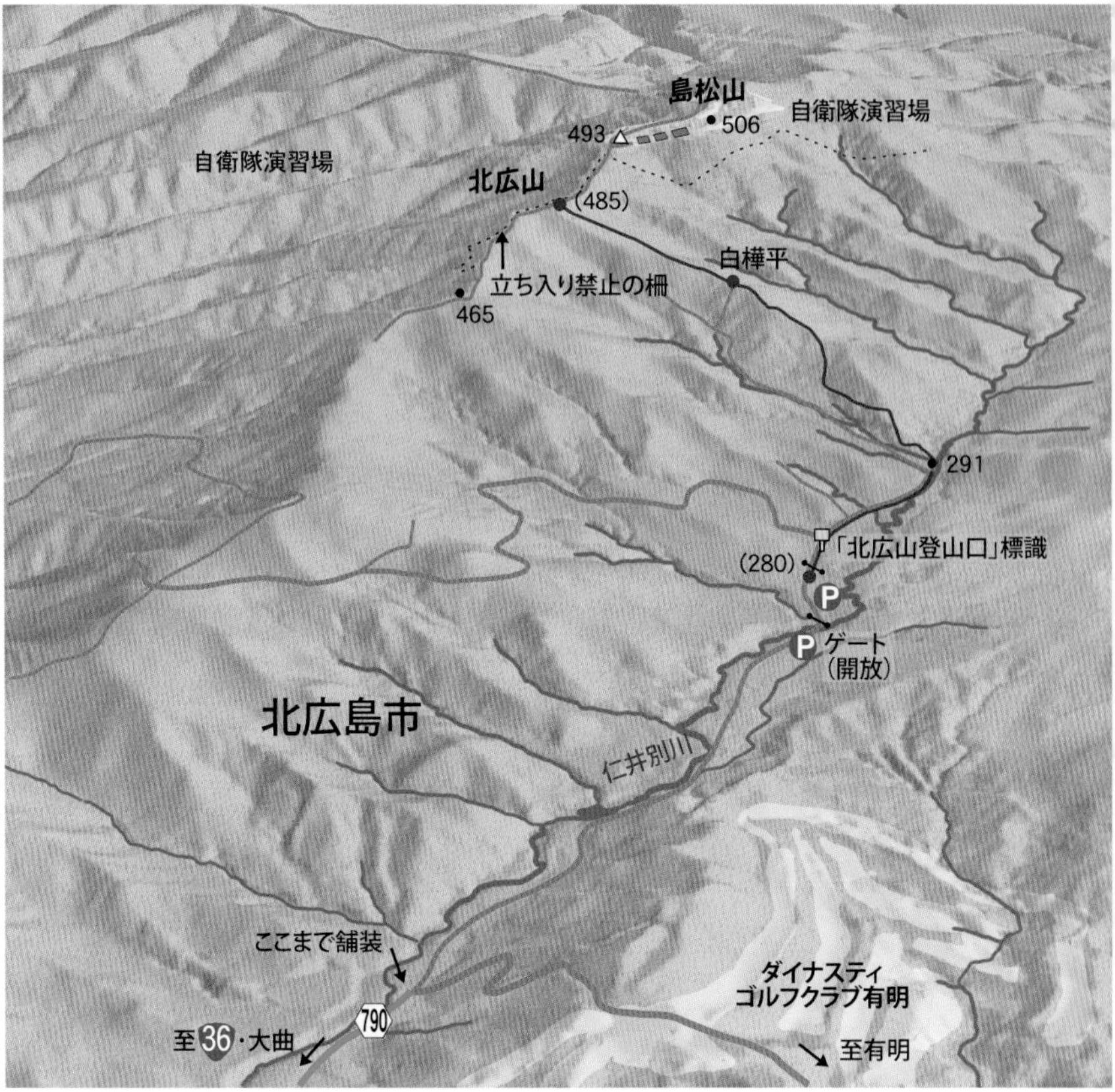

で登る人は少ない。

ゲートを後にするとすぐに林道は左に大きくカーブする。北広山へはそこから右に分かれる沢沿いの造林道跡へと入る。入り口には登山口の表示がある。

砕石が敷かれて歩きやすい道は10分ほどで沢から離れ、左側の山

奥のゲート手前に広い駐車場がある

はじめは涼しげな小沢に沿ってゆく

登山口の標識を目印に作業道跡へ

前方が明るくなってきた。
稜線は近い

白樺平のダケカンバの林

手に向かって高度を徐々に上げていく。

　緩やかなカーブを描きつつ、道は明るい林の中に延びている。林の樹種はほとんどがカラマツであるが、中腹の「白樺平」では若いダケカンバが密生している。道端の草花もやや単純で、ミヤマエンレイソウ、マイヅルソウ、タニギキョウ、ズダヤクシュなどが見られる程度だ。

　カラマツ林が終わると10分あまりで広い稜線に出、「北広山」の標識を見る。山頂自体はネマガリダケに囲まれているが、そのすぐ先で視界が開け、札幌近郊や支笏湖周辺の山々をぐるりと見渡すことができる。ただ、手前にはレーダーサイトの施設があり、さらに稜線の東側は柵が張り巡らされていて立ち入ることはできない。

北広山からの展望。恵庭岳（左）、漁岳（中）、空沼岳（右）

ネマガリダケに囲まれた山頂標識

自衛隊敷地内に入らないよう

北広山からの展望、その2。樽前山の一部（左奥）、紋別岳（左手前）

1320m

恵庭岳《えにわだけ》

ポロピナイコース

見晴台が暫定頂上　圧巻の景色を

■**交通**

現実的に利用できる公共交通はない。強いてあげれば、新千歳空港、ＪＲ千歳駅から中央バス（☎０１２３-23-２１７１）支笏湖線で終点下車。登山口まで国道４５３号を徒歩約８・５キロ。タクシーは支笏湖畔に営業所や常駐がなく、千歳市街から配車となる（千歳交通☎０１２３-23-３１２１、要配車料金、要予約）。

体力（標高差）	45点
登山時間加算	D
高山度（標高）	B
険しさ	C
迷いやすさ	C
総合点55点［中級］	

●第二見晴台まで

■**マイカー情報**

国道４５３号千歳市幌美内《ぽろぴない》の丸駒橋たもとに10数台分の駐車場がある。満車時は約１キロ札幌寄りにポロピナイ展望台駐車場がある。

■**コースタイム**（日帰り装備）

駐車場 ─2・10↓ 1・40↑─ 第一見晴台 ─0・30↓ 0・25↑─ 第二見晴台

標高差　約９０５メートル
登り　２時間40分
下り　２時間５分

支笏湖畔モラップから

岩峰の突き出た特徴ある姿は、対峙する風不死岳とともに支笏湖の景観に不可欠といっていいだろう。また、道央の各地からもよく目立ち、馴染みが深い。気象庁指定の活火山で、中腹の爆裂火口からは少ないながら常時噴気が確認できる。山名の由来はアイヌ語のエ・エン・イワ（頭の尖った岩山）。

元々険しい山であったが、近年は山頂部分の崩落が進み、地元関係機関では第二見晴台から上部は立ち入らないよう呼びかけている。

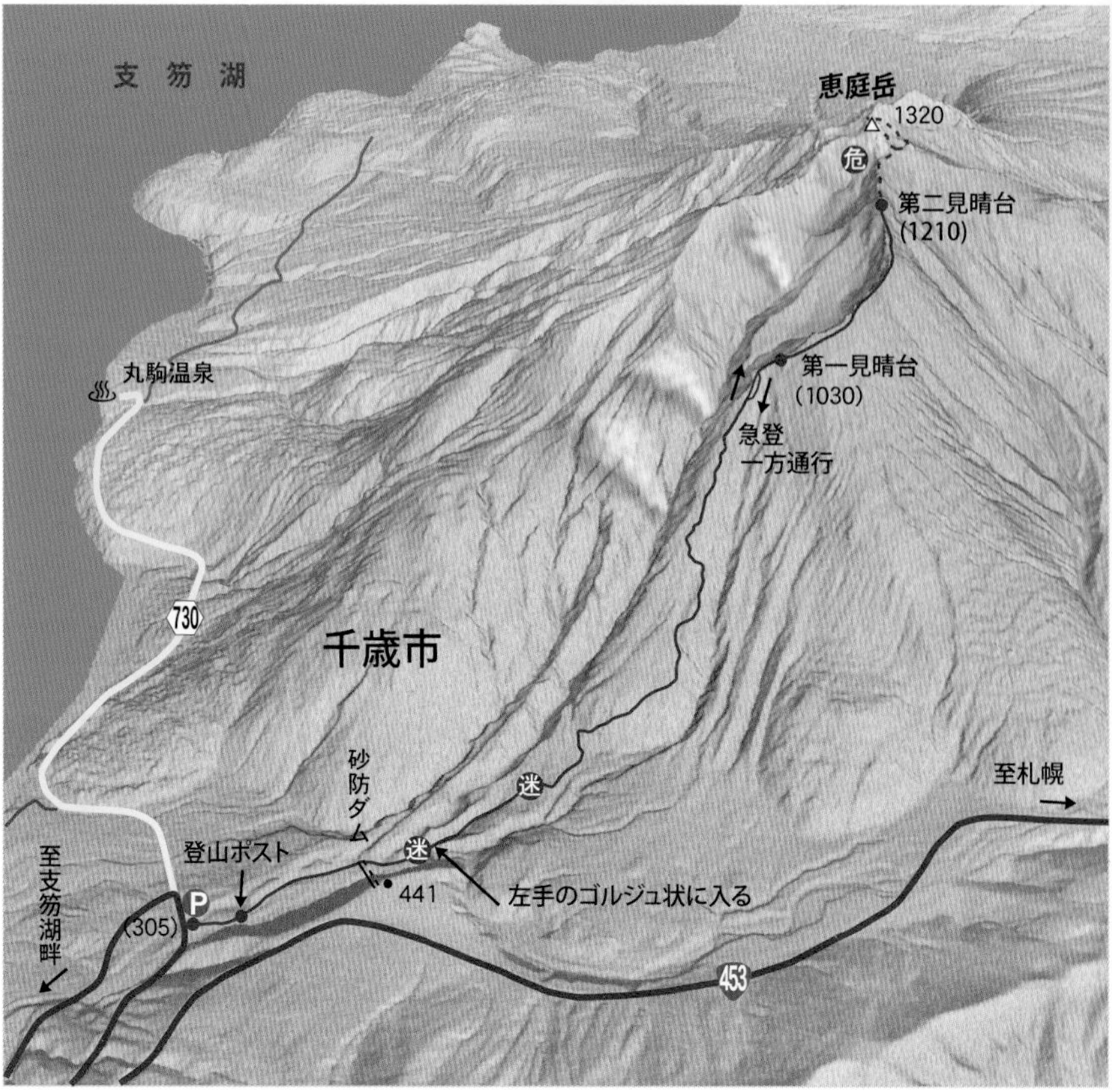

国道脇の駐車場。休日は満車のことも

■ガイド（撮影　7月10日）

山の紹介欄でも触れたように、近年、恵庭岳の山頂部は崩壊が進み、千歳市では第二見晴台より上部へ立ち入らないよう注意喚起している。本書では現地取材の結果、山頂部は一般コースと呼べる状況にないと判断し、第二見晴台までをガイドすることとした。

国道沿いの駐車場から涸沢の右岸の車道跡を進む。一帯は

巨大な透過型砂防ダムの間を通って

ゴルジュ状の谷へと入る。通常、水の流れはない

ところどころ風倒木によって明るく開けている

２０１４年の集中豪雨で状況が一変したところで、いまだ随所に爪あとが残る。２つ目の巨大な赤いパイプの砂防ダムを抜け、すぐ左に崩壊した沢を見送ったのち、次に左手に現れる涸れたゴルジュ状の谷に入る。岩を乗り越えた先で、看板にしたがい登山道へと進む。

序盤はダケカンバやエゾマツ、カエデ類からなる混交林の緩い上りが続く。倒木により随所でコースが変更になっているが、古い踏み跡に入って迷う人が少なくないようだ。まめにテープや標識をチェックしながら進もう。

標高５００メートル付近で急斜面に行き当たり、ジグザグを切りながら登る。ひと頑張りでこれを抜けると、再びたんたんとした登りとなる。あまり代わり映えのしない道だが雰囲気はよく、ところどころ倒木によって開けた場所から支笏湖の一部や紋別岳、札幌市街が見えたり、足元にシラネアオイやツバメオモトなどが咲いたりと目を和ませてくれる。

第一見晴台まで登ると山頂が見える。直下には噴気も

陽光が心地よい火口壁上の道

神秘的な色を放つオコタンペ湖

高度が上がるにつれて傾斜が強まり、やがて上り下りが一方通行となった急斜面になる。長いロープが架かっているが、足場の少ない土の斜面で滑りやすい。スリップはもちろん、落石にも注意を。

登り切ったところは火口壁の末端で、右に折れてしばし樹林帯をたどると第一見晴台に出る。その

名の通り、一気に展望が開け、爆裂火口を挟んだ頂上岩塔の迫力に思わず息を呑む。踵を返すと紺碧の支笏湖とその周囲の山々、遠く夕張山地や札幌方面が望まれる。

ここでも十分感動的だが、この先には第二見晴台が待っている。期待を胸に火口壁の外側に付けられた道をたどって行こう。緩急つけながら高度を上げ、進路が南向きに変わってくると、木々の間にちらりとオコタンペ湖が見える。恵庭岳の西麓にたたずみ〝神秘の湖〟と呼ばれる湖沼だ。

第二見晴台はそこからすぐ。標高が高いぶん、ひときわ展望がよく、日高山脈もよく見える。支笏湖ブルーもより深みを増しているようだ。頂上岩塔は手の届きそうな距離だが、いく筋もの亀裂が入り、見るからに不安定そうである。かつて、そこからの展望は素晴らしかったが、今は危険を冒してまで望むものでもないだろう。

第二見晴台からの展望。左からイチャンコッペ山、紋別岳、右奥に風不死岳

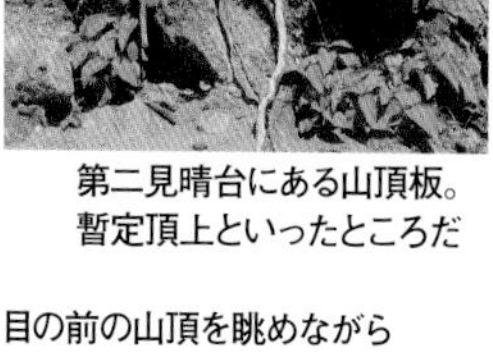

第二見晴台にある山頂板。暫定頂上といったところだ

目の前の山頂を眺めながら“登頂”を祝おう

829m

イチャンコッペ山《やま》

ポロピナイコース

支笏湖と恵庭岳の展望を楽しみながら

■**交通**

利用できる公共交通はない。強いてあげれば恵庭岳（168ページ）と同様。支笏湖温泉から登山口までは約9・5キロ。

■**マイカー情報**

国道453号千歳市幌美内《ぽろびない》のヘアピンカーブにあるポロピナイ展望台に、10台程度の駐車場がある。

■**コースタイム**（日帰り装備）

登山口 —1:10↓ 0:40↑— 四合目 —1:10↓ 0:50↑— イチャンコッペ山

累積標高差　約545メートル
登り　2時間20分
下り　1時間30分

■**ガイド**（撮影　11月3日）

登山口は駐車場下のヘアピンカーブの外側。横断歩道のない国道を渡るため、車には十分注意しよう。入り口に登山口を示す標識と登山ポストがある。

コースはいきなり標高差200

■体力（標高差）	35点
■登山時間加算	D
■高山度（標高）	C
■険しさ	D
■迷いやすさ	C
総合点40点［初級］	

恵庭岳第二見晴台から

支笏湖を取り囲む山々のひとつで湖の真北に位置している。札幌市内からも見えているが、恵庭岳や樽前山などの個性的なシルエットに挟まれ、馴染みのない人が多いと思う。戦後、米軍によるレーダー基地建設が計画され、そのための道もしばらくあったと聞く。現在の登山道は1994年ごろ開削された。

イチャンコッペはアイヌ語で「岩魚・川」「産卵場をもっている川」などが候補にあがっているが、はっきりした語訳はないようだ。

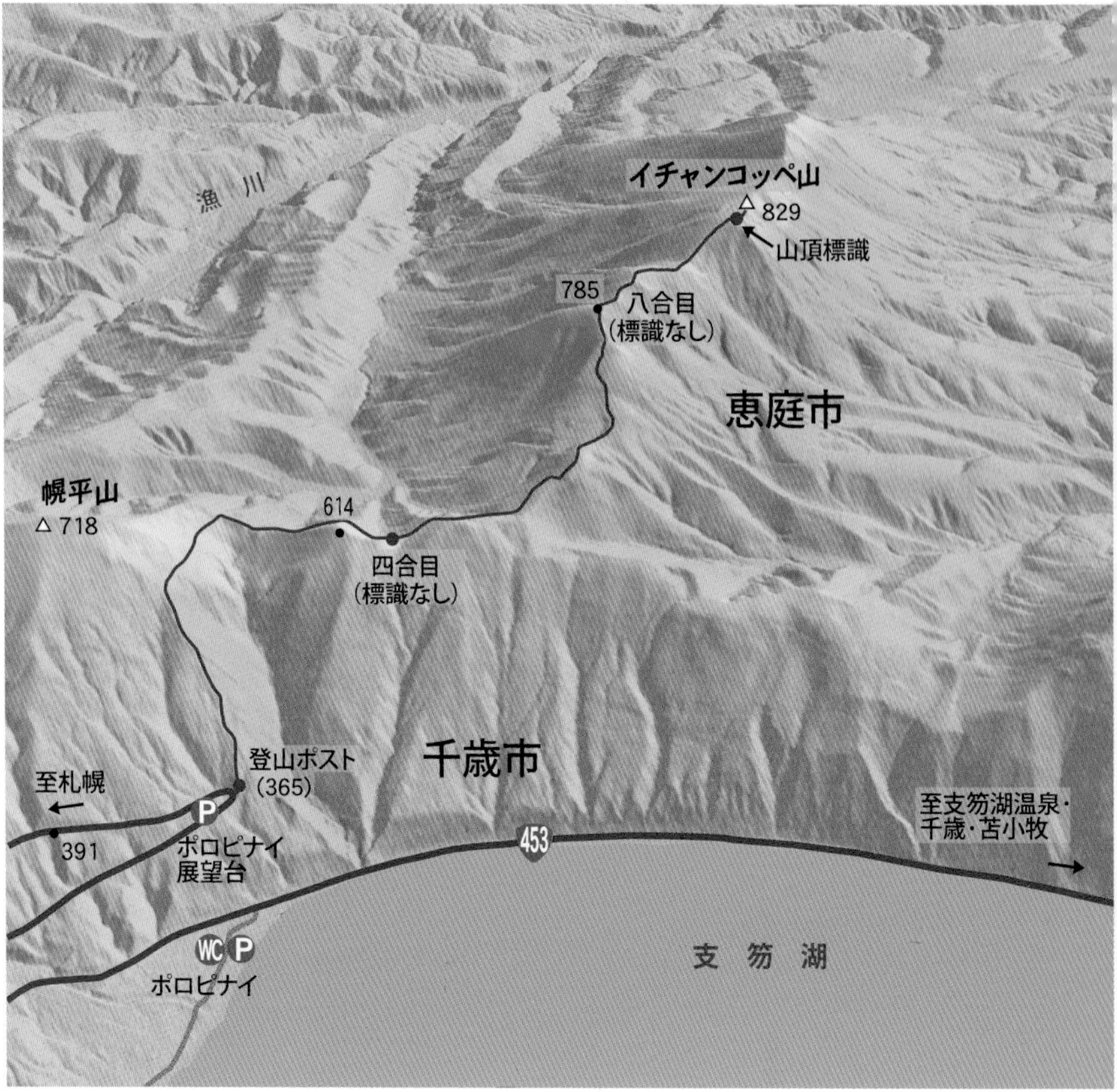

展望台駐車場。国道の横断注意

《メートル》の急登から始まる。エンジンがかかるまでつらい行程だが、その先はしばらく楽になる。道端のフッキソウなど見ながらゆっくり登っていこう。

右手に６１４《メートル》ピークが見えてくると傾斜が緩み、右方向へのトラバースに移る。支笏湖の眺めもよく、さきほどの頑張りが報われる思いだ。トラバースが終わると道は右に折れ、６１４《メートル》ピークに

急登を終えてトラバースに移る

登山口と登山ポスト

トラバースの途中から支笏湖と紋別岳の展望

向かって高度を下げる。しかしピークには登らず、北斜面を水平に巻いてゆく。ひとつ東のピークとのコル付近が四合目だが、標識などはない。

　このピークも北側を巻き、林の中を785《メートル》ピークへ向かう。見た目は大きく感じるが、標高差は160《メートル》ほどである。しかも後半は視界のよいササ原の登りで、振り返るたびに展望が広がる。登り着いたピークは反射板跡地の小広場で八合目にあたる。支笏湖はもちろん樽前山、恵庭岳など湖周辺

広くササ刈りされた道を 785 m ピークへ

785 m ピークからは心地
よい起伏の尾根歩きだ

山頂から 785 m ピーク
を振り返る。背後に恵
庭岳、左奥にホロホロ
山、徳舜瞥山が見える

の山々、西側の漁《いざり》岳や空沼岳などの眺めが素晴らしい。

ここから山頂へはなだらかな尾根上の道をたどって30分ほどの登りだ。平坦で広い山頂の一角にはササ原を刈り払った休憩スペースがある。眺めはここまで見てきたものと大きく変わらないが、平坦なぶん足元から広がるような爽快感に欠けるのが惜しいところか。

広い山頂にはゆっくり休めるスペースも

866m

紋別岳《もんべつだけ》

NTT車道コース

終始舗装道路だが眺めの良さは抜群

■体力（標高差）	35点
■登山時間加算	D
■高山度（標高）	C
■険しさ	D
■迷いやすさ	D
総合点40点［初級］	

■**交通**

新千歳空港、JR千歳駅から中央バス（☎0123－23－2171）支笏湖線で終点下車。登山口まで徒歩約600メートル。

■**マイカー情報**

国道453号を支笏湖温泉駐車場入り口から札幌方面に400メートル走り、「紋別岳登山口」の標識に従って右折。約150メートル先に10台分ほどの駐車スペースがある。

または支笏湖駐車場（9～17時、500円）を利用。登山口まで徒歩約600メートル。

■**コースタイム**（日帰り装備）

登山口 ―1:20↓ 1:00↑― 紋別岳

標高差　約570メートル
登り　1時間20分
下り　1時間

■**ガイド**（撮影　9月2日）

支笏湖バス停から国道を約400メートル札幌方面に進み、「紋別

風不死岳から

支笏湖カルデラの外輪山を形成する山のひとつであり、支笏湖温泉からも間近によく見える。山頂にNTTの無線施設があり、その保守のための舗装道路が山頂まで続いている。他に登山道がないのでこの車道を使わせていただくことになるが、何とも肩身が狭い。登山専用道ができれば、より楽しめると思うのだが。

とはいえ、アクセスがよく、路面状況を気にすることなく容易に登れることから人気は高い。山頂からの展望もよい。

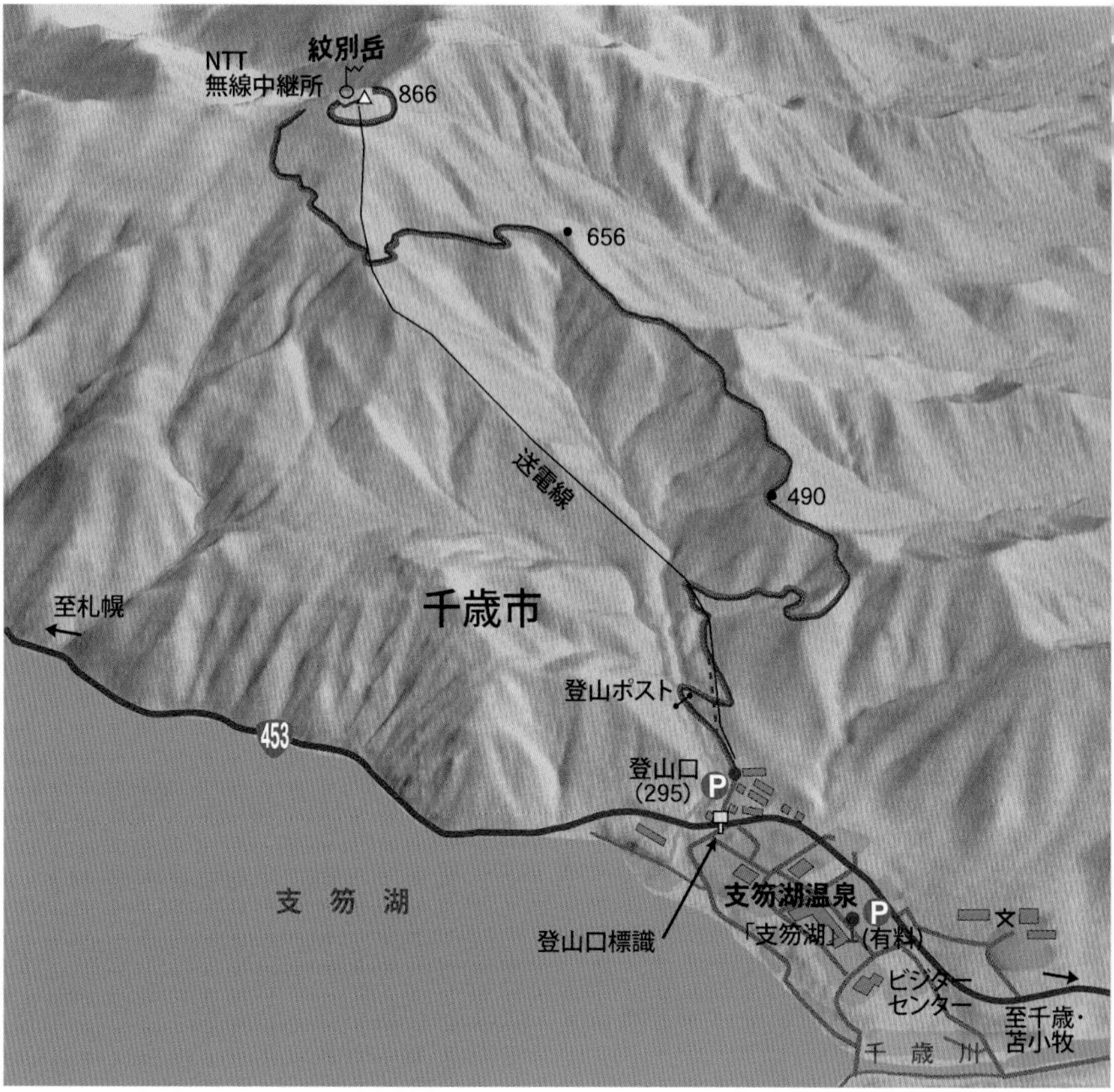

岳登山口」の標識のある枝道を右に入る。住宅地の坂道をゆくとほどなく駐車場があり、ここが登山口である。さらに車道を歩くこと数分で閉鎖ゲート。「関係者以外立ち入り禁止」の看板があるが、環境省による登山口標識や森林管理署の入山ノートがあることから、登山者はOKと解釈させていただき先へ進む。

頂上まではひたすら舗装された

登山口の駐車場

総距離と経過距離（下段）を示す標識。他のＮＴＴ管理道でも見るものだ

登山口先のゲート。横に登山ポストがある

管理道路を歩き続ける。味気ないといえばそれまでだが、シラカバやミズナラの林は瑞々しく森林浴と思えば気分も悪くない。道端に立つ黄色い標識は、上段が山頂までの総距離、下段が登山口からの距離を示している。古いガイドブックには、途中、送電線下の保守歩道をショートカットできる記述があるが、２０２１年の取材時はササが深く判然としなかった。

４９０《メートル》標高点付近で尾根上に出ると、道は山頂に向かって直線的に進むようになる。その先、６５６《メートル》標高点付近から、今度は山頂部に螺旋《らせん》を描くように時計回りで高度を上げてゆく。周囲はダケカンバがまばらに生えたササ原で、進むほどに新たな景色が展開するパノラマルートだ。

山頂のアンテナ群を見ながら尾根上をゆく

変化する景色を楽しみながら山頂へ

山頂下を回り込むと恵庭岳が見えてくる

山頂から支笏湖を挟んで樽前山と風不死岳を見る。左下には温泉街も

巨大なアンテナが立ち並ぶ山頂

最後にぐるりと回り込むと何基もの巨大なアンテナに見下されるように二等三角点が置かれた山頂に着く。そのアンテナ群を避けるように歩き回る必要はあるものの、山頂からの展望は第一級だ。支笏湖と周辺の山はもとより、オロフレ山や徳舜瞥山《とくしゅんべつやま》など胆振の山、札幌近郊の山々、そして日高山脈と見飽きることがない。

1041m

樽前山《たるまえさん》

■体力（標高差）	35点
■登山時間加算	D
■高山度（標高）	C
■険しさ	D
■迷いやすさ	D
総合点40点［初級］	

東山コース

七合目スタートの最短コース

■**交通**

利用できる公共交通はない。強いてあげれば恵庭岳（168ページ）と同様。支笏湖温泉から登山口までは約11・3キロ。

■**マイカー情報**

国道276号モラップから苫小牧市錦岡方面への道道141号に入り約3・7キロで五合目分岐。そこから未舗装路を約2・7キロで七合目無料駐車場に着く。50台程度駐車可能だが、平日でも早朝から混雑気味。満車時は五合目で規制される。トイレあり。

■**モラップキャンプ場**

支笏湖畔にあり正面に恵庭岳を望む抜群のロケーション。

▼期間＝4月中旬〜10月中旬

▼使用料＝有料

▼予約制（予約は休暇村支笏湖ホームページから）

▼管理・問い合わせ先＝休暇村支笏湖☎0123−25−2201

支笏湖遊覧船上から

世界的にも珍しい三重式火山として知られている。特徴的な溶岩ドームは1909年（明治42年）の噴火で形成され、今も噴気が立ち上る。気象庁の常時観測火山に指定されており、噴火情報には注意のこと。

七合目まで車道があって楽に登れ、かつ景色も抜群なため、道央圏で一番といえるほど人気が高い。コースも多く隣の風不死岳と結ぶなどいろいろな歩き方が楽しめる。山名はアイヌ語のタオロ・マイ（川岸の高いところ）による。

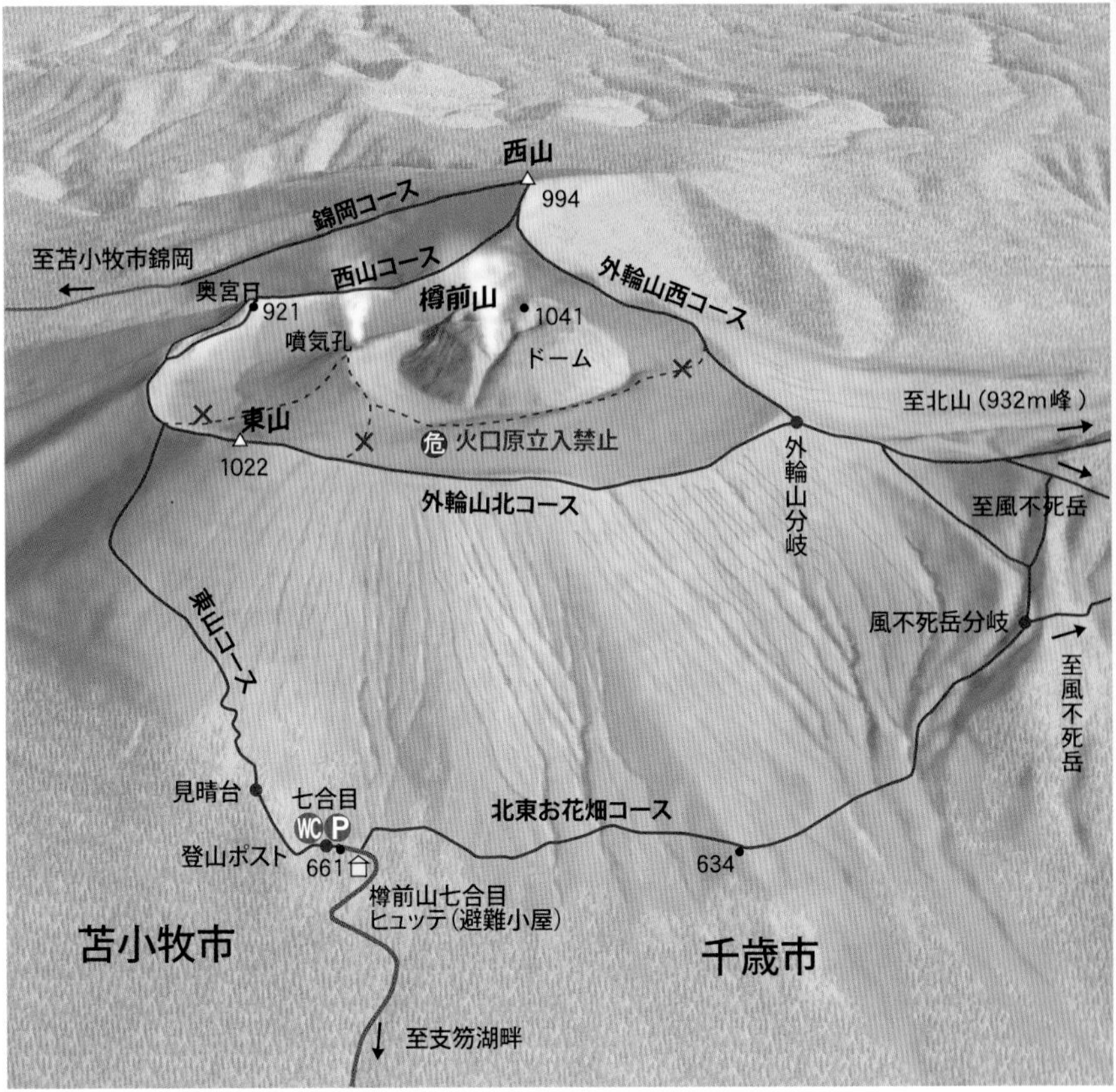

■樽前山七合目ヒュッテ

▼緊急避難用としてのみ使用可。

▼管理・問い合わせ先＝苫小牧市観光振興課

☎0144-32-6448

■コースタイム（日帰り装備）

七合目登山口 ―0:50↓ 0:30↑― 東山

標高差　約360メートル

登り　50分

下り　30分

人気の山だけに駐車場は混んでいる

外輪山に出たら折り返すように東山へ

東山から火口原とドームを見る

山腹をトラバースするように登る

■**ガイド**（撮影　8月14日）

本書ではこれまで本コースを樽前山ヒュッテコースとしてきたが、苫小牧市などのホームページに倣い東山コースと改める。

スタート地点の標高は660メートル。東山まで最短のコースである。登山口で登山届を記入し、ミヤマハンノキの林を抜けるとすぐに見晴台。ここからお花畑となり、5月末のコメバツガザクラに始まって6月中旬のイソツツジやウコンウツギ、下旬にはこの山の名にちなんだタルマイソウ（イワブクロ）などが見られる。

コースは山腹を斜上するように続き、登るにつれ苫小牧市街から太平洋、遠く日高山脈の眺めがよくなる。やがて傾斜が緩くなると外輪山に到着だ。眼前には広々とした火口原が広がり、その中央で黒々とした巨大なドームが噴煙を上げている。大地の息吹を感じる光景だ。折り返すように外輪山上をひと登りすれば東山である。

最高点はドームだが、火山活動が活発なため火口原は立入禁止。ここが事実上の最高点となる。

北東お花畑コース

花咲く山裾から外輪山へと登る

■**交通、マイカー情報**

東山コースと同じ。

■**コースタイム**（日帰り装備）

七合目登山口 ─1:20↓ 1:00↑─ 外輪山分岐 ─0:40↓ 0:30↑─ 東山

累積標高差　約420メートル

登り　2時間

下り　1時間30分

上：風不死岳（右）を見ながら樽前山の山裾をゆく。花の多いところだ
左：北山からは樽前山がよく見える。訪れる人は少なめ

■体力（標高差）	35点
■登山時間加算	D
■高山度（標高）	C
■険しさ	D
■迷いやすさ	C
総合点40点［初級］	

■ガイド（撮影　8月14日、10月22日）

標高1000メートルとは思えない雄大な景色を味わえるコースである。上りに使ってもいいが、東山コースから周回したり、風不死岳と組み合わせても面白い。

登山口は樽前山ヒュッテの向かい側。途中まで風不死岳のコースと共通だ。小径木の林を抜けると、左に幾筋もの雨裂が刻まれた樽前山の大斜面、正面に風不死岳、そして右に支笏湖といきなりの大パノラマである。足元にはシラタマノキ、タルマイソウ、イワヒゲなどが咲いている。視界不良時は道を見失わないよう注意を。

山の斜面が近づいたところで、涸れ沢から左の岩盤の尾根に取り付く。風不死岳分岐を左に入ると、ほどなく次の分岐が現れる。ここはどちらを選んでもよく、その先の風不死岳と樽前山を結ぶ道を左に進んで外輪山分岐へ向かう。余裕があれば北山（932メートル峰）に寄ってみるとよい。樽前山の好展望台であり、また支笏湖を挟んで羊蹄山が見える。

東山へは外輪山分岐を左に入る。徐々に姿を現す溶岩ドーム、たどってきた山裾の道から支笏湖へと続く広がりを見ながらの外輪山歩きは、本コースのハイライトだ。最後にやや傾斜の増した斜面を詰めれば東山である。

西山頂上から樽前山全貌の眺め

頑丈な石積みで守られた樽前山神社奥宮。背後は西山

太平洋を遠望しながら奥宮へ

外輪山一周

迫力の溶岩ドームと大パノラマを堪能

■コースタイム（日帰り装備）

東山─0:20↓/0:25↑─奥宮─0:30↓/0:25↑─西山─0:25↓/0:30↑─外輪山分岐─0:40↓/0:30↑─東山

累積標高差　約270メートル

時計回り　1時間55分

反時計回り　1時間50分

■ガイド（撮影　8月14日、10月22日）

終始ドームを間近に見、一方で移り変わる大展望が楽しめる。ここでは時計回りでガイドしよう。

　東山を下って七合目への道を左に分け、小さなコブを越えると二重山稜状の道となる。大きな弧を描く太平洋の海岸線を見ながら緩く下った先が樽前山神社奥宮だ。ドームの噴気孔が目の前に見える

風不死岳や北山を背に東山へ最後の登り

轟々という噴気の音が聞こえてくる

外輪山西側から見る羊蹄山（右）と尻別岳

が、火口原は立入禁止である。

さらに緩く下った後、ザレた急斜面をジグザグに登りつめると観測機器が立つ西山頂上。風不死岳や支笏湖南部の眺めがよい。

来た道を少し戻り、左に入ってドームの西側を巻いてゆく。至近から見上げるドームは鬼ヶ城とでも呼びたくなる威容だ。踏み跡がやや薄めなところもあるので注意しよう。以前あった苔の洞門へ下るコースは廃道となって久しい。

外輪山分岐からは前項の北東お花畑コースを参照のこと。

錦岡コース

広い裾野を体感
麓には樽前ガローも

■交通

JR錦岡駅から道南バス樽前ハッピー号（一部要予約、☎0144-67-3100）「北樽前」行きで終点下車。ガロー登山口まで徒歩約2・2㌔。歩行距離は長いが、健脚者なら可能なダイヤだ。

■マイカー情報

国道36号苫小牧駅入り口交差点から室蘭方面に約15㌔走り、「樽前入口」バス停および「樽前ガロー」の標識を目印に右折する。ひたすら道なりに進み、「北樽前」バス停の先から未舗装路。樽前川を渡ってほどなくでガロー登山口（82㍍標高点）に着く。ロータリー状の広場に、関係車両の邪魔にならないよう駐車する。湧き水あり。

なお、胆振東部森林管理署（☎0144-82-2161）に事前申請すれば、ゲートから先の唐沢林道を通行できる。ただし、雨裂や倒木など状況は変化しやすく、常に林道終点まで入れるかは不明とのこと。2021年秋の取材時は普通乗用車でなんとか通行できそうだった。

■オートリゾート苫小牧アルテン

錦大沼公園奥にあるオートキャンプ場。リーズナブルな青少年キャンプ場も併設する。

▼期間＝通年（青少年キャンプ場は4～10月）
▼使用料＝有料
▼予約・問い合わせ先＝アルテンキャンプ場
☎0144-67-2222

■体力（標高差）	45点
■登山時間加算	C
■高山度（標高）	C
■険しさ	D
■迷いやすさ	C
総合点55点［中級］	

●ガロー登山口から西山まで

登山口へ向かう途中にある樽前ガロー

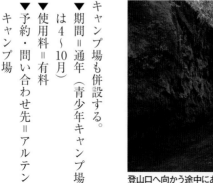

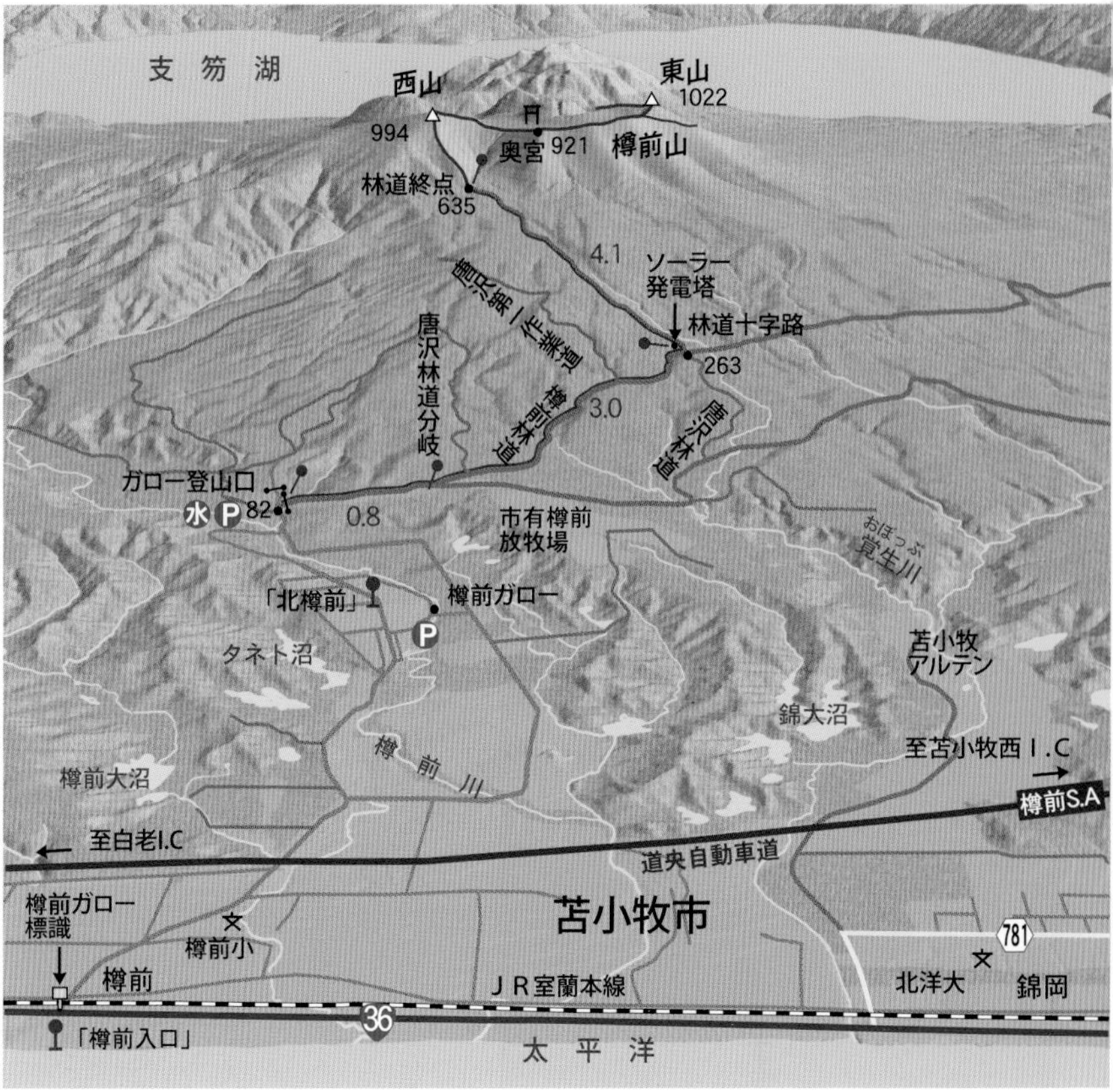

■コースタイム（日帰り装備）

ガロー登山口 —1:00↓ 0:50↑— 林道十字路 —1:30↓ 1:00↑— 林道終点 —1:00↓ 0:40↑— 西山

標高差　約910メートル

登り　3時間30分

下り　2時間30分

■ガイド（撮影　9月2日）

片道約8キロの長い林道歩きが核心部と言えそうなコースである。逆に言えば林道終点まで車で入れれば東山コースと大差ない。

ガロー登山口から唐沢林道に入り、すぐにゲートを通過する。約800メートル先の分岐で左の樽前林道に入る。途中には2、3分岐もあるが道なりに進めばよい。約3キロでソーラー発電塔の立つ十字路（＝263メートル標高点）となり、これを山側に左折。あとはだらだらとした直線的な登りをひたすら歩

263 m 標高点のソーラーパネル鉄塔

ガロー登山口。傍らには湧き水が

林道路面は柔らかめ。車の通った痕跡も濃い

き続ける。

周囲がシラカバ林となり、やがてそれもまばらになってイソツツジの原が広がると外輪山が大きく迫り、ようやく林道終点（＝635メートル標高点）の小広場に着く。

山道は地下観測施設の右手から入る。はじめはかん木帯だがすぐに抜け、背後から直射日光を浴びながら急でザレた尾根を直上してゆく。ゴルジュのようにえぐれた外輪山の巨大な雨裂が目を引き、その先に白煙をたなびかせる溶岩ドームが見えてくる。滑りやすい足元にはタルマイソウやイワギキョウ、ヒメイワタデなどが根を張っているので踏まないように。

高度が上がるに従い、右にウトナイ湖や日高山脈の幌尻岳、左に白老川上流の谷間やホロホロ山方面、そして背後に太平洋の海原とダイナミックなパノラマが広がってくる。やがて火口原の内側が見えてきたら、西山頂上は近い。

支笏湖から風不死岳、樽前山の全貌を見渡す山頂は、それだけでも十分に満足できるものだろう。

さらに東山まで足を延ばすか否かは、時間、体力と相談を。

登るほどに裾野と太平洋が広がる

林道終点から山道へ。左奥に地下観測施設

無機質な砂礫地に見えるが小さな花は多い。
左：イワギキョウ
下：ヤマハハコ

ドームを見ながら西山へ。踏み跡が薄いところもあるので、悪天時は注意を

1102m

風不死岳《ふっぷしだけ》

樽前山七合目コース

樽前山の麓をたどり支笏湖見下ろす頂へ

■コースタイム（日帰り装備）

七合目登山口 ―1:10↓ 0:50↑― 砂れき地のコル ―1:30↓ 1:10↑― 風不死岳

累積標高差　約555メートル

登り　2時間40分

下り　2時間

■交通、マイカー情報など

樽前山東山コース（182ページ）と同じ。

国道453号支笏湖北岸から

支笏湖の南側に位置し、対岸の恵庭岳と向かい合うように聳《そび》える古い火山。地肌をもろに見せる隣の樽前山とは対象的に、深々と樹林に覆われており、アイヌ語のフップ・ウシ（トドマツの多い山）に由来する山名もうなづける。

樽前山七合目からのコースが一般的で、樽前山と縦走する人も多い。また支笏湖畔からは北尾根を直登するコースのほか、一般的ではないが大沢や楓沢経由でも登られている。時折クマが出没するので注意を。

■体力（標高差）	35点
■登山時間加算	D
■高山度（標高）	B
■険しさ	C
■迷いやすさ	C
総合点45点［初級］	

■ガイド（撮影　8月14日、10月22日ほか）

コース序盤は樽前山北東お花畑コースと共通である。登山口は樽前山七合目ヒュッテの向かい側。ナナカマドやダケカンバの林を抜けて、広大な樽前山の山裾に出る。正面には目指す風不死岳が遮るものなく聳え、いきなりテンションが高まることだろう。

コースはほとんど高低差のないまま、小さく蛇行しながら西へと進む。初夏はタルマイソウ（イワブクロ）やシラタマノキ、イソツ

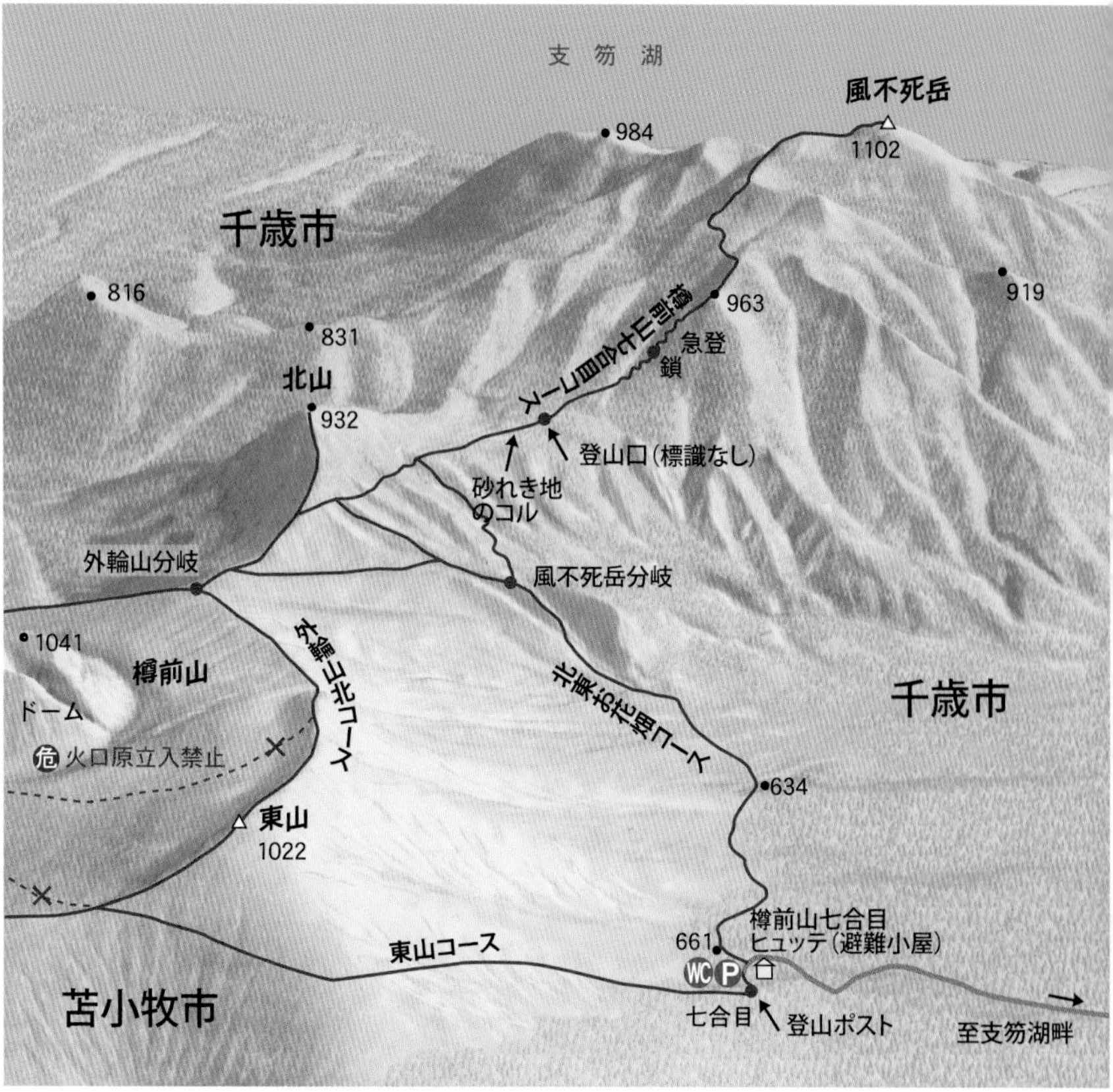

駐車場手前の道路脇が登山道入り口

ツジが咲き、秋は風不死岳の紅葉が美しい。ただし、コースを外れると迷いやすいところなので、あまりよそ見をしないよう。

斜面が近づいてきたところで大きな雨裂のような沢形から岩盤状の尾根に取り付き、これを登ってゆく。やがて現れる風不死岳分岐は右に入る。砂れき地と細いダケカンバの林を交互に抜けてゆくと、風不死岳と樽前山を結ぶ道に

樽前山の山裾から見る秋の風不死岳。ダケカンバとナナカマドの紅葉が美しい

風不死岳分岐から山頂を見る

歩いてきた山裾の道を振り返る

出るのでこれを右折。緩く下って砂れき地のコルに出る。

風不死岳前衛の山を見上げるこの場所は、以前は登山口と呼ばれ、味わいのある木の標識が迎えてくれた。今は大きな岩にペイントされた白い矢印が目印だ。本格的な登りを前に息を整えていこう。

林床が草地の気持ちのよい林に入ると、ほどなく傾斜がきつくなる。長めの鎖場からロープの架かっ

付近にはシラタマノキの群落が

砂れき地のコル。かつて
「登山口」の標識があった

た急斜面へと続くが、小柄な人は足場が定まりにくいかもしれない。登った先の大きな岩峰は963メートルコブで、左下を巻くように登る。さらにその先で何か名前がついてもよさそうな特徴的な岩を通り過ぎる。一帯はダケカンバが美しく、コース変化もあってきつい登りを忘れさせてくれる。

　いったん斜度が緩み、ササとダケカンバの林を進んでいくと、大きなピークが見えてくる。が、これはニセピークで、本物はその奥だ。とはいえ、ニセピークから先は大した登り返しもなく、本峰へと導かれる。

急斜面を鎖を伝って登る。焦らず慎重に

中腹のダケカンバ林は癒やしの空間

蛙？ ナキウサギ？ 963 m コブ上の岩

最後は小さなコブを越えて

山頂からの展望は素晴らしい。まさにカルデラといった感じの支笏湖とその周辺の山々はもちろん、札幌近郊の山や羊蹄山、尻別岳が一望である。さらに石狩平野、勇払《ゆうふつ》原野、その先の夕張山地や日高山脈も見渡せる。崩落で登れない恵庭岳の山頂に代わって奮闘中といったところだ。

樽前山へ

風不死岳と樽前山は北山（932メートル峰）下のトラバース道で結ばれている。風不死岳側からは、砂れき地のコル先の分岐を直進し、小径木とシダの薄暗い林を抜けていく。その先は砂れきの斜面となり、北山への分岐の先から緩く登って外輪山分岐へ。コルと外輪山分岐間は双方向とも30分ほどである。また北山へは分岐から10分ほどだ。

風不死岳から見た樽前山。思わず足を延ばしたくなる見事さだ

支笏湖越しに遠く羊蹄山と尻別岳を見る。切れ落ちた湖岸がいかにもカルデラらしい

北尾根最上部からモラップ方面を見る。手前の暗い谷が大沢

北尾根コース

大沢源頭を見つつ直登で高度を稼ぐ

■交通

利用できる公共交通はない。強いてあげれば恵庭岳（168ページ）と同様。支笏湖温泉から登山口までは約9キロ。

■マイカー情報

国道276号と453号が合流する苫小牧市丸山丁字路から同国道（重複区間）を美笛峠方面に約6・8キロ走り、左に分かれる林道に入る。小さな標識があるが目立たず、またカーブのため出入りは十分に注意のこと。約200メートル奥に10台分ほどの駐車場がある。

■キャンプ場

樽前山（182ページ）に同じ。

■体力（標高差）	40点
■登山時間加算	D
■高山度（標高）	B
■険しさ	C
■迷いやすさ	C
総合点50点［初級］	

国道から林道へ。飛ばしてくる車に注意

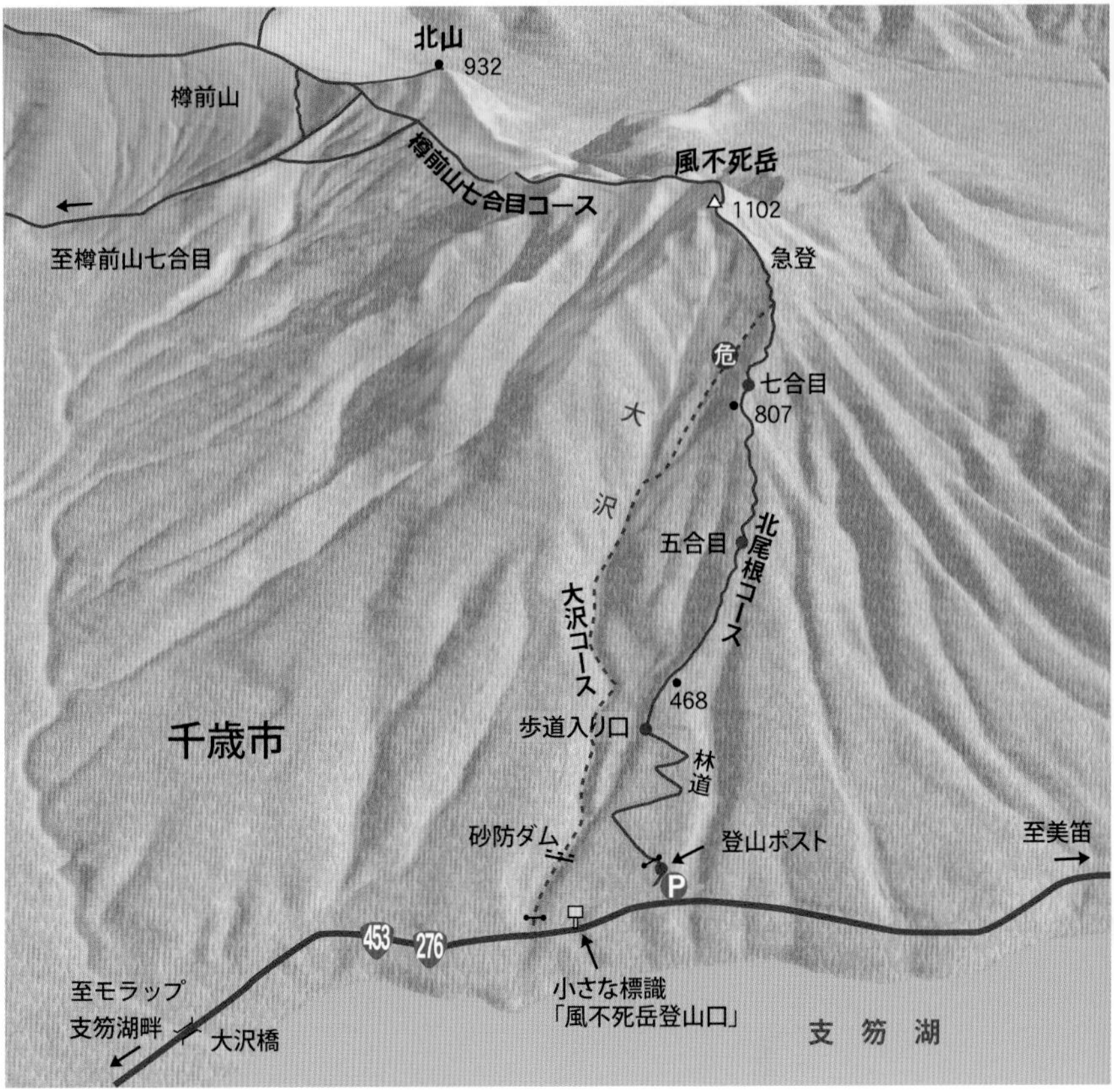

北尾根駐車場。登山口は奥にある

■コースタイム（日帰り装備）

登山口 ―0:20↓ 0:10↑― 歩道入り口 ―0:40↓ 0:30↑― 五合目 ―1:20↓ 1:00↑― 風不死岳

標高差　約790メートル
登り　2時間20分
下り　1時間40分

■ガイド（撮影　8月14日ほか）

標高差はあるが急傾斜の直登のため、ペースを掴めば意外と早く登れるコースである。

はじめは針葉樹林の林道をゆく

登山口の林道ゲート

登山口は駐車場の奥で、林道ゲート手前に登山ポストが設置されている。荒れ気味の林道をジグザグを切って進んでいくと、すぐに一合目の標識が現れる。小さく素朴なものだがこの先も順に出てくるので、単調な登りの励みと目安になってくれる。

　標高差１００㍍ほどを登ったところで、右へ進む林道と別れ、直上する歩道に入る。ここにも「北尾根」の標識がある。ここから先は黙々と急な尾根を登っていく。トドマツにナナカマドやカエデ類が混じった林はいつしかダケカンバ林へと移行し、道端にはイチヤクソウ類やマイヅルソウ、ムラサキヤシオなどが咲く。

　標高約６００㍍の五合目を過ぎると徐々に斜度が増し、風倒木の隙間から支笏湖が見えるようになる。八合目は大沢からの合流点だが、合目表示もなく判然としないまま通過してしまうだろう。

　さらに斜度が増し、時折ロープも架かる岩混じりの道となると、本コースも最終盤を迎える。足元が崩壊気味の所もあり、特に左側は大沢に向かってガレているので近づかないこと。急に傾斜が落ちてササの尾根上に出れば、頂上はもうすぐそこだ。

どんな環境でこんな木になったのか…

八合目付近で急峻な大沢源頭が望まれる

ロープの架かった岩場を乗り越えて

レリーフのように山名板が埋め込まれた頂上

支笏湖を一望するようになると頂上は近い

羊蹄・ニセコ周辺

三角山
795
札幌市
共和
国富
5
276
共和町
小沢《こざわ》
岩内《いわない》
(2.5万)
瑞穂《みずほ》
(2.5万)
本倶登山
1009
本倶登山《ぼんくとさん》
(2.5万)
小沢《こざわ》
(2.5万)
岩内《いわない》
(5万)
瑞穂
倶知安《くっちゃん》
(5万)
ワイスホルン
1045
倶知安
くっちゃん
京極町
1074
イワオヌプリ
クナゲ岳
1134
1116
尻別川
1080
ニセコアンヌプリ
1308
チセヌプリ
倶知安町
倶知安《くっちゃん》
(2.5万)
京極《きょうごく》
(2.5万)
五色温泉
ニトヌプリ
京極
チセヌプリ《ちせぬぷり》
(2.5万)
ニセコアンヌプリ《にせこあんぬぷり》
(2.5万)
比羅夫
ひらふ
昆布温泉
羊蹄山
1898
喜茂別《きもべつ》
(2.5万)
ニセコ
こんぶ
にせこ
らんこし
昆布
羊蹄山《ようていざん》
(2.5万)
蘭越《らんこし》
(2.5万)
ニセコ《にせこ》
(2.5万)
喜茂別
尻別岳
1107
喜茂別町
真狩
ニセコ町
留寿都《るすつ》
(5万)
泉川
ニセコ《にせこ》
(5万)
立川
真狩村
三ノ原《さんのはら》
(2.5万)
留寿都
留寿都村
昆布岳
神里
貫気別山
994
1045
後志立川《しりべしたちかわ》
(2.5万)
昆布岳《こんぶだけ》
(2.5万)
230
三ノ原
留寿都《るすつ》
(2.5万)
上泉
美和
洞爺
豊浦町
洞爺湖町
大和
礼文華峠《れぶんげとうげ》
(2.5万)
豊浦《とようら》
(2.5万)
洞爺湖
仲洞爺
礼文華峠
豊浦
37
230
豊浦
洞爺《とうや》
(2.5万)
仲洞爺《なかとうや》
(2.5万)
大岸
230
壮瞥町
洞爺湖温泉《とうやこおんせん》
(5万)
とようら
礼文華《れぶんげ》
(2.5万)
豊浦《とようら》
(5万)
洞爺湖温泉
滝之町
虻田

雷電岬《らいでんみさき》
(2.5万)
島古丹《しまこたん》
(5万)
雷電温泉
雷電岬
朝日温泉
雷電山
1211
229
島古丹《しまこたん》
(2.5万)
雷電山《らいでんやま》
(2.5万)
蘭越町
尻別川
弁慶岬
寿都
寿都湾
歌棄《うたすつ》
(2.5万)
目名《めな》
(2.5万)
寿都《すっつ》
(2.5万)
母衣月山
504
寿都町
幌別岳
892
寿都《すっつ》
(5万)
目名
めな
歌棄《うたすつ》
(5万)
5
本目
229
熱郛《ねっぷ》
(2.5万)
上目名
白井川《しろいがわ》
(2.5万)
島牧村
本目《ほんめ》
(2.5万)
豊浜
黒松内川
黒松内町
大平川
ねっぷ
くろまつない
大平山
1191
大平山《おおびらやま》
(2.5万)
黒松内JCT
静狩《しずかり》
(2.5万)
黒松内岳
740
黒松内《くろまつない》
(2.5万)
写万部山
499
長万部岳
973
大平山《おおびらやま》
(5万)
長万部《おしゃまんべ》
(5万)
静狩
しずかり
二股温泉
二股温泉《ふたまたおんせん》
(2.5万)
渡島双葉《おしまふたば》
(2.5万)
ふたまた
長万部《おしゃまんべ》
(2.5万)
今金町
長万部町

1107m

尻別岳《しりべつだけ》

留寿都コース

明るい尾根から羊蹄山の好展望台へ

■交通

現実的に利用できる公共交通はない。強いてあげれば、JR札幌駅と洞爺湖温泉方面を結ぶ道南バス（予約制、☎0142-75-2351）、またはJR倶知安駅と洞爺湖温泉を結ぶ同バスで「留《る》寿《す》都《つ》」下車。留寿都村内にタクシーはなく、登山口まで徒歩約7キロ。

■マイカー情報

国道230号留寿都市街から真《ま》狩《かり》方面に向かう道道66号に入り、約400メートルで京極方面への道道257号に入る。約3・4キロ先で「尻別岳入口」の標識に従い右折。ここから未舗装となり、馬鈴しょ種苗管理センター敷地を抜け林道を走ること約3・2キロで登山口。10台程度の駐車スペースがある。

■コースタイム（日帰り装備）

登山口 0:40↓ 0:40↑ コル 1:10↓ 0:40↑ 尻別岳

■体力（標高差）	35点
■登山時間加算	D
■高山度（標高）	B
■険しさ	D
■迷いやすさ	D
総合点40点［初級］	

国道230号喜茂別郊外から

喜茂別町の南西に聳《そび》える急峻な山。北面や東面は独立峰のような山容で、国道230号の中山峠から喜茂別に向かう途中、よく羊蹄山に間違われる。一方、南西には長く尾根が張り出し、ルスツリゾートのスキー場となっている。

登山道はその尾根上に開かれ、登山中は東側の札幌近郊や支笏湖周辺の山々、山頂からは羊蹄山が正面に望まれる。かつては北側の喜茂別町から登るコースもあったが、近年は整備されず荒廃している。

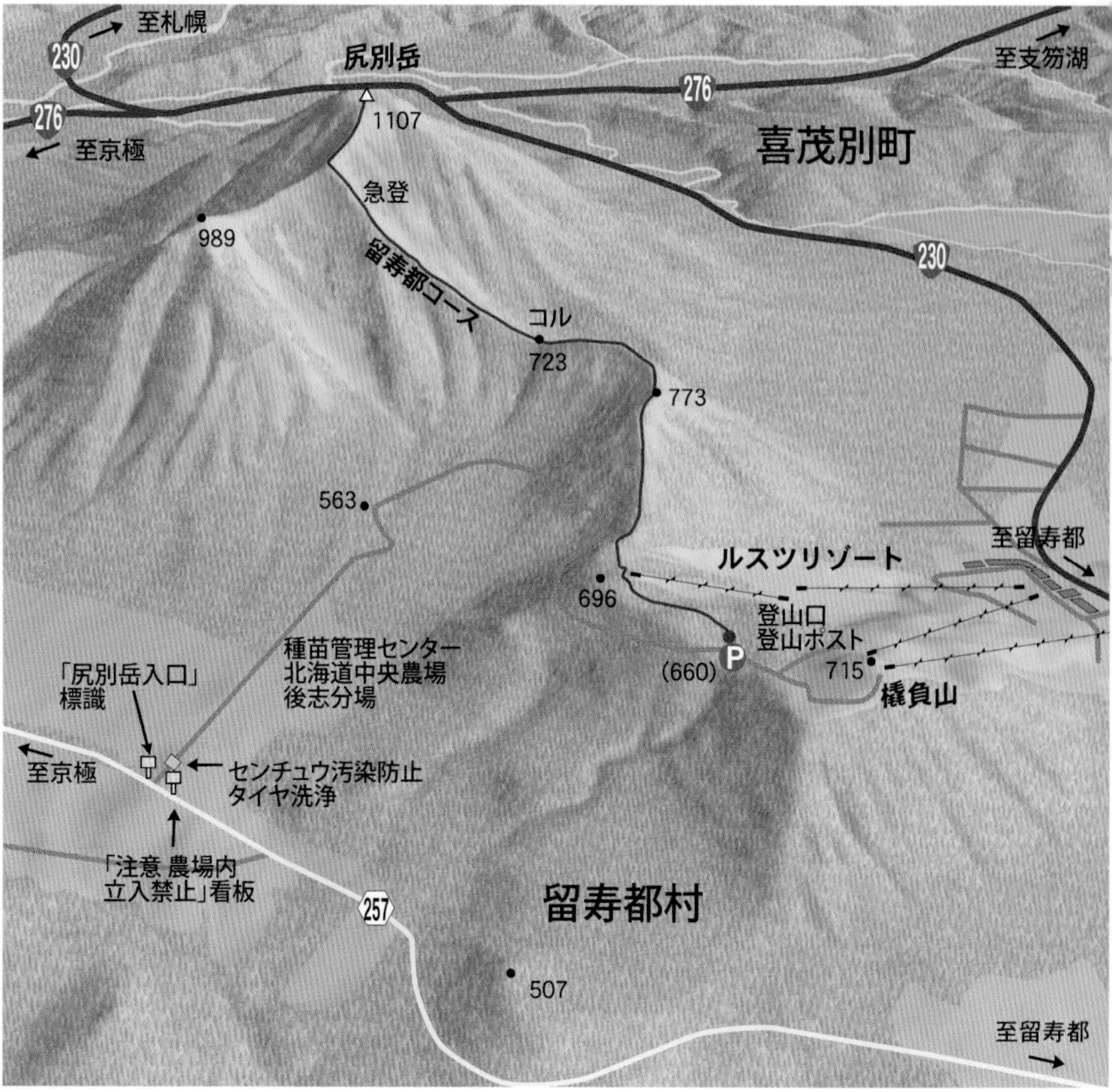

道道 257 号から登山口へ。道路状況はよい

累積標高差　約530メートル
登り　1時間50分
下り　1時間20分

■**ガイド**（撮影　6月26日）
コースは橇負山《そりおいやま》から尻別岳へと延びる稜線をたどる。登山口を入り、まずはササ原と太いダケカンバの疎林の中を小さく起伏しながら進む。道は広く刈り払われ、また所々山頂までの距離を示した標

773ｍピーク付近から見る槍負山、洞爺湖方面

登山口。登山ポストも設置されている

支笏湖周辺の山を遠望しながら773ｍピーク先の尾根をゆく

識が立つなど、よく整備されている印象だ。

リフト山頂駅を過ぎて右に緩くカーブし、一時、針葉樹の混じる林間の道となる。左手はその後も樹林帯が続くが、右手はすぐにまた視界が開けてきて７７３メートルピークに向けて登っていく。足元にはルスツリゾートが模型のように見え、その先には貫気別山《ぬっきべつやま》や洞爺湖、有珠山などが続く。

７７３メートルピークからしばらく平坦な尾根上を進む。右前方に樽前山や恵庭岳など支笏湖周辺の山などを見るうちに、道は左にカーブしてゆく。と同時に見えてくるのは頂上へと駆け上がる長い尾根だ。手前にコルを挟むぶん、なかなかの急傾斜と高度差に見える。

コルから頂上稜線までは標高差３００メートル強。登るほどに傾斜は急になり、ロープの張られた所も出てくる。下山時はスリップに注意が必要だ。炎天下ではつらい登り

これから登る尾根と山頂（右）を見ながらコルへと下っていく

雪崩斜面に咲くエゾカンゾウ

頂稜から見た昆布岳

羊蹄山の展望台といってもよい尻別岳山頂

となるが、右手は明るい雪崩斜面にエゾカンゾウやタニウツギ、セリ科の花、足元にはウツボグサなどが咲いて励みとなる。

登りきった所は東西に延びる頂稜の真ん中で、頂上は右に折れて最後の登りを詰めた先。広く刈り払われた頂上からは羊蹄山を中心にニセコ連峰や昆布岳、また無意根山や余市岳などがよく見える。

1898m

羊蹄山《ようていざん》

真狩コース

最も一般的なコース 登山口の施設も充実

■**交通**

JR倶知安駅と洞爺湖温泉を結ぶ道南バス（☎0136－22－1558）で「羊蹄自然公園入口」下車。登山口まで徒歩約2キロ。

■**マイカー情報**

国道5号道の駅ニセコビュープラザの交差点から道道66号を真狩方面に約7キロ走行し、羊蹄自然公園の標識に従って左折。約1・6キロで登山者用の広い駐車場がある。キャンプ場、および羊蹄山登山センターにトイレ、水場あり。

道道478号倶知安町富士見から

別名蝦夷富士とも呼ぶ成層火山。全国にあるご当地富士のなかで、山容、スケールともに筆頭格といえよう。

山名の由来は、日本書紀に阿倍比羅夫が後方羊蹄《しりへし》に政庁を置いたと記されたことを元に、松浦武四郎が後方羊蹄《しりべし》山《やま》と名付けたとされる。しかし、難読ゆえ次第に「ようていざん」と呼ばれるようになり、現在は国土地理院地形図も羊蹄山と記載されている。アイヌ語名はマッカリヌプリ。登山道は山麓の四町村からある。

体力（標高差）	55点
登山時間加算	C
高山度（標高）	A
険しさ	D
迷いやすさ	C
総合点75点［上級］	

真狩分岐から時計回り（旧避難小屋跡経由）の場合。半時計回り（岩稜帯経由）の場合は「険しさ＝C」となる。

■**羊蹄山自然公園真狩キャンプ場**

真狩コース山麓に広がる広大なキャンプ場。

▼期間＝5月上旬〜10月下旬

▼使用料＝有料

▼管理・問い合わせ先＝現地（森林学習展示館）☎0136－45－2955、真狩町商工観光係☎0136－45－3613

■**コースタイム**（日帰り装備）

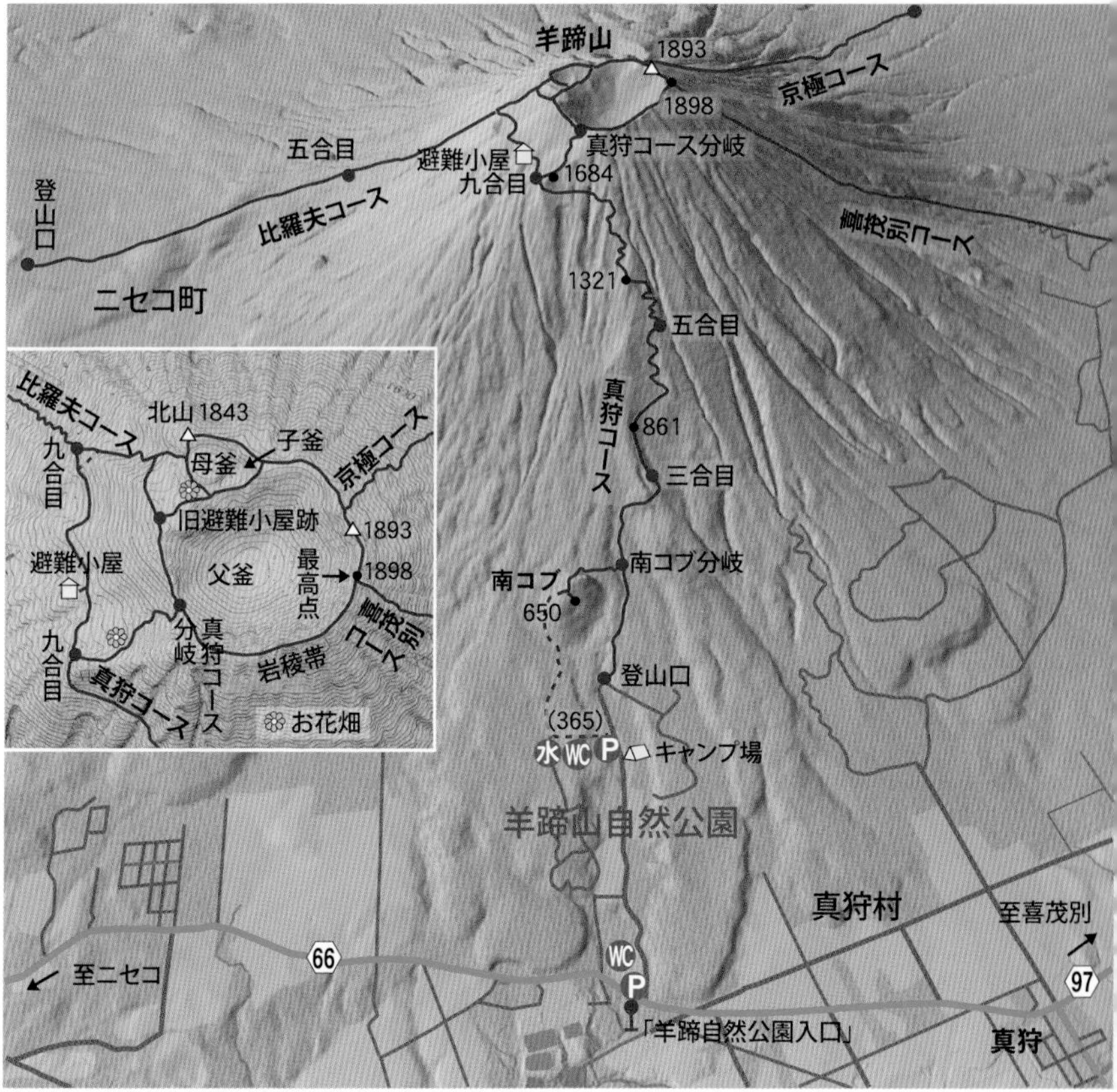

羊蹄山自然公園のキャンプ場

登山口
0:25↓ 0:15↑
南コブ分岐
1:50↓ 1:20↑
五合目
1:30↓ 1:10↑
九合目
0:40↓ 0:40↑
真狩コース分岐
0:25↓ 0:15↑
羊蹄山

標高差　約1530メートル
登り　4時間50分
下り　3時間40分

思わず立ち止まるダケカンバの巨木。五合目の手前にて

標高 700 m 付近のトラバース道

■**ガイド**（撮影　7月15日、8月20日）

登山口から真狩分岐へ

　コースは途中に水場がない。出発前に確認し、十分に補給しよう。

　登山口を出発してすぐ、短いがやや急な坂を越え、その後はしばらくだらだらとした登りが続く。端正な成層火山の常で、裾野は緩やかだが登るにつれて傾斜が増すパターンだ。

　ほどなく一合目の標識が出てくる。この先も各合目ごとに表示があり、単調な登りのなかでよい指標となる。続いて出てくるのが寄生火山の南コブへの分岐点。10分ほど入ると洞爺湖や昆布岳などがよく見える展望台がある。

　標高７００メートル付近で右にトラバースするように進み、その先でしばし直上した後に標高９００メートル付近で再度右に斜上してゆく。ササ原にダケカンバが点在する明るい斜面で、下界の眺めもいい。

　次第に斜度が増してきて、ジグザグを切りながらたんたんと高度を上げる。五合目を過ぎ、尻別岳を展望する場所を過ぎると１３２１メートル標高点付近の六合目だ。

　なおもジグザグを切って登った後、標高約１６００メートルの八合目か

羊蹄山避難小屋

　真狩・比羅夫コース各九合目を結ぶ連絡路上にある。食料、寝具は持参。宿泊は事前予約が望ましい。
- ▶収容人数＝最大 40 人
- ▶協力金＝宿泊 1000 円、休憩 300 円
- ▶利用期間＝通年。6 月中〜10 月中旬は管理人常駐。
- ▶管理・問い合わせ先＝羊蹄山管理保全連絡協議会 ☎ 0136-23-3388

標高差のほぼ中間点にあたる五合目

外輪山下のトラバース。高山植物も出てくる

ら左に水平トラバースを始める。外輪山からのガレを横切り、また森林限界も抜けて視界が開けてくる。ここまで登ればすでに相当な高度感となっているはずだ。さらにイワギキョウやイワブクロなどの高山植物も現れる。

　トラバースを終えると羊蹄山避難小屋への分岐でもある九合目。小屋への道は見事なお花畑で、イワブクロ、ウメバチソウ、ハイオトギリ、エゾオヤマリンドウなどが咲く。休憩がてら寄ってみるのもいいだろう。また、早い時期は九合目付近の沢で水が得られる。

　九合目分岐から1684メートル標高点の小さな尾根に出て、広い窪地状の斜面を登っていく。周りは一面のお花畑で、マルバシモツケ、キクバクワガタ、エゾノツガザクラなどが咲き乱れる。そしてこれ

お花畑が広がる九合目から真狩コース分岐への斜面。見ごろは7月

岩稜帯はコースを確認しながら進もう

真狩コース分岐に着いた瞬間、父釜が現れる

を登り終えるとようやく真狩コース分岐、すなわち外輪山である。

羊蹄山頂上へ

目の前に大きく口を開けるのは最大火口の父釜である。最大径750《メートル》、深さは200《メートル》弱。コースは外輪山上を一周しており、山頂へは反時計回りでも時計回りでも行ける。前者は距離は若干短いが、やや険しい岩稜帯をたどり、ルートがわかりにくい箇所もある。悪天時は避けるのが無難だ。

後者は旧避難小屋跡を経て父釜と母釜・子釜の間を抜けてゆく。地形的な変化が楽しめ、かつ高山植物も多い。日本アルプス以外ではここでしか見られないオノエリンドウをはじめ、タカネキタアザミ、メアカンキンバイ、チシマフウロ、キバナシャクナゲ、エゾノツガザクラなどが咲き誇る。やがて

イワブクロが咲く外輪山

基礎のみが残る旧避難小屋跡

山頂から父釜を見下ろす。写真では伝わらないスケール感は、ぜひ実際に見て

大岩が積み重なった頂上

比羅夫コース、京極コースが合流し、三角点を通過したら、ついに待望の最高点、頂上である。

山頂の高度感は特筆すべきものがある。登ればそれなりの高さを感じる周囲の山々も、ここではすべて足元に見下ろす感覚だ。ぜひ、晴天の日を狙って登ってほしい。

なお、外輪山一帯は地形が複雑で分岐も多い。下山時は自分の下るべきコースをよく確認のこと。

比羅夫（倶知安）コース

植物の垂直分布を観察しながら

■交通

JR小樽駅・倶知安駅とニセコ駅を結ぶニセコバス（☎0136−44−2001）、または倶知安駅と洞爺湖温泉を結ぶ道南バス（☎0136−22−1558）で「羊蹄登山口」下車。登山口まで徒歩約2キロ。

駐車場とキャンプ場、そして羊蹄山

■マイカー情報

国道5号を倶知安駅前から函館方面に約6キロ走行し、羊蹄山登山口の大きな標識に従って左折。約2キロで登山口。約30台分の駐車場がある。トイレ、水道あり。

■半月湖野営場

駐車場の隣、登山口にある小さなキャンプ場。

▼期間＝5～10月

▼使用料＝無料

▼管理・問い合わせ先＝倶知安町観光課☎0136−23−3388

■コースタイム（日帰り装備）

区間	登り	下り
登山口 → 五合目	2:00	1:30
五合目 → 九合目	1:40	1:10
九合目 → 羊蹄山	0:50	0:40

標高差　約1550メートル

登り　4時間30分

下り　3時間20分

体力（標高差）	55点
登山時間加算	C
高山度（標高）	A
険しさ	D
迷いやすさ	D
総合点70点［中級］	

■ガイド（撮影　7月15日、8月20日）

本コース沿いの地域は高山植物の種類が多い高山帯とともに「後方羊蹄山の高山植物帯」として国の天然記念物に指定されている。

途中に水場はないので登山口横のキャンプ場で十分に補給していこう。はじめはトドマツ、カラマツの人工林をゆくが、やがて天然林へと変わる。一合目を過ぎて傾斜が増し、ジグザグに登って尾根上に出る。途中には風穴があり、ひんやりした風が出る薄暗い穴の

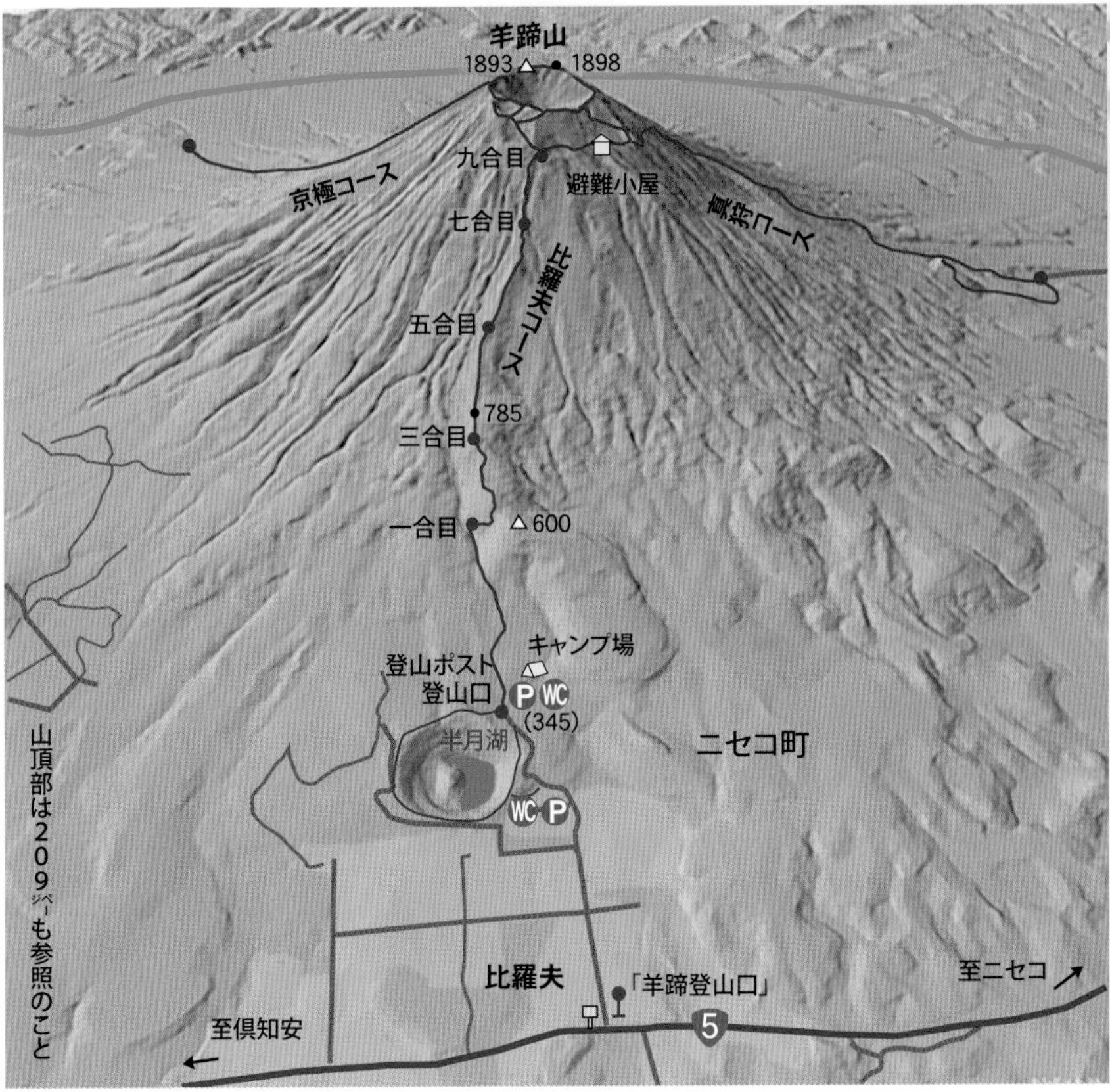

一合目までは平坦な樹林帯だ

中にはヒカリゴケが見える。

登りきった平坦地が二合目で、この後八合目まで延々と単調な登りが続く。ここはひとつ植生に注目しながらゆくとしよう。三合目からエゾマツとダケカンバの大木が現れる。ダケカンバは四合目付近はすっくと背が高く、その上では立派な枝ぶりを見せる。

五合目付近からエゾマツは見られなくなり、ダケカンバの背も低

上：風穴とヒカリゴケ。写真ではわかりにくいが蛍光グリーンの光を放つ　左：三合目から四合目へ。立派な木も多いが風倒木による開いた空間も目立つ

くなって、六合目からハイマツが顔を出し始める。時折、樹間に見えたニセコアンヌプリが対等の高さに見えてくるのもこのあたり。

七合目付近から一段と傾斜が増してつづら折りとなる。ここを踏ん張ってかん木帯を抜ければ避難小屋との分岐である九合目だ。一気に視界が広がり、ここまでの頑張りが報われる。

コースは左に向きを変え、広いカール状の地形を見ながら登ってゆく。高山植物の多い斜面でウコンウツギやナナカマド、シラネアオイ、カラマツソウ、イワギキョウなどが見られる。振り返ればニセコ連峰の眺めもよい。途中、避難小屋などへの分岐はすべて直進すればよい。

登り切ると母釜の縁に出、ここでようやく山頂部が見える。時計回りに左手の火口壁をひと登りで北山の三角点。あとは火口壁上を緩く登りながら山頂へ向かうのみである。左手に札幌近郊から胆振の山々をはじめとする大展望、右手に大小の火口、さらに足元の砂れき地に高山植物を愛でながらの行程は、孤高の独立峰にふさわしいフィナーレといえよう。

七合目。もっともキツいあたりだ

花と展望を楽しみながら母釜の縁へ向かう

京極コース合流点付近から北山、その先にニセコの山々を見る

京極コース

標高差は若干小さめ 意外と花も多い

■交通

JR倶知安駅と伊達紋別駅を結ぶ道南バス（☎0136－22－1558）で「京極バスターミナル」下車。登山口までタクシー（京極ハイヤー☎0136－42－2269）を利用する。または徒歩約3・8キロ。

■マイカー情報

道道97号を京極町中心部から真狩方面へ約1・4キロ、逆方向の場合は真狩村中心部から約13・3キロ走行し、「羊蹄山京極コース登山口」の標識に従って山側に入る。そこから道なりに約2・2キロで登山口駐車場に着く。10数台駐車可能。トイレはない。

■コースタイム（日帰り装備）

登山口 1:40↓ 1:10↑ 五合目 1:20↓ 0:50↑ 八合目 1:20↓ 0:50↑ 羊蹄山

標高差　約1470メートル
登り　4時間20分
下り　2時間50分

■ガイド（撮影　7月15日）

登山口を含めてコース上に水場はないので、事前に準備を。駐車場横に登山ポストがあり、そこから畑の脇を山に向かって進む。前方の羊蹄山は高く遠い。闘志が湧

体力（標高差）	50点
登山時間加算	C
高山度（標高）	A
険しさ	D
迷いやすさ	C
総合点70点［中級］	

奥に長い駐車場。登山ポストもある

最初は山を見ながら畑の横の道をゆく

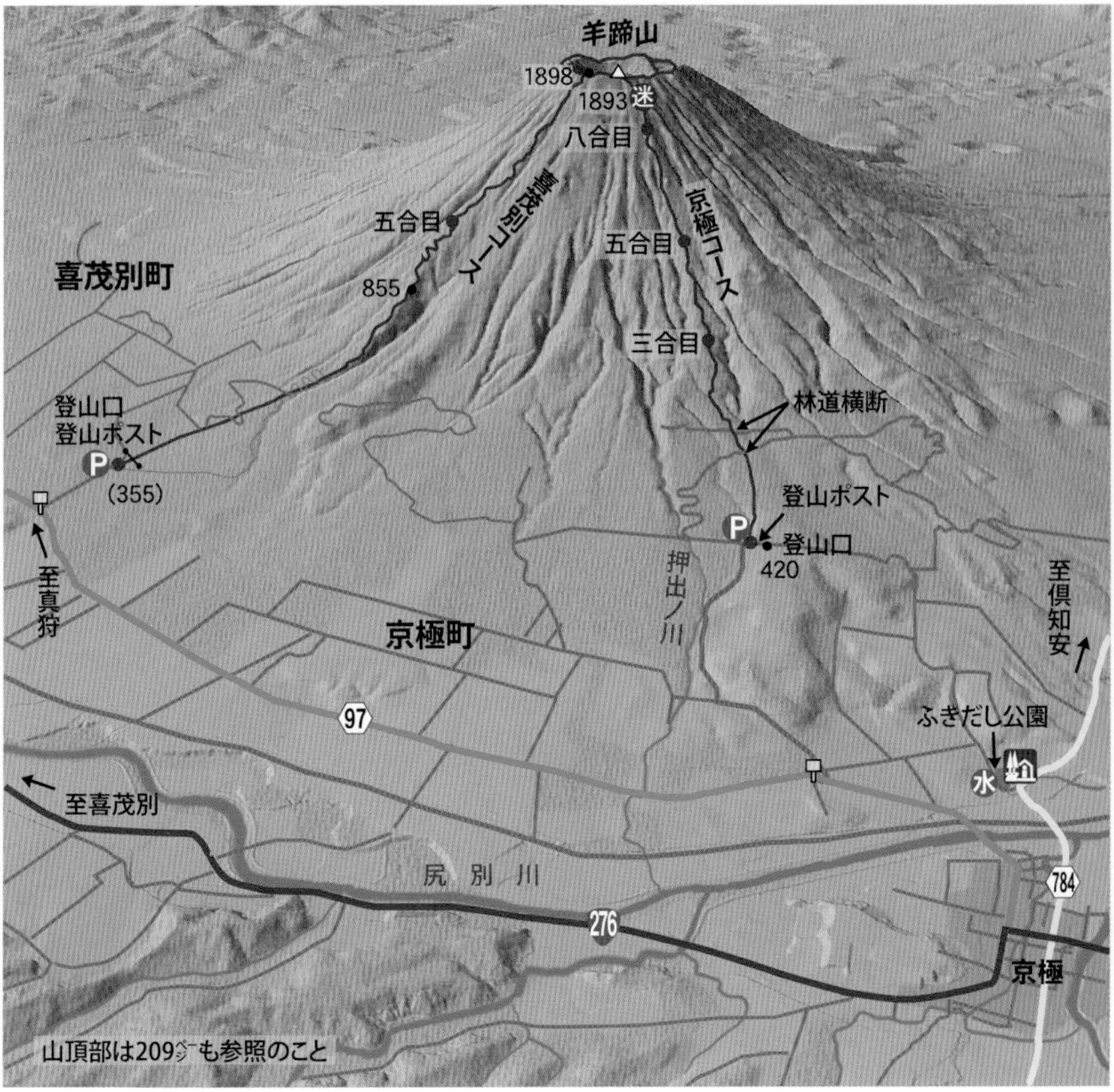

くかはたまた圧倒されるか――。

10分ほどで畑は終わり、防風林を横切って植林帯の歩道に入る。林道を1本横切り、一合目の標識を見て、さらにまた林道を横切る。二合目あたりから天然の広葉樹林となり、いよいよ本格的な登りの開始といったところである。

三合目を過ぎると森はダケカンバが主体となり、四合目からは時折その間に無意根山や余市岳など札幌方面の山々が見え始める。斜度は増すことはあっても緩むことはなく、山頂方面が見通せるわけでもない。ただひたすらに単調な登りを頑張るのみである。

五合目の上、標高1200メートル付近からダケカンバは低く細くなり、積雪に押されて湾曲した姿が目立ってくる。同時にナナカマドやカエデ類の低木が増え、ハイオ

合目表示の数字が増えるのを励みに登ろう

雲海に浮かぶ尻別岳（手前）、奥はホロホロ山、徳舜瞥山

トギリやゴゼンタチバナなどが見られるようになる。

足元に岩れきが目立ってくると八合目。チシマフウロ、ヨツバシオガマ、ウメバチソウなど高山植物の種類も増えてきて疲れを癒やしてくれる。一方、このコースにはハイマツがあまり見られないのは興味深いところだ。

標高１８００メートル付近からザレ場を登るようになり、一気に周囲の展望が開けてくる。そここにイワブクロが小群落をつくり美しい。ザレ場の中ほどで左のかん木帯に入ると九合目。そこからザレ場に出ては左のかん木帯に入ることを繰り返し、最後に直登すると外輪山上の分岐に出る。この間は視界の悪い日や下山時に道を見失いやすいので注意したい。

外輪山に立てば、山頂は目前だ。

九合目手前のザレ場を登る。京極市街から札幌近郊の山々まで一望だ

外輪山に出た！　頂上まではもう少し

上部では花の種類も増えてくる　上：サマニヨモギ　左上：ゴゼンタチバナとマイヅルソウ　左下：メアカンキンバイ

喜茂別（留産）コース

頂上に直上する静かなコース

ゲート手前に駐車スペースがある

■交通

　ＪＲ札幌駅と洞爺湖方面を結ぶ道南バス（予約制、☎０１４２−75−２３５１）、または倶知安駅と伊達紋別駅を結ぶ同路線バス（☎０１３６−22−１５５８）で「喜茂別」下車。そこから登山口までタクシー（ワールド交通☎０１３６−33−２１１４）を利用する。または同路線バス「比羅岡《ひらおか》入口」から登山口まで徒歩約３・８㌔。

■マイカー情報

　道道97号の喜茂別町比羅岡地区（真狩市街から約８㌔。京極市街から約６・６㌔。喜茂別市街から約８㌔）から「羊蹄山登山道入口」の標識に従い山側の未舗装路に入る。約６００㍍でゲートがありここが登山口。約10台の駐車可能。

■体力（標高差）	55点
■登山時間加算	C
■高山度（標高）	A
■険しさ	D
■迷いやすさ	C
総合点75点［上級］	

■コースタイム（日帰り装備）

ゲート 2:00↓ 1:20↑ 標高１０００㍍ 2:20↓ 1:30↑ 羊蹄山

標高差　約１５４５㍍

登り　４時間20分

下り　２時間50分

■ガイド（撮影　7月29日ほか）

　ゲートを後に山に向かう直線的な車道を緩く登ってゆく。斜度が

倒木によってできた空間

森林限界を超えると見事な展望が広がる。右奥に洞爺湖

頂上すぐ下に分岐がある。下山時も間違えないよう

増してくると車道は大きくつづら折りを始めるが、歩道はそれを貫くようにショートカットしていく。標高560メートル付近で林道終点に出合うと、そこから先は本格的な登山道となる。

連続する砂防ダムを右下に見ながら進み、標高700メートル付近で急登となる。2021年夏の取材時は、この付近をはじめ何カ所かで大きな倒木が見られた。

標高1000メートル手前からは丈のあるチシマザサの斜面にジグザグを刻むようになる。単調な登りだが高度を上げる程に視界が開け、尻別岳や洞爺湖が見えてくる。

すでに十分急登だが、五合目を過ぎるとさらに斜度が増し、八合目付近で最大となる。高度感が増し、ロープが架けられた場所もあるが、恐怖感を抱くことはないだろう。岩れき地が現れると火口壁は近く、頭上には頂上に立つ人々の姿が見えてくるはずだ。このコースの特徴は、登りきった所がほぼ頂上直下であること。余裕があれば火口壁を一周してから下山するのもいいだろう。

1308m

ニセコアンヌプリ

五色温泉コース

標高750メートルから展望の尾根を登る

■交通

JRニセコ駅からニセコバス（☎0136-44-2001）の「五色温泉郷」行きで終点下車。運行は7月上旬～10月上旬の土日祝日と夏休み期間の毎日。タクシーはニセコ駅からハチリキタクシー（☎0136-44-2800）、または倶知安駅からニセコ国際交通（☎0136-22-1171）が利用できる。

羊蹄山比羅夫コース九合目から

ニセコ連峰の最高峰。良質な粉雪を求めて世界中からスキー客が訪れる一方、開発され尽くした山肌は痛々しさを否めない。それでも、展望がよく標高の割にハイマツ帯やお花畑も楽しめることから、無雪期の登山者は多い。静けさが味わえる長めのコースからゴンドラ利用の手軽なコースまで、目的やメンバーに合わせてプランを選べるのも人気の理由だろう。

山名はニセイコアンベツ（崖状の沢に向かう川の意味）という川の名に由来するという。

■体力（標高差）	35点
■登山時間加算	D
■高山度（標高）	B
■険しさ	D
■迷いやすさ	D
総合点40点［初級］	

■マイカー情報

国道5号倶知安市街から道道58号に入り、約15・5キロで登山口の五色温泉に着く。函館方面からは国道5号昆布駅横から道道207号、同66号、同58号経由で約17キロ。ニセコ野営場前と道路向かいの五色温泉インフォメーションセンター前に計約60台の公共駐車場がある。トイレ、水道あり。

■五色温泉旅館

風情ある一軒宿。日帰り入浴可。

▼通年営業

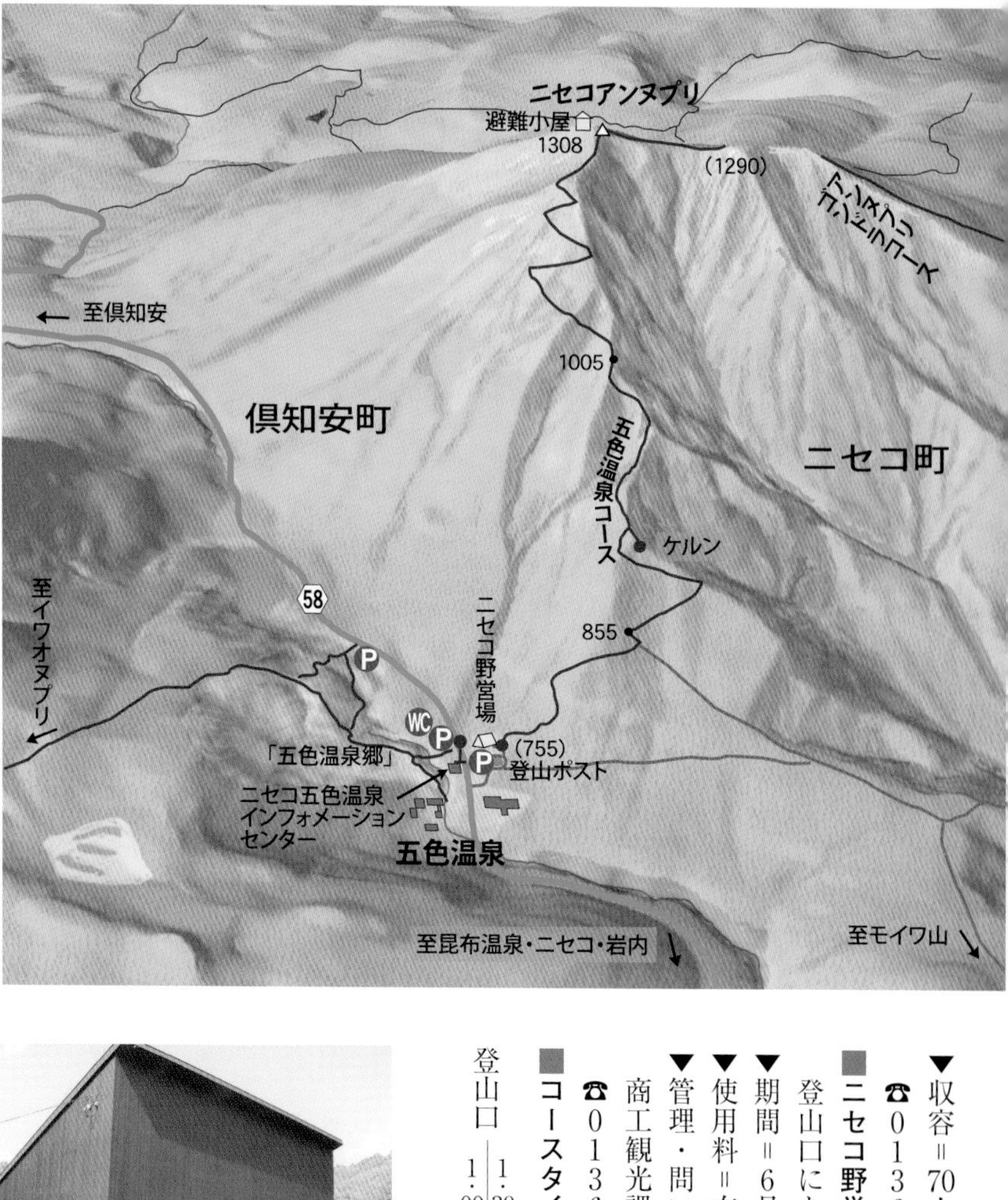

▼収容＝70人（うち半数は自炊）

☎0136-58-2707

■**ニセコ野営場**

登山口にあるキャンプ場。

▼期間＝6月上旬～10月下旬

▼使用料＝有料（清掃協力金）

▼管理・問い合わせ先＝ニセコ町商工観光課

☎0136-44-2121

■**コースタイム**（日帰り装備）

登山口 ―1:30↓ 1:00↑― ニセコアンヌプリ

五色温泉インフォメーションセンター。トイレ、休憩所、更衣室のほか、山の情報も得られる。開館＝8～17時(6～10月)。☎0136-59-2200

明るく清潔な登山口横のキャンプ場

登山口。登山ポストもある

930 m コブのケルンから山頂方面を望む。山頂は左側ピークの奥

標高差　約560メートル
登り　1時間30分
下り　1時間

■ガイド（撮影　8月29日ほか）

本コースはこれまで「ニセコ山の家コース」として紹介してきたが、同施設が閉館したため、「五色温泉コース」と改める。

登山口はキャンプ場の右手。ダケカンバの林を抜け、モイワ山からの道が合流したのち、尾根に向かってササの中の道を登る。ケルンのある930メートルコブはひと休みにちょうどいい場所だ。

ここからは山頂を正面に見ながら尾根上を登っていく。植物は高山性のものが中心となり、イワハゼ（アカモノ）、シラタマノキ、ミヤマホツツジ、ゴゼンタチバナ、マイヅルソウ、ミヤマアキノキリンソウ、エゾオヤマリンドウなど、

ハイマツが低くなると山頂は近い

標高 1100 m 付近のダケカンバ帯

山頂からニセコ連峰の眺め

季節に応じた花々が見られる。

標高1100メートル付近から尾根を外れ、岩がゴロゴロした斜面を大きくジグザグを切って登る。ウコンウツギやマルバシモツケ、イソツツジ、ハイオトギリ、またハイマツも現れて高山らしい雰囲気だ。ガレ場や木の根の出た所もあるので足元に注意しよう。

斜面を登り切ると頂上に出た気分になるが、実はこれは手前のピーク。頂上はそこから平坦な尾根をたどった先である。

頂上からの眺めはなんといっても目の前に聳《そび》える端正な羊蹄山だ。振り返るとニセコ連峰が遠く雷電山まで重なって見える。また、山頂には避難小屋のほか、戦時中に零戦の着氷実験を行ったニセコ観測所の石碑、そのコンクリート台座などもある。

鏡沼コース（ゴルフ場口）

歩きごたえある鏡沼経由のコース

■交通

JR倶知安駅からタクシー（ニセコ国際交通☎0136－22－1171）を利用するのが現実的。または同駅から登山口まで徒歩約6・5キロ。

■マイカー情報

国道5号倶知安市街から道道58号に入り、約5・4キロ地点で「HANAZONO」の看板を左折。リゾート内を通りHANAZONO GOLF（ゴルフ場）へ。同駐車場の登山口に近い区画に駐車させてもらう。期間は5月連休～11月3日、開門は7時頃～17時頃（詳細はゴルフ場フロントで確認）。閉門までに必ず退出のこと。

■コースタイム（日帰り装備）

登山口 ―0:50↓ 0:40↑― 鏡沼 ―0:50↓ 0:30↑― 分岐 ―1:30↓ 1:10↑― ニセコアンヌプリ

標高差　約950メートル
登り　3時間10分
下り　2時間20分

■ガイド（撮影　8月2日、29日）

ゴルフ場前の車道を50メートルほど先に進むと登山口がある。コースは

■体力（標高差）	45点
■登山時間加算	C
■高山度（標高）	B
■険しさ	D
■迷いやすさ	C
総合点60点［中級］	

HANAZONO GOLFの入り口。登山口は左へ

ゴルフ場先のカーブが登山口

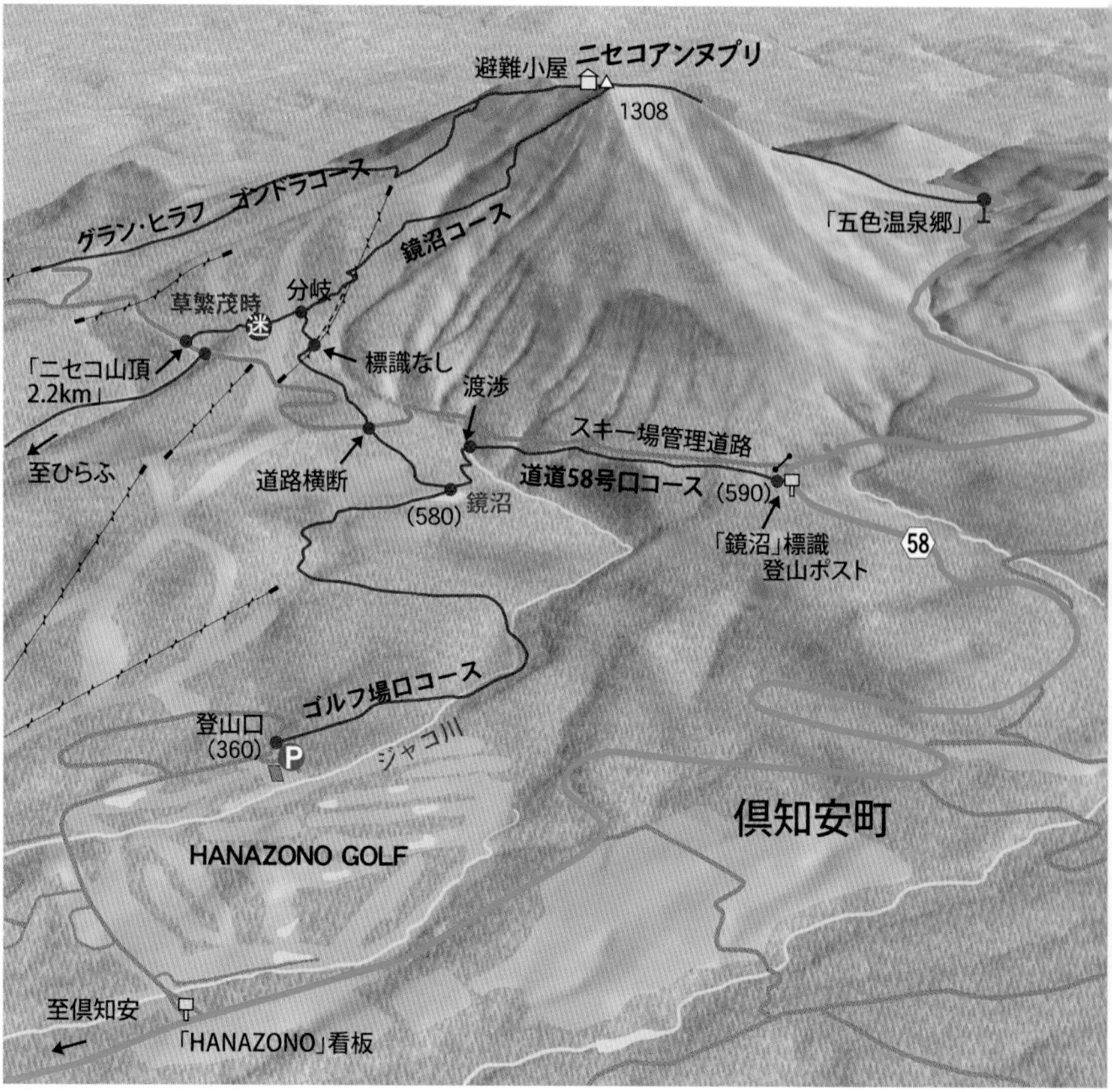

幅広く整備されとても歩きやすい。ジャコ川沿いに出てしばらくこれに沿ったのち、平坦な森の中を進んでいく。時折、作業道の分岐があるが、幅広く整備されたほうを進めばよい。鏡沼手前の分岐は右に下るように入る。

鏡沼に出ると一気に視界が開け、目指すアンヌプリが正面に現れる。周囲には美しい湿原が広がり、登山口から1時間足らずで登れることもあって、鏡沼だけを目的に訪れる人も多い。

湿原を奥に進んだところで前方から道道58号からの道が合流。ここを左に入って林の中を登り、スキー場の管理道路を横断する。その先でリフト線に出たらこれに沿って150メートルほど進み、左の森に入る。そこからほどなくで、グラン・ヒラフ方面との分岐に出る。

鏡沼の湿原からニセコアンヌプリを見る

リフト下を登っていく

スキー場の管理道路を横断

ここから山頂まではまだ標高差が500メートルほどある。高度が上がるにつれてハイマツ斜面となり、イワハゼ、シラタマノキ、イワツツジなどの高山植物が出てくる。途中、リフトをくぐる地点では眼下に鏡沼が見える。

　最後に傾斜の増した斜面をジグザグに登っていけば、突然といった感じで頂上に躍り出る。下山時は下り口がわかりづらいので間違えないよう注意が必要だ。

分岐地点。道標は完備している

開けた展望を楽しみながら頂上へ

鏡沼コース（道道58号口）

鏡沼へ楽に入れるが駐車場所に注意

■交通

JR倶知安駅からタクシー（ニセコ国際交通☎0136－22－1171）が利用できる。登山口まで約11キロ。

■マイカー情報

国道5号倶知安市街から道道58号に入り、約11キロで登山口。これといった駐車場はなく、前後の路肩にスペースを見つけて駐車する。数台分しかないので、満車の場合は他のコースの利用を。

■コースタイム（日帰り装備）

登山口 ―0・40↓ 0・40↑― 鏡沼 ―0・50↓ 0・30↑― 分岐 ―1・30↓ 1・10↑― ニセコアンヌプリ

標高差　約770メートル

登り　3時間

下り　2時間20分

■体力（標高差）	40点
■登山時間加算	C
■高山度（標高）	B
■険しさ	D
■迷いやすさ	D
総合点50点［初級］	

■ガイド（撮影　8月1日）

登山口は道道58号に面しており、駐車場がないのがネックである。くれぐれも他車の通行のじゃまにならないよう配慮が必要だ。

コースはスキー場の管理道路と並行している。視界の利かない退屈な道を1・5キロほどで鏡沼に出る。以降は前項のゴルフ場口コースを参照のこと。

道道 58 号沿いの登山口

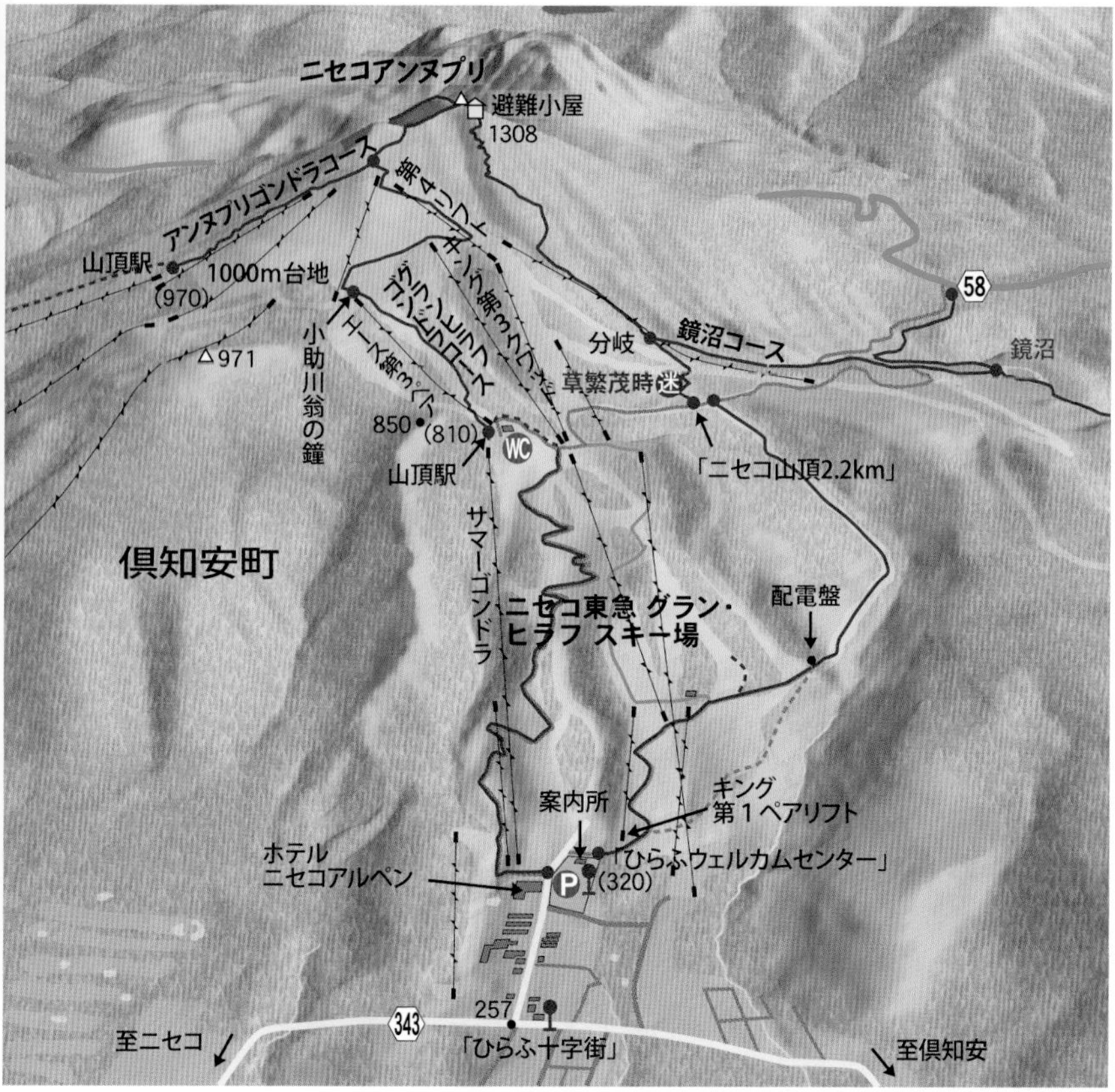

グラン・ヒラフゴンドラコース

ゲレンデ内の道は羊蹄山の展望抜群

■交通

JR倶知安駅からニセコバス（☎0136-44-2001）の「ヒルトンニセコビレッジ」行きで「ひらふウェルカムセンター」下車。メインストリートのひらふ坂を挟んだ向かいにサマーゴンドラ乗り場がある。

■マイカー情報

国道5号倶知安郊外から道道631号、343号を経由してニセコ東急グラン・ヒラフスキー場へ。広い無料駐車場がある。

■コースタイム（日帰り装備）

山頂駅 1:20→ ←0:50 ニセコアンヌプリ

標高差　約500メートル

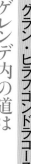

ゲレンデ内に続く登山道。背後に羊蹄山と無意根山が見える

1000 m 台地付近から山頂（右奥）を見る

■体力（標高差）	35点
■登山時間加算	D
■高山度（標高）	B
■険しさ	D
■迷いやすさ	D
総合点40点［初級］	

登り　１時間20分
下り　50分

■ガイド（撮影　7月22日ほか）

サマーゴンドラの運行日、運行時間の詳細はニセコ東急グラン・ヒラフ（☎0136－22－0109）のホームページで確認のこと。

ゴンドラ山頂駅から、エース第３ペアリフト右のゲレンデ内を登ってゆく。ゲレンデ内だけに展望はよく、振り向くと常に羊蹄山が見えている。終点の１０００㍍台地から右にトラバースし、キング第３クワッドリフト終点の先から第４リフトに沿って登る。

やがてリフト線を離れて左に斜上し、アンヌプリゴンドラからのコースと合流。東斜面をたどっていた道が稜線に出ると、前方に山頂が見えてくる。

パラグライダーから空撮。左手前がアンヌプリゴンドラコース（撮影＝小林基秀）

地形図に記された小さな湿原が見える

リフト山頂駅の建物はよい目印

アンヌプリゴンドラコース

昆布岳を背に急登の最短コース

■交通

JR札幌駅発小樽駅経由の中央バス（☎0570-200-600）高速ニセコ号、またはニセコ駅発のニセコバス（☎0136-44-2001）で「アンヌプリスキー場」下車。

■マイカー情報

国道5号ニセコ市街入口から道道66号を経由してニセコアンヌプリスキー場へ。ゴンドラ駅前に無料駐車場がある。

■コースタイム（日帰り装備）

山頂駅 ―0:50↓ 0:30↑― ニセコアンヌプリ

標高差　約340メートル

登り　50分

背後には常に昆布岳が見えている

山頂に立つ観測所跡の碑と着氷実験の台座跡

■体力（標高差）	35点
■登山時間加算	D
■高山度（標高）	B
■険しさ	D
■迷いやすさ	D
総合点40点［初級］	

下り　30分

■ガイド（撮影　9月9日ほか）

夏期ゴンドラは例年7月中旬～10月中旬の週末を中心に運行される。営業時間も含めた詳細はニセコアンヌプリゴンドラ（☎0136－58－2080）のホームページで確認を。

コースは登り始めから急な傾斜だが、周囲はササ原で樹木がないため眺めは非常によい。背後には昆布岳や洞爺湖が見え、羊蹄山や徳舜瞥山、ホロホロ山もよく見える。全行程も短めなので焦らずゆっくり行こう。

リフト終点駅を通過し、その先でグラン・ヒラフからのコースが合流する。このあたりから傾斜も緩み、やがて稜線上の道となる。あとは高山植物を楽しみながら歩くうちに山頂に到着する。

1116m

イワオヌプリ

五色温泉コース

火口跡も見られる若い火山

■交通・マイカー情報・五色温泉旅館・ニセコ野営場
ニセコアンヌプリ五色温泉コース（224ページ）と同じ。

■コースタイム（日帰り装備）

登山口
0・30↓ 0・20↑
イワオヌプリ分岐
0・30↓ 0・20↑
イワオヌプリ

標高差 約360メートル
登り 1時間
下り 40分

■体力（標高差）	35点
■登山時間加算	D
■高山度（標高）	C
■険しさ	D
■迷いやすさ	D
総合点40点［初級］	

チセヌプリから

周囲の山々に比べて地肌むき出しの部分が大きいことからも察せられる通り、ニセコ連峰で最も若い火山である。頂上部分には馬蹄形に凹んだ火口があり、斜面の随所に黄色い硫黄の結晶が見つかる。アイヌ語名もイワウ・ヌプリ（硫黄の山の意味）である。ニセコ連峰の中では急峻な岩山で、遠くからでもひと目で指呼できる。

五色温泉から手軽に登れるほか、充実した周辺登山道やアクセスによって近くの山や湖沼を結んで歩くこともできる。

■ガイド（撮影 10月1日ほか）
バス停前の五色温泉インフォメーションセンター（8～17時、☎0136-59-2200）は、更衣室やトイレなどのほか、山の情報も得られる施設である。その前からニセコアンベツ川に架かる立派な鉄橋を渡り、神社の先から左に入る階段を登る。コースは五色温泉からも倶知安側の駐車場からも通じている。一帯はガンコウランやイソツツジ、シラタマノキな

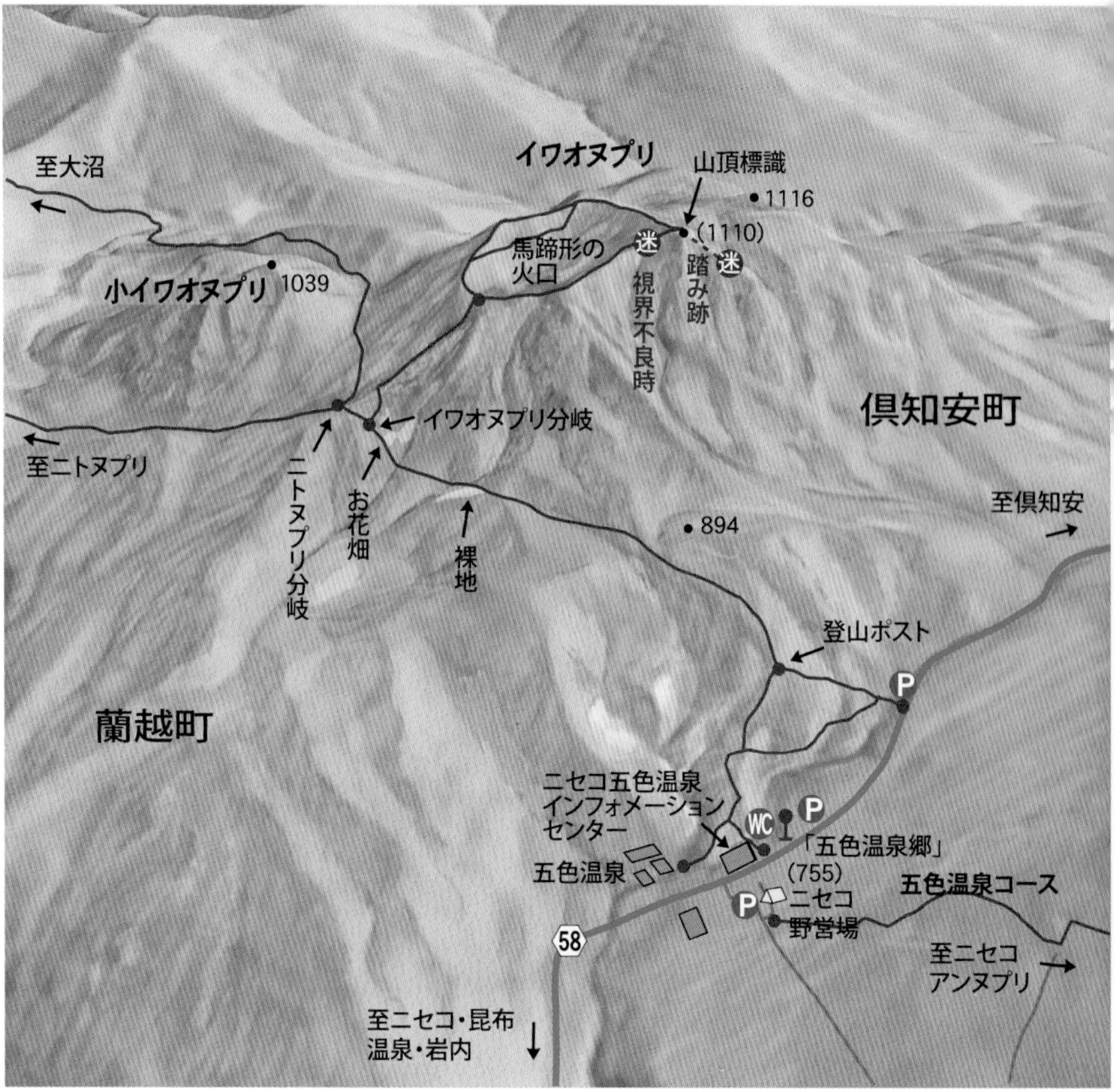

インフォメーションセンターと駐車場

どが多く、花の時期は壮観だ。

　一段登った裸地に登山ポストがあり、そこから急な木の階段を登ってマイヅルソウやツバメオモトの多いかん木帯をゆく。この先は6月中旬ころまで残雪に覆われていることが多く、その時期は迷わないよう注意したい。

　平坦な林をしばらく行くとイワオヌプリ分岐である。右に入るとすぐに岩れきの大きな斜面が現

分岐を入ると大きな斜面が見えてくる

遊歩道奥の登山ポスト

馬蹄形の火口跡と山頂（左）。右奥はニセコアンヌプリ

れ、これに取り付く。はじめはかん木帯だが、登るにつれて周囲が開けて眺めがよくなってくる。白い砂れきの裸地が目立つ尾根越しに見るニセコアンヌプリが大きい。

　標高差１００メートルほどを登ると馬蹄形の火口跡に出る。まっ平らな砂の平地を火口壁が囲む様は、さながら古代の競技場のようだ。コースはその火口壁上を周回するように左右に分かれる。ここでは時計回りに歩いてみよう。

　左手の尾根に向かうと、火口壁内側をトラバースする踏み跡と尾根上をたどる踏み跡に分かれる。眺めがいいのはもちろん後者で、登ったコブ上からは大沼や岩内岳へと続くニセコ連峰、岩内の町、そして泊原発までよく見える。

　そこから小さなコルを挟んで登り返し、右にカーブしていく。正

火口壁からの展望。大沼へのコースは252ページを参照

無骨さがいい味をかもし出す山頂標識

アンヌプリと羊蹄山を見ながら山頂へ

そこここに白砂の裸地が見える

面にニセコアンヌプリと羊蹄山が重なって見え、ほどなく山頂標識が固定されたケルンに着く。ここもまたニセコ連峰をはじめとする展望が素晴らしい。なお、最高点は200メートルほど西の1116メートル標高点だが、はっきりした道はない。

　下山はケルンから火口の分岐に向かって下るが、踏み跡が錯綜したり薄い部分もあり、視界不良時は十分に注意してほしい。

1134m

チセヌプリ

北口コース

パノラマラインから急登を1時間

■**交通**

登山口にバス停はないが、道道を北に約2・4キロ行った「大谷地」で乗降できる（バス停は未設置）。JRニセコ駅からニセコバス（☎0136-44-2001）の「五色温泉郷」行きに乗車。運行は7月上旬～10月上旬の土日祝日と夏休み期間の毎日。タクシーはニセコ駅からハチリキタクシー（☎0136-44-2800）、岩内市街からフレンドタクシー（☎0135-62-1122）、キングハイヤー（☎0135-62-1311）が利用できる。

■**マイカー情報**

道道66号ニセコパノラマラインが主稜線を超える〝峠〟に除雪車両旋回所があり、夏期駐車場として利用できる。国道5号昆布駅横から道道207号経由で約17・5キロ、岩内町中心部からは約21キロ。10台程度駐車可。登山口は道路か

岩内町老古美（おいこみ）から

チセはアイヌ伝統の住居建築のことであり、チセ・ヌプリは「家形の山、家のような山」の意味である。その名の通り、山麓の岩内方面から見ると家の屋根のような端正な台形をしている。頂上が平坦に見えるのは浅い火口により凹んでいるためで、火口内には二つの沼がある。

登山コースは三方から延びていたが、チセヌプリスキー場からの西口コースは廃道化し、再整備の予定もないとのことである。残る2コースは道道66号からアクセスする。

■体力（標高差）	35点
■登山時間加算	D
■高山度（標高）	B
■険しさ	C
■迷いやすさ	D
総合点45点［初級］	

ら見て左手にある。

■**コースタイム**（日帰り装備）

登山口 ―1:00↓ 0:40↑― チセヌプリ

標高差　約305メートル

登り　1時間

下り　40分

■**ガイド**（撮影　8月3日、10月1日）

コース名は「北口」だが、実際には真東に位置している。登山口は道路から見て旋回所の左手で、

登山道から見た旋回所。中央の刈り分けはニトヌプリ登山口（右奥）への連絡路

道というより岩場という感じ。下山も気をつけて

入山ノートに記入して出発

頂上の西から見た目国内岳（中央）方面

登山ポストもある。はじめは車の音を聞きながらササとダケカンバの中を緩く登っていく。しかし、徐々に斜度が増し、それにともない大きな岩がゴロゴロと積み重なった道となる。時に両手両足でよじ登り、バランスを取りながら岩を渡る。慎重さは必要だが冒険的楽しさもある道だ。

ハイマツとかん木であまり視界はよくないが、その分高度は着々と上がる。やがて展望が開けてくると斜度が緩み、平らなハイマツ帯を抜けて頂上へと至る。

山頂部には小さな沼と湿原があり、以前は近くまで行けたが、今はハイマツに覆われて踏み跡もない。保全を考えればこのままそっとしておきたい。山頂を少し西に進むとシャクナゲ岳から目国内岳へと続く展望が待っている。

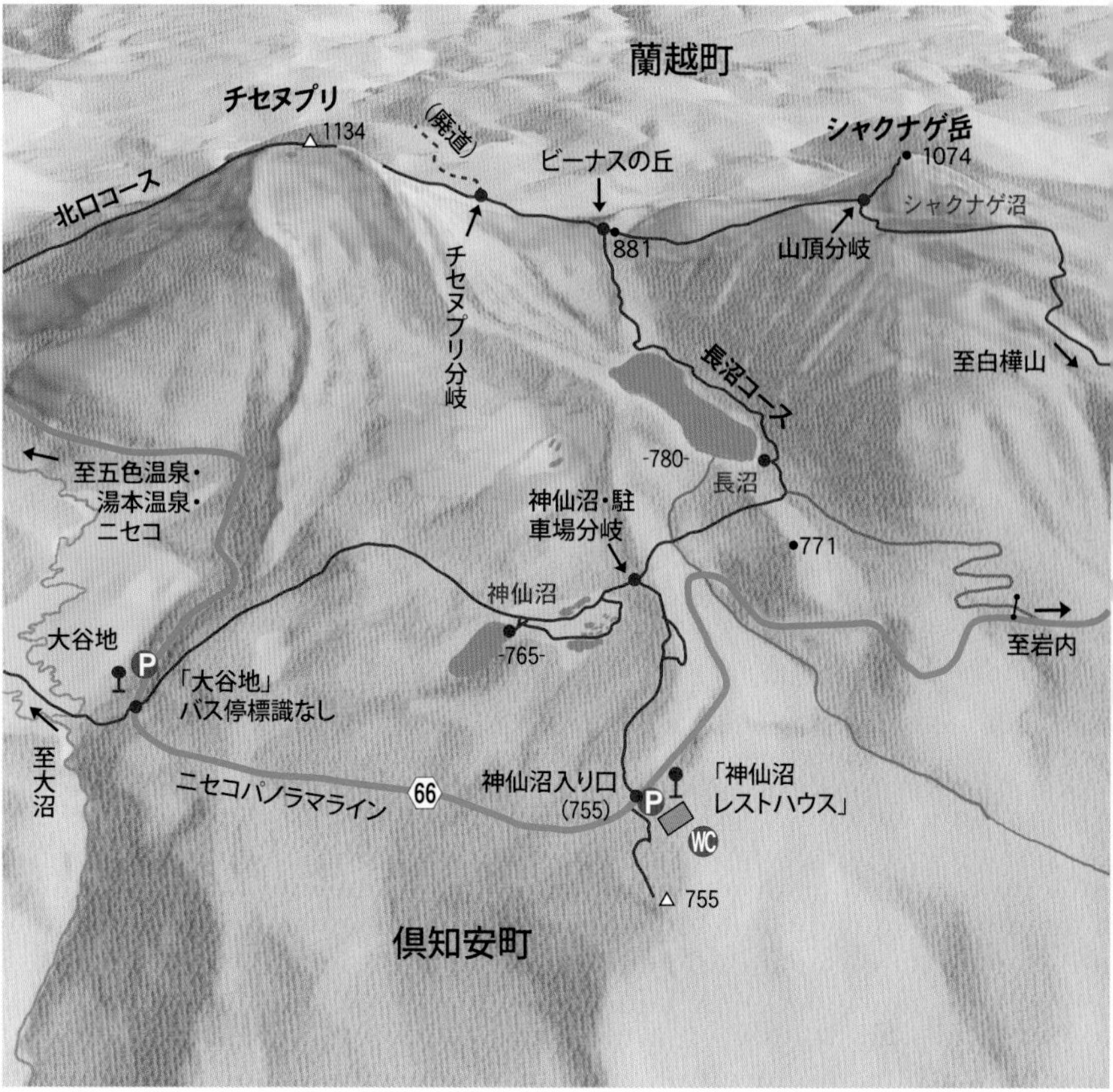

長沼コース

ふたつの沼を巡る変化に富んだコース

■交通

北口コースで紹介したバスに乗り「神仙《しんせん》沼レストハウス」下車。タクシーも北口コースと同じ。

■マイカー情報

道道66号ニセコパノラマラインの神仙沼レストハウスに広い駐車場がある。国道5号昆布駅横から道道207号経由で約21キロ、岩内

■体力（標高差）	35点
■登山時間加算	D
■高山度（標高）	B
■険しさ	D
■迷いやすさ	D
総合点40点［初級］	

神仙沼・駐車場分岐を長沼方面へ

起点となる神仙沼レストハウス

神仙沼湿原から見るチセヌプリ。登山の前後にぜひ寄りたい

町中心部からは約17・5キロ。トイレあり。

■**コースタイム**（日帰り装備）

神仙沼入り口 ─0:30↓ 0:30↑─ 長沼 ─0:40↓ 0:30↑─ ビーナスの丘 ─0:40↓ 0:30↑─ チセヌプリ

累積標高差　約420メートル

登り　1時間50分

下り　1時間30分

■**ガイド**（撮影　10月1日ほか）

レストランも備えた神仙沼レストハウスから道道を渡り、神仙沼に続く遊歩道に入る。10分ほどで神仙沼・駐車場分岐の丁字路となり、チセヌプリは右へ。左は神仙沼に通じ、木道で一周できる。

林の中を緩く上り下りし、右から林道が合流するとほどなく長沼のほとりに出る。奥行きのある湖面の先に見るチセヌプリの山容は、非対称の美ともいうべき堂々

長沼とチセヌプリ。長沼は溜池として使われ、一画にえん堤がある

ササに覆われた西口コースを横目に山頂へ

長沼からのネマガリダケの登り

としたものだ。

ぬかるみがちな長沼の西岸をたどり、南端からネマガリダケの刈り分けを登る。着いた所はなだらかではあるがニセコ連峰の主稜線。シャクナゲ岳への道が分岐するビーナスの丘である（この名称、言い得て妙ではあるが、はたして公然と使うには…）。

分岐を直進し、山裾を緩く下ると廃道化した西口コースを分けるチセヌプリ分岐がある。ここからチセヌプリ本峰への登り、標高差約２５０メートルの急斜面が始まる。はじめはササ原に大きくジグザグを切り、斜度が増すにしたがって細かく折り返すようになる。次第にササの丈が低くなり、目国内岳や岩内岳の展望が開けてくる。そして急に傾斜が無くなり空が大きくなるとチセヌプリの山頂である。

1074m

シャクナゲ岳《だけ》

イラストマップは243ページ参照

チセヌプリから

ニセコ連峰の中ほどに位置し、鋭角的な円錐形をしていることから、小さいながらも人目を引く山である。上部はダケカンバとハイマツ帯で、山名のようにシャクナゲに覆われているわけではない。

この山だけを登る場合は神仙沼・長沼方面から往復するのが手軽だが、稜線上に位置することから五色温泉や新見峠方面から縦走を楽しむ人も多い。北隣の無名ピークとの間にひっそりとあるシャクナゲ沼もいい雰囲気だ。

長沼コース

水面に投影する山々を眺めながら

■**交通・マイカー情報**

「チセヌプリ・長沼コース」と同じ。243ページを参照のこと。

■**コースタイム**（日帰り装備）

神仙沼入り口 ─0:30↓ 0:30↑─ 長沼 ─0:40↓ 0:30↑─
ビーナスの丘 ─0:40↓ 0:30↑─ シャクナゲ岳

累積標高差　約345メートル
登り　1時間50分
下り　1時間30分

神仙沼入り口。木道が整備されている

■**ガイド**（撮影　8月3日）

神仙沼入り口から観光客らに混じってスタートし、長沼を経てビーナスの丘の分岐へ。ここまではチセヌプリの長沼コース（243ページ）と共通だ。

分岐を右に入り、ササ原とかん木を刈り分けた道を緩く下る。前方には手前のなだらかな丘越しに左にシャクナゲ岳、右に無名ピークが並ぶ。すぐに道は緩い上りへ

ビーナスの丘分岐からシャクナゲ岳（左前方のガスの中）に向かう

岩が重なる急斜面を頂上へ

山頂分岐。道標はしっかりしている

■体力（標高差）	35点
■登山時間加算	D
■高山度（標高）	C
■険しさ	D
■迷いやすさ	D
総合点40点［初級］	

と転じ、小さなコブの左側を巻いたところでシャクナゲ岳下の山頂分岐に出る。

山頂はこれを左に入る。ややブッシュがうるさく、また岩を乗り越えながらの急登だが距離は短い。一気に登り切ってハイマツと露岩の頂上の一角に出ると、足元にシャクナゲ沼が、また歩いてきた緩やかな稜線の先にチセヌプリが見える。山頂は南に少し進んだところで、昆布岳の眺めがいい小広場になっている。

頂上手前から登山口の神仙沼方面を見る

シャクナゲ沼のサワギキョウ

ハイマツ帯を抜けると山頂だ

山上湖の雰囲気が漂うシャクナゲ沼。遠く目国内岳が見える

なお、山頂分岐を右に進むとすぐにシャクナゲ沼のほとりに出る。湿性の花など見られるので、立ち寄ってみるといいだろう。

白樺山コース

縦走気分で好展望の尾根歩き

■交通

利用できる公共交通はない。タクシーは新見峠の登山口まで、JR蘭越駅からこぶしハイヤー（☎0136-57-6633、要予約）、岩内市街からフレンドタクシー（☎0135-62-1122）、キングハイヤー（☎0135-62-1311）が利用できる。

■体力（標高差）	35点
■登山時間加算	D
■高山度（標高）	C
■険しさ	D
■迷いやすさ	D
総合点40点［初級］	

登山ポストが設置された登山口

新見峠の駐車場。清潔なトイレもある

白樺山頂上。見るからに気持ちのよさそうな稜線が続く

■マイカー情報

岩内と蘭越を結ぶ道道268号、新見峠の南側が登山口。国道5号蘭越市街から約14・7キロ。岩内町中心部から約17・5キロ（一部道道66号と重複）。全線舗装。10数台駐車可能。トイレあり。

■コースタイム（日帰り装備）

登山口	0:50↓ 0:40↑	白樺山	1:40↓ 1:30↑	シャクナゲ岳

累積標高差　約515メートル
登り　2時間30分
下り　2時間10分

■ガイド（撮影　8月3日）

登山口は駐車場を蘭越側に100メートルほど進んだ左側、目国内岳登山口の斜め向かいにある。斜上する幅の広い道を進み、左に鋭角に折り返してなおも直線的に登る。周りはシラカバと間違えるような美しいダケカンバ林だ。

892メートル標高点付近で林を抜けると、展望のいい尾根上をたどるようになる。小規模ながらお花畑

無名峰からのシャクナゲ岳とシャクナゲ沼

白樺山から見た岩内市街、積丹方面

帰路は正面に目国内岳を眺めながら

もあり、ヨツバヒヨドリ、ミヤマアズマギク、ミヤマアキノキリンソウなどが咲いている。

ほどなく到着するピークは白樺山。前方にはこれからゆく雄大な稜線、背後に目国内岳、左右に日本海や積丹方面、昆布岳など、早くも満腹になりそうな展望だ。

そこから緩いササの尾根を下り、９３１《メートル》コブ下をトラバース。歩きやすく距離の進む道から再び登りとなって樹林帯へと入る。ひと登りして９９１《メートル》標高点を過ぎると丈の低いハイマツ帯となり、またも展望が開けてくる。

やがて道は左に折れ、東西に長い無名峰の頂稜を東へ進む。その最高点付近から南面を下り、シャクナゲ沼の縁を抜けると長沼コースが合流する山頂分岐。後は最後の急斜面を登るだけである。

1080m

ニトヌプリとニセコ沼《ぬま》めぐり

イワオヌプリから

東西に延びるニセコ連峰の北斜面にはいくつかの沼や湿原が点在し、この山域の魅力を深めている。ニセコの山は登山の対象としては比較的小さいので、これらの沼を組み合わせて歩くことで、より面白く充実感のあるコースとなるだろう。

ニトヌプリは山域の中心にあり展望もよいが、山容がやや地味なこともあり単独で登られることが少ない。ここでは大沼、大谷地、神仙沼、長沼、チセヌプリと結び、「ニセコ沼めぐり」として紹介しよう。

点在する沼・湿原とピークを越えて

■交通・マイカー情報

「ニセコアンヌプリ・五色温泉コース」と同じ。224ページを参照のこと。他に神仙沼レストハウス（チセヌプリ長沼コース、243ページ）、チセヌプリの北口（240ページ）などを起点としてもよい。

■コースタイム（日帰り装備）

五色温泉 1:20↓ 1:10↑ 大沼 0:40↓ 0:50↑ 大谷地 0:30↓ 0:30↑ 神仙沼 0:30↓ 0:20↑ 長沼 0:40↓ 0:30↑ ビーナスの丘 0:40↓ 0:30↑ チセヌプリ 1:20↓ 1:30↑ ニトヌプリ 1:00↓ 1:20↑ 五色温泉

累積標高差　約1110メートル

反時計回り　6時間40分

時計回り　6時間40分

■ガイド（撮影 10月1日ほか）

ここでは五色温泉を起点に反時計回りの周回でガイドするが、それなりに標高差と距離のあるコースである。途中、神仙沼レストハウス、大谷地、チセヌプリ北口に駐車場やバス停（北口を除く）があるので、起点を変えたり、体力や時間に合わせて部分的に歩くなどアレンジしてもいいだろう。

五色温泉から大谷地まで

イワオヌプリ分岐まではイワオヌプリの項を参照のこと。分岐の

小イワオヌプリの先から硫黄鉱山のあった一帯を見る。正面の山は大沼北方の無名峰

大沼とイワオヌプリ

硫黄川を渡る。通常時の水量は少ない

ササに覆われた大谷地湿原

すぐ先で帰路に戻ってくるニトヌプリ分岐を通過し、小《ポン》イワオヌプリとのコルを抜けて下りに入る。眼下に目立つ白い裸地は、戦前、硫黄鉱山があったところである。足元はガンコウラン、イソツツジなどの群落が見られるお花畑だ。

　硫黄川を渡り、小さな峠を越えると木々の間に大沼が見えてく

ワイスホルン
1045
1.9
大沼
硫黄川
渡渉
2.6
北口
P
832
1.1
ニトヌプリ
1080
小イワオヌプリ
1039
イワオヌプリ
1116
1.6
1.5
至倶知安
イワオヌプリ分岐
ニトヌプリ分岐
66
1.2
P
WC
P
五色温泉
「五色温泉郷」
(755)
4.7
66
58
4.0
至ニセコアンヌプリ

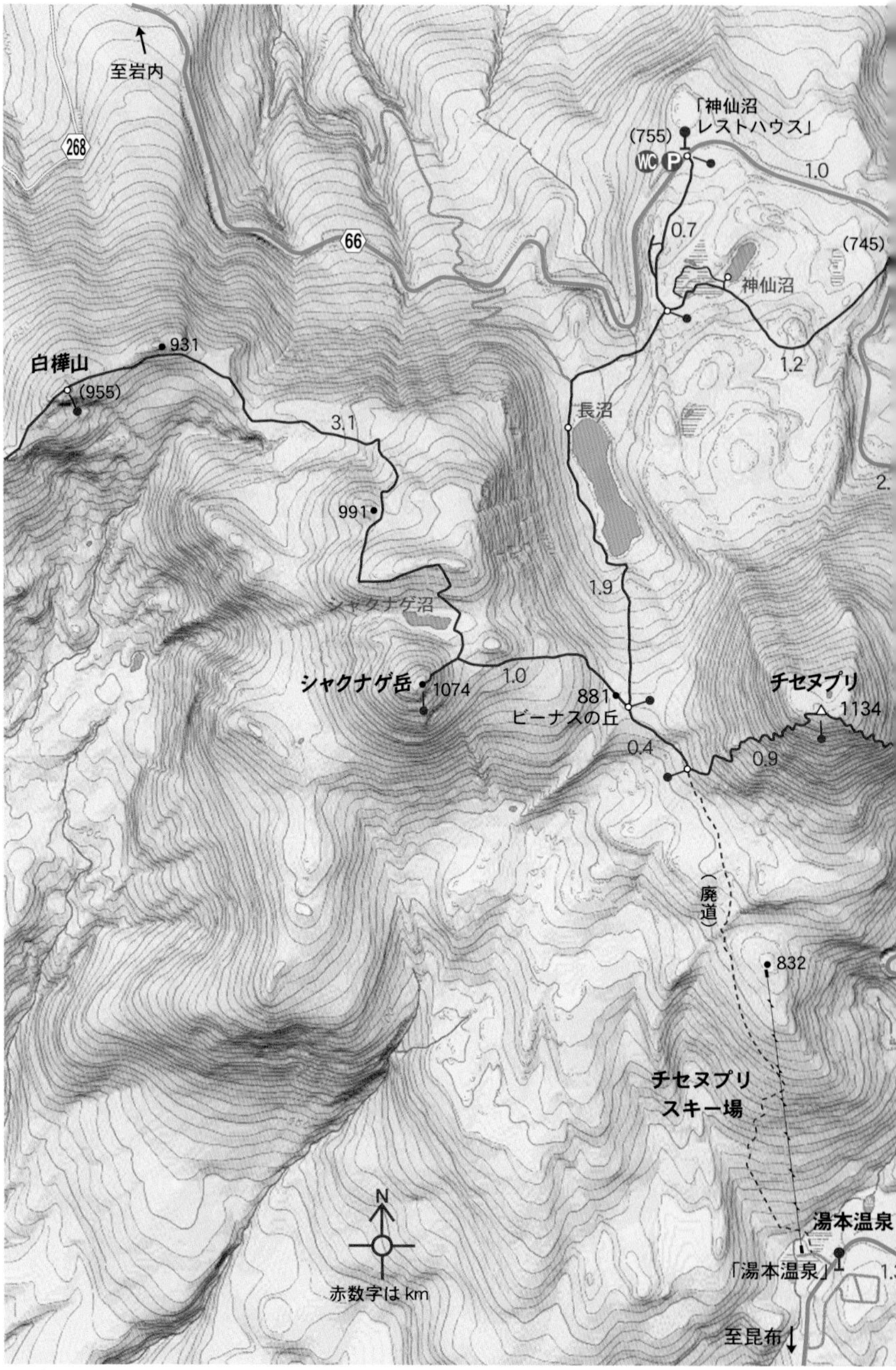
至岩内
268
66
「神仙沼
レストハウス」
(755)
WC
P
1.0
0.7
(745)
神仙沼
1.2
白樺山
931
(955)
3.1
長沼
991
1.9
シャクナゲ沼
シャクナゲ岳
1074
1.0
881
ビーナスの丘
チセヌプリ
1134
0.4
0.9
(廃道)
832
チセヌプリ
スキー場
N
赤数字は km
湯本温泉
「湯本温泉」
至昆布

秋の神仙沼。最盛期は観光客も多い

ネムロコウホネ。花は盛夏

る。ただし、湖畔に出られるのは北岸を端までたどってから。湖面の奥に覗くイワオヌプリの白いガレが印象的だ。

大谷地湿原へはダケカンバとササで視界の利かない斜面をだらだらと下る。湿原に入っても乾燥化が進み、背丈を超えるようなササに覆われてあまり雰囲気はない。

神仙沼から山を越えて

大谷地駐車場で道道を渡り、神仙沼への道に入る。ダケカンバにカエデ類などが混じった林をゆったりと登って下ると神仙沼に着く。溶岩台地上の高層湿原で、夏はエゾカンゾウやワタスゲ、ミツガシワなどが風に揺れ、秋は紅葉が見事だ。湿原内は一方通行の木道となっており、湿原の入り口で神仙沼レストハウスからの歩道に合流する。ここからチセヌプリを越えて北口登山口までは、チセヌプリの項を参照のこと。

北口から最後のピーク、ニトヌプリを越えよう。道道を１５０《メートル》ほど岩内側に歩いた所が登山口。ダケカンバとササに覆われたあまり視界の利かない道を斜上していく。右上の双耳峰の南峰が目線の高さに近づけば、間もなく頂上だ。イワオヌプリとニセコアンヌプリが大きいが、羊蹄山は残念ながら

手前からニトヌプリ、イワオヌプリ、ニセコアンヌプリ、羊蹄山。チセヌプリから

ニトヌプリ頂上は双耳峰の北峰にある

チセヌプリを背にニトヌプリへ

最後は庭園のような小イワオヌプリの山裾を通る

その陰に隠れている。

下山は頂上直下のコブを越え、ササ原に大きく電光を切る。シラタマノキやイソツツジが群落を作る小イワオヌプリの山裾まで下り、急なザレ場を登り返すと行きに通ったイワオヌプリ分岐に出る。あとは往路を五色温泉に戻るのみだ。

1220m

目国内岳《めくんないだけ》

新見峠コース

前目国内岳を越える静かな稜線歩き

■**交通・マイカー情報**

「シャクナゲ岳・白樺山コース」と同じ。249ページを参照のこと。

■**コースタイム**（日帰り装備）

登山口 ↓0・40 ↑0・30 前目国内岳 ↓1・30 ↑1・00 目国内岳

累積標高差　約565メートル
登り　2時間10分
下り　1時間30分

岩内郊外から。右手前は岩内岳

ニセコ連峰は東部は急峻で独立した山が多いが、西部へ行くほどなだらかな山容を見せるようになる。目国内岳も山麓からは距離があることもあり、おおらかな山容に見える。しかし、山体自体はなかなか大きく、また山頂部は大岩が累積して、主稜線上から見ると存在感のある山である。また、西側にはパンケメクンナイ湿原が広がり、花の種類も多い。

コースは新見峠からと岩内岳を経由する２本があり、さらに雷電山方面への縦走も可能だ。

■体力（標高差）	35点
■登山時間加算	D
■高山度（標高）	B
■険しさ	C
■迷いやすさ	C
総合点45点［初級］	

■**ガイド**（撮影　8月3日）

駐車場から数10メートル蘭越側に進んだところが登山口。序盤はさほど急ではないものの、背の高いササが茂り視界の利かない林を登っていく。6月中はタケノコが採れ、それ目的の人達も多い。

「三合目」の札—目国内岳に対するものである—を過ぎると前方が少し開け、前目国内岳の丸い頂が見えてくる。斜度が増し、背後にシャクナゲ岳やチセヌプリが見え始めると、そこからひと頑張り

で前目国内岳だ。目の前に目指す目国内岳が大きく現れ、山頂の岩場もよく見える。

いったん標高差80メートルほどを下り、広いコルを通過して登りに取り付く。周囲はかん木とササの原だが振り返るとニセコ連峰の眺めがよく、傾斜も前目国内岳から感じたほどのキツさはない。

やがて大岩が積み重なる道となり、これをよじ登るように進む。

道道からの登山口。登山ポストがある

前目国内岳の手前からシャクナゲ岳、チセヌプリ方面を振り返る

序盤はササの深いダケカンバ林を登っていく

前目国内岳に立った瞬間、本峰が現れる

山頂を前に道はふた手に分かれ、右は山頂下を巻いて岩内岳方面へ、山頂は左に入る。道標がなくややわかりにくいので注意を。最後は一段と大きくなった岩の間をくぐったり、全身を使って乗り越えたりしながらその頂点に立つ。

　露岩の山頂からは、それまで見えなかった雷電山方面の展望が開ける。背後にはニセコアンヌプリへと続く山々が幾重にも重なり、これもまた見事である。

登山口近くのツルニンジン

岩ノ門と名付けられた大岩を抜けて

スリップや転倒に注意しながら山頂へ

山頂の岩場が近づいてきた

山頂から見る雷電山方面。なだらかな山容が特徴的

岩内岳から望む目国内岳。山頂の岩場も見える（9 月下旬）

岩内コース

湿原が楽しみなロングルート

■**交通・マイカー情報・宿泊施設・キャンプ場**

「岩内岳」と同じ。266ページを参照のこと。

■**コースタイム**（日帰り装備）

登山口 2：20↓ 1：35↑ 岩内岳 0：15↓ 0：20↑ 分岐 1：40↓ 1：20↑ 目国内岳

累積標高差　約1210メートル

登り　4時間15分

下り　3時間15分

■**ガイド**（撮影　8月3日）

いわない温泉から岩内岳を越えてゆく縦走的なコースである。距離はあるが随所で展望と花を楽しむことができ、この山の魅力を存分に堪能できる。車の手配がつけば新見峠コースと結んで歩くのも楽しく、体力的にもラクである。

登山口から岩内岳までは266ページを参照のこと。

南北に長い岩内岳山頂を南に向かう。正面の目国内岳山頂は堂々たる山容で、これから目指すと思うと気持ちも高ぶってくるというものだ。ハイマツの斜面を標高差100メートルほど下ったところで、雷電山方面との分岐を左に入る。

1073メートルピークの東側を緩く下っていくと、ほどなく山腹いっ

■体力（標高差）	50点
■登山時間加算	C
■高山度（標高）	B
■険しさ	C
■迷いやすさ	C
総合点65点［中級］	

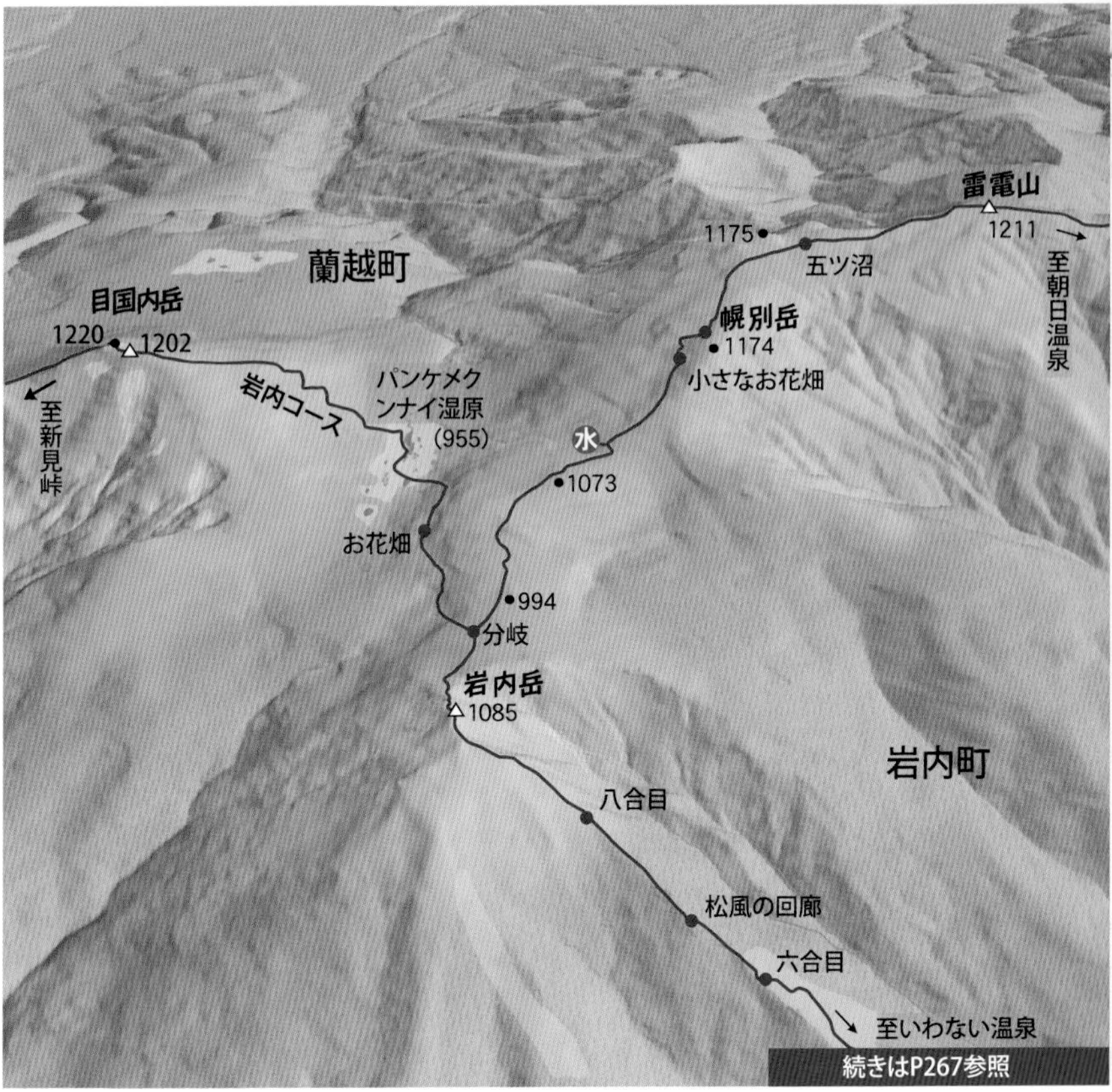

続きはP267参照

ぱいに雪田性のお花畑が広がる。エゾカンゾウ、チシマフウロ、ヒオウギアヤメ、イワイチョウ、さらにチングルマの小群落などなど、思わず足を止める見事さだ。

やがて前方に見えてくるパンケメクンナイ湿原に向かって斜面を下る。広範囲に湿原と池塘が展開し、先の花々に加えてワタスゲ、ミツガシワ、モウセンゴケなど湿

雷電山方面との分岐。左奥は岩内岳

エゾカンゾウ咲く 1073 m ピーク下のお花畑。7 月上旬までは雪が残る

右：チシマフウロ　中：ヒオウギアヤメ　左：パンケメクンナイ湿原のミツガシワ

原ならではの植物が見られる。下界からは想像できない雲上の楽園といったところだ。

　しかし楽園の後は試練もある。湿原の端からは目国内岳へ向けて標高差約250㍍の登りが待っているのだ。周囲の見えない樹林帯からかん木帯を黙々と登り、さらにハイマツとササの斜面へと入

パンケメクンナイ湿原と目国内岳

パンケメクンナイ湿原の池塘のほとりを抜けていく

斜度が緩んでくると頂上は近い

ササ被りがうるさい所も

爽やかな風が抜き抜ける目国内岳山頂

る。ササ刈りがされた形跡もあるが、部分的に足元が見えないほど被っている所もある。ただし道自体は明瞭だ。

徐々に斜度が緩み、ハイマツ越しに周囲の景色が開けてくると、岩の頂上が間近に迫ってくる。頂上はその下を通り過ぎて右に折り返すように入り、大岩をよじ登った先にある。

1085m

岩内岳《いわないだけ》

■体力（標高差）	40点
■登山時間加算	D
■高山度（標高）	C
■険しさ	D
■迷いやすさ	D
総合点45点［初級］	

岩内コース
日本海を背に登る見晴らしコース

■交通

岩内バスターミナルを起点とする円山地域乗合タクシー（岩内町地域公共交通活性化協議会☎0135-62-1011、実証運行）で「オートキャンプ場マリンビュー」下車。または岩内市街からタクシー（フレンドタクシー☎0135-62-1122、キングハイヤー☎0135-62-1311）が利用できる。

■マイカー情報

国道229号岩内市街のいわない温泉入口交差点を山側に入り、道道840号を道なりにいわない温泉へ。最奥のいわないオートキャンプ場入り口ゲートのすぐ手前、左側に登山者用駐車場がある。20台程度駐車可能。

■宿泊施設

登山口近くのいわない温泉に4軒の宿泊施設がある。詳細は岩内町観光サイト、または同町観光経

国道276号岩内郊外から

ニセコ連峰の主稜線から北にわずかに外れた山。海に近いこともあり、標高の割に高度感が得られ、また東西へ延びる連峰の展望もいい。

山名は山麓の町の名か、現在の地図にはその名を見ない岩内川の水源によるものだろう。岩内の語源には諸説があり、定かではない。

登山道は以前はスキー場から延びていたが、近年はオートキャンプ場の横が登山口となっている。頂上から目国内岳と雷電山への縦走路がある。

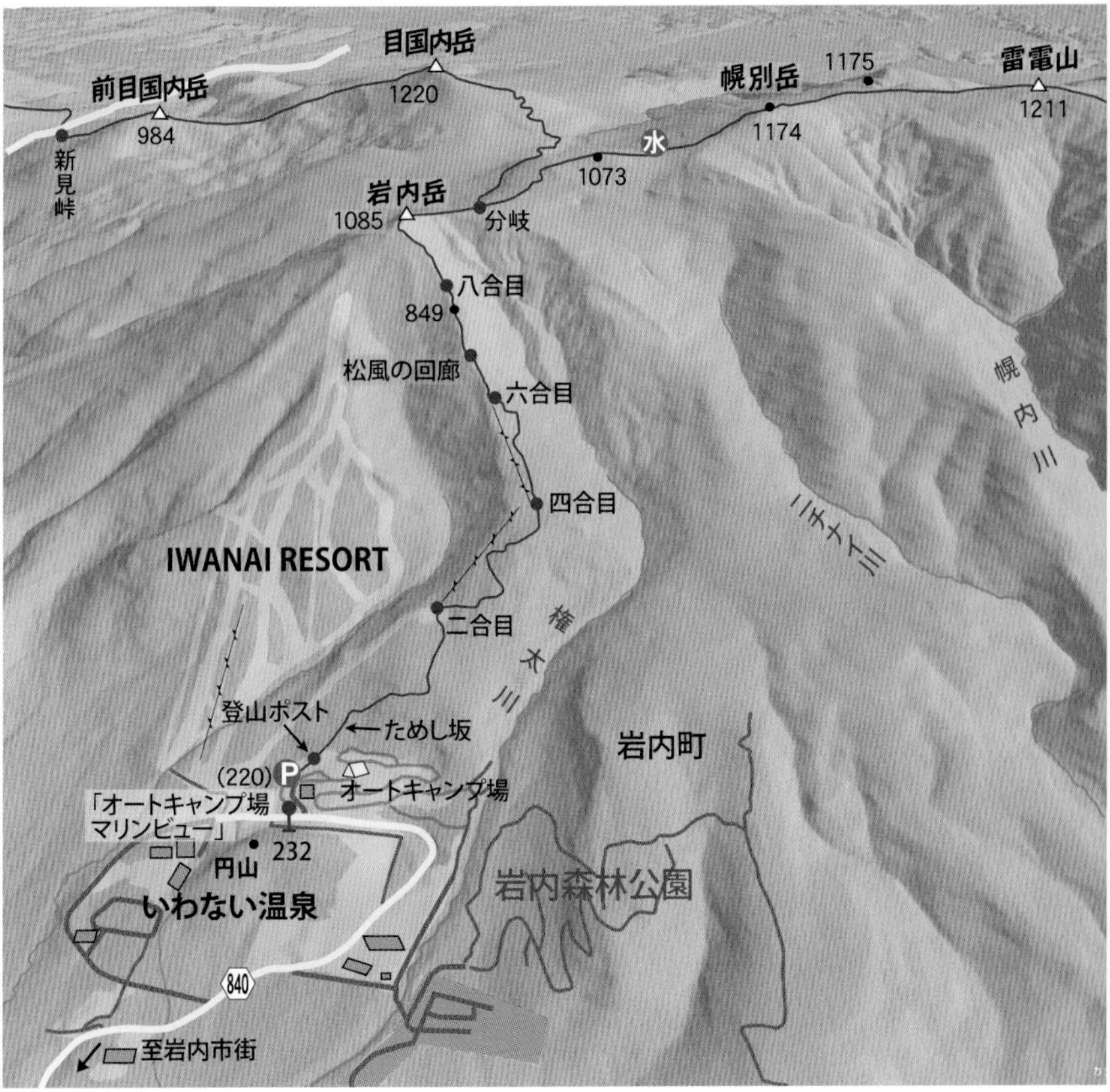

登山者用駐車場はキャンプ場ゲート前を左へ

済課☎0135-67-7096へ。

■いわないオートキャンプ場マリンビュー

登山口に隣接したオートキャンプ場。フリーテントサイトもあり。

▼期間＝4月下旬～10月下旬

▼使用料＝有料

▼管理・問い合わせ先＝現地☎0135-61-2200

リフト線跡に出ると二合目だ

登山口は駐車場の奥にある

六合目の廃止リフト山頂駅

■**コースタイム**（日帰り装備）

登山口 1・10↓ 0・50↑ 六合目 1・10↓ 0・45↑ 岩内岳

標高差　約875メートル
登り　2時間20分
下り　1時間35分

■**ガイド**（撮影　8月3日、9月20日）

数年前から登山道下部がオートキャンプ場寄りに変更されている。駐車場奥の登山口を歩き始めるとすぐに「ためし坂」の急登がある。といっても距離は短く、その先は作業道跡のような広く緩やかな道となる。古いリフト線が現れると二合目で、ここから先はかつてのコースと共通だ。

旧ゲレンデから再生しつつあるシラカバ林をゆき、四合目からは道幅も狭まって次第に傾斜が増してくる。廃墟のような旧リフト山頂駅が現れると六合目だ。

ここからぐんと傾斜が増し、登山道らしくなる。七合目前後からダケカンバやナナカマドに混じってハイマツを見るようになり、同時に背後に岩内市街や積丹半島の展望が開けてくる。

九合目。山頂が見えてきた

七合目付近で尾根に出ると展望が広がる

山頂からニセコ連峰東部の展望。ニセコアンヌプリと羊蹄山は雲の中

やがてハイマツ帯とザレ場に細かくジグザグを切るようになると九合目。一段と高度感の増した展望が開け、前方には山頂も見えている。右に丘のような雷電山方面を見、次いで左にシャクナゲ岳からイワオヌプリへと続く山並みが現れると岩内岳の山頂に着く。

　山頂もまた露岩地で、海から山へとぐるり360度のパノラマが楽しめる。

日本海や積丹半島の眺めもいい

1211m

雷電山《らいでんやま》

イラストマップは263、267ページ参照

国道276号岩内郊外から

ニセコアンヌプリに始まり25kmあまりに渡って連なるニセコ連峰はこの山が西端となる。山稜はゆったりとした台地状でどこが山頂かわかりづらいほど。だが、日本海に落ち込む北斜面の断崖は険しく、雷電海岸の景勝地として知られている。山名の由来としては、アイヌ語のライテム（焼いてうなる）、ライ・ニ（枯れ木）または日本語の「来年」が訛ったなどの説がある。

登山道は岩内岳から縦走路をたどるものと、西側の朝日温泉から登るものがある。

岩内コース

たおやかな稜線と静かな池塘を訪ねて

■**交通・マイカー情報・宿泊施設・キャンプ場**

「岩内岳」の項と同じ。266ページを参照のこと。

■**コースタイム**（日帰り装備）

登山口 —2:20↓ 1:35↑— 岩内岳 —0:15↓ 0:20↑— 分岐 —1:00↓ 0:40↑— 幌別岳 —0:50↓ 0:50↑— 雷電山

累積標高差 約1175メートル

体力（標高差）	45点
登山時間加算	C
高山度（標高）	B
険しさ	D
迷いやすさ	D
総合点55点［中級］	

「迷いやすさ」はササ刈りされていた2021年秋の評価。状況により変わる可能性あり。

登り　4時間25分
下り　3時間25分

■**ガイド**（撮影 9月20日）

この山域全般にいえるが、ササ刈りの状況次第で快適度や所要時間が大きく変わる。2021年秋の取材時は、岩内岳〜雷電山間はきれいに刈られ、快適であった。

登山口から岩内岳までは266ページを参照のこと。

山頂を南に進み、標高差約100メートルを下った先の分岐を右に入る。左は目国内岳へ通じている。

岩内岳から分岐に向かって下る。中央の高みは幌別岳

幌別岳への登り。大きな
雪田跡の草地が見える

岩内岳を背にササ刈りされた道をゆく

低いダケカンバがまばらに生えるササ原を１０７３メートルピークに向けて緩く登り、ピーク感のないまま下りに転じる。鞍部付近の刈り分けを１、２分下ると水場がある。

　次の１１７４メートルピークは地形図にその名はないが幌別岳と呼ばれている。稜線上で登りらしい登りはここのみで、途中の雪田跡には小規模ながら密度の濃いお花畑がある。ピーク手前で左に巻いて広

幌別岳からは平坦な道が続く

稜線上とは思えない五ツ沼の池塘

道標はあるがブッシュに埋もれた
幌別岳山頂への道

い頂稜上に出るが、最高点はブッシュに覆われて判然としない。

　ここからは稜線というよりほぼ平坦なササとハイマツの原を進む。１１７５メートル標高点の北側を通り過ぎると、突然大小の池塘と湿原が現れて驚かされる。五ツ沼と呼び、ふかふかとしたミズゴケに覆われている。木道などはなく、靴を濡らす率も高いが、植生を傷つけないよう優しく歩きたい。

雷電山手前からニセコ連峰と羊蹄山を眺める

一等三角点のある雷電山山頂

コースは丘のように見える前方の雷電山へと向かい、やがて急峻な南斜面の縁に沿うようになる。振り向くとニセコ連峰から羊蹄山が絶妙な配置で重なり、その右に洞爺湖や昆布岳が見える。少し進むと今度は日本海と狩場山、噴火湾に駒ヶ岳、恵山と道南方面の展望。実に贅沢な展開だ。雷電山はそこから右に入った所だが、平坦すぎて展望は今ひとつである。

雷電山手前から積丹半島を望む。右の半島基部には泊原発が見える

朝日温泉コース

状況は荒れ気味だが海を見渡す爽快な道

■交通

岩内バスターミナルと寿都バスターミナルを結ぶニセコバス（☎0135‐62‐1284）で「雷電温泉郷」下車。登山口の朝日温泉まで徒歩約3・8キロ。累積標高差は335メートルほどある。

■マイカー情報

国道229号を岩内町中心部から寿都方面に約12キロ走行し、刀掛トンネル手前で左に分かれる道に入る。山道を約800メートル入った道路脇に、10台程度駐車可能なスペースがある。なお、朝日温泉への林道は部分的に雨裂や路肩崩壊などが見られ、入り口の水道施設横から通行禁止となっている。

体力（標高差）	50点
登山時間加算	B
高山度（標高）	B
険しさ	C
迷いやすさ	B
総合点75点［上級］	

水道施設手前の駐車スペースを出発点とした場合。迷いやすさは2021年秋の取材時のもの。

■コースタイム（日帰り装備）

駐車スペース —1:10↓ 0:50↑— 朝日温泉 —2:00↓ 1:30↑— 前雷電 —1:40↓ 1:10↑— 中山 —0:30↓ 0:30↑— 雷電山

累積標高差　約1205メートル

登り　5時間20分

下り　4時間

■ガイド（撮影　9月20日）

このコースは2021年秋の取材時、ササ被り、ハイマツ被りが激しく、特に中山～前雷電間は苦

戦を強いられた。展望は素晴らしいだけにこのまま荒廃化してゆくのは惜しいものである。

まずは朝日温泉まで標高差のある林道歩きだ。麓の雷電温泉はすべての宿泊施設が廃業、着いた朝日温泉もまた長期休業で老朽化が目立ち、寂しさを否めない。

その裏手の朽ちかけた丸木橋を渡り（状態によっては渡渉を）、登山道に取り付く。広葉樹林の中をたんたんと高度を上げ、雷電峠

10年以上休業中の朝日温泉

かつては稜線上からも道があったコックリ湖

小さいが行程の目安になる天狗岩

中山から見た前雷電（▼）。雷電山はその右奥だが目立たない

分岐は不明瞭なままに通過する。尾根上に出ると針葉樹林となるが、それもやがてハイマツに変わる。白く小さな天狗岩を過ぎて急な斜面をひと登りで841メートル標高点の中山に着く。前方にはこれから向かう前雷電が大きく遠い。

いったん下り、広い尾根上を起伏して873メートル標高点から本格的な登りとなる。ほぼ直登で随所に太いロープが張られているが、ササやハイマツで不明瞭気味の箇所もあり、慎重に足を運びたい。一方、視界が開ける場所では美しい海岸線の先に狩場山が、その手前には尻別川河口やコックリ湖がよく見える。辛いなかにも歓声の上がる登りなのである。

急な登りは1154メートルコブの横までで、そこからは傾斜が緩むが、背の高いハイマツのトンネルはな

1154 m コブから前雷電を見る

取材時はなかなかしょっぱいササ被りだった

部分的に小さな岩場も。背後には狩場山や尻別川河口が

前雷電から雷電山へ。もう大きな登りはない

おも続く。進路を南寄りに変え、緩く登った先が１２０４メートル三角点の前雷電。積丹半島や岩内方面、目国内岳などを眺めながら、視界の開けたハイマツの海を渡ってゆくと、待望の雷電山山頂である。

ニセコ連峰縦走《れんぽうじゅうそう》

展望と花を満喫する充実の縦走路

■コースタイム（日帰り装備）

ニセコアンヌプリ
鏡沼コース（ゴルフ場口）─3・10↓ 2・20↑─
ニセコアンヌプリ─1・00↓ 1・30↑─五色温泉─2・40↓ 2・30↑─
1・00↓ 0・40↑─イワオヌプリ
チセヌプリ─1・10↓ 1・10↑─シャクナゲ岳
─2・10↓ 2・30↑─新見峠─2・10↓ 1・30↑─目国内岳
─1・40↓ 1・55↑─岩内岳─2・05↓ 1・50↑─雷電山
─4・00↓ 5・20↑─雷電山駐車スペース

累積標高差西方向　約3370メートル
東方向　約3620メートル
西方向　21時間5分
東方向　21時間15分

白樺山付近をゆく

■ガイド（撮影　8月3日、9月20日ほか）

ニセコ連峰は標高こそ低めだが、ササとハイマツによって展望がよく、また湿原も点在して花も多い。道央圏屈指の縦走コースといえる。コースの詳細は各ガイドページを参照いただくとして、ここではプランニングや注意点についてアドバイスしたい。

アクセスについては東のニセコアンヌプリ（ひらふ地区、五色温泉）、西の雷電山（国道229号）の山麓にバス便がある。

問題は宿泊地である。全山のコース延長は約43キロ、コースタイムは20時間超と、通常1～2泊の行程だ。だが、稜線上のキャンプ場は五色温泉のみ。国定公園内であることや環境保全の面から指定地以外―特に湿原や草原での幕営は避けるべきである。となると、途中で出合う車道と車やタクシーを使って〝通い〟でつなぐのが現実的なプランとなる。ほぼ中間点となる新見峠はよい区切りとなるだろう（新見温泉が無くなったのは痛い）。入下山口のバスを活か

チセヌプリから西方のシャクナゲ岳、目国内岳へと続く稜線を見る

雷電山からは日本海へ向かって

静かな沼も多い。シャクナゲ沼

時にはハイマツをくぐりながら

しにくいのは残念だが…。

コースは東半分（ニセコアンヌプリ〜新見峠）は標高差が大きいが、整備状況、アクセス、エスケープルートなどは概ね良好である。逆に西半分（新見峠〜雷電山）は、たおやかな山稜が続くがブッシュの深い区間もあり、エスケープルートも岩内岳のみとなる。またヒグマの痕跡も濃い傾向がある。

進行方向は体力的にも時間的にも、西方向・東方向に大差はない。縦走の風情としては、進むほ

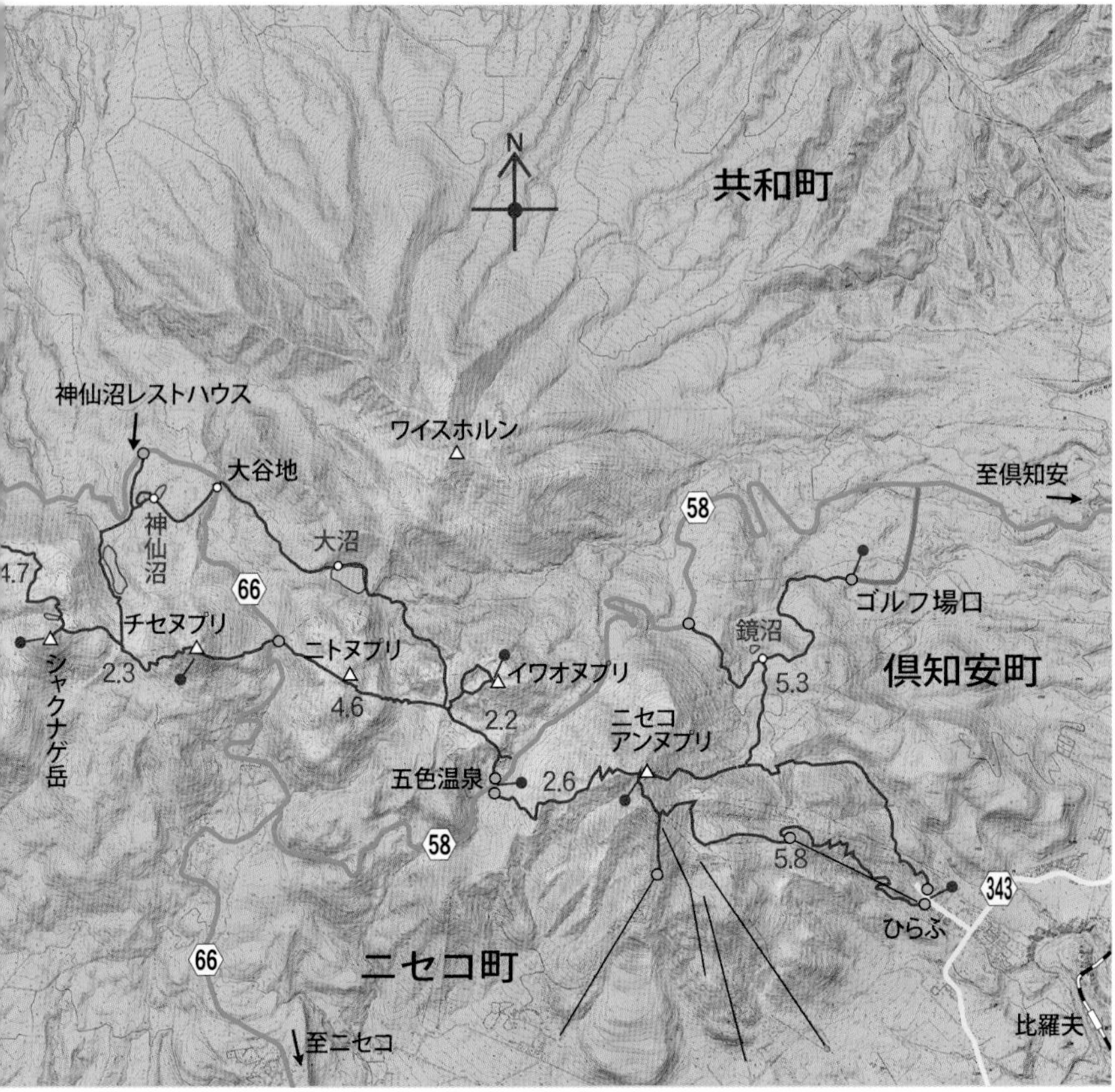

昆布岳から見たニセコ連峰

どに静けさが深まり、最後は夕日を追うように海へと下る西向きがいい。東向きは最初の雷電山への登りがキツいが、後半は体力や時間に応じて予定変更をしやすいメリットがある。水場は初夏の残雪を除くとほとんどない。

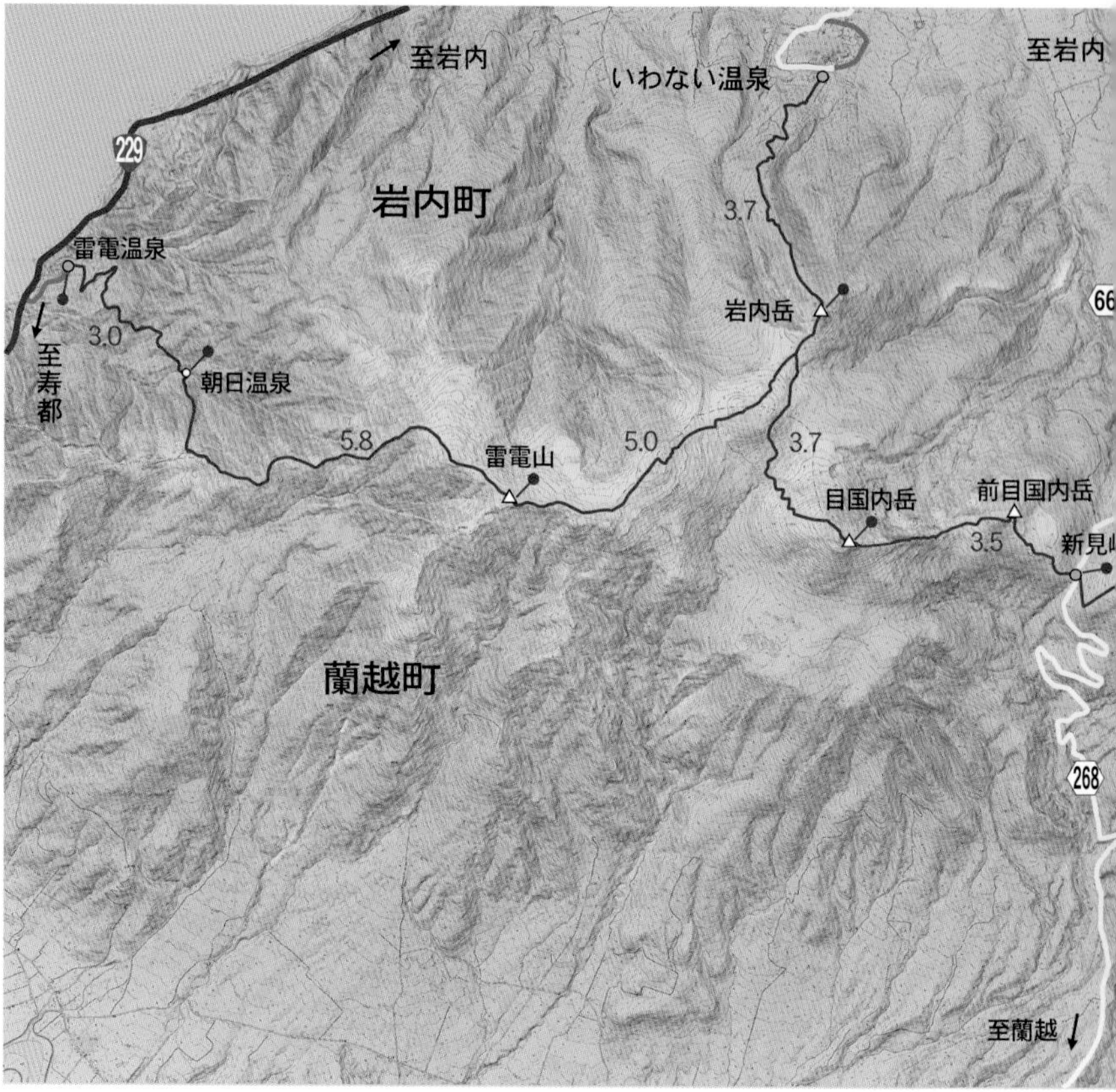

至岩内
いわない温泉
至岩内
229
岩内町
3.7
雷電温泉
岩内岳
3.0
至寿都
朝日温泉
5.8
5.0
3.7
雷電山
目国内岳
前目国内岳
3.5
蘭越町
268
至蘭越

雷電山
目国内岳
岩内岳
新見峠
シャクナゲ岳
チセヌプリ

1045m

昆布岳《こんぶだけ》

■体力（標高差）	40点
■登山時間加算	C
■高山度（標高）	C
■険しさ	D
■迷いやすさ	D
総合点50点［初級］	

豊浦コース

ニセコに噴火湾 ここならではの絶景

■**交通**

利用できる公共交通はない。

■**マイカー情報**

国道２３０号留寿都村三ノ原から道道７７７号、97号と走り、豊浦町大和で美和方面への道に入る（「昆布岳」の標識あり）。美和で道道９１４号に出たら左折し、２キロ先の丁字路をニセコ・蘭越方面に右折（「昆布岳登山道」の標識あり）。そこから約５・６キロで登山口。道路を挟んで10数台分の駐車場がある。清潔なトイレあり。

■**コースタイム**（日帰り装備）

登山口 ―1:30↓ 1:00↑― メガネ岩 ―1:30↓ 1:00↑― 昆布岳

累積標高差　約８４０メートル
登り　３時間
下り　２時間

■**ガイド**（撮影　6月26日）

登山口は駐車場から道道を挟んだ反対側。民家の納屋を手前から

留寿都村三ノ原から

ニセコ連峰の南側、尻別川を挟んで対峙する独立峰的な山。1000ｍをわずかに超える標高だが、山頂部が突出し、周囲に顕著な山がないことから、遠くからもよく目立つ。逆に言えば展望もよく、羊蹄山、ニセコ連峰はもちろん、洞爺湖や噴火湾など見渡せる。山名の由来は、アイヌ語のトコポ・ヌプリ（小さなコブ山）から。

登山道は豊浦町側の南山麓から開かれている。ササ刈りなどの整備状況もよく、家族連れにも人気がある。

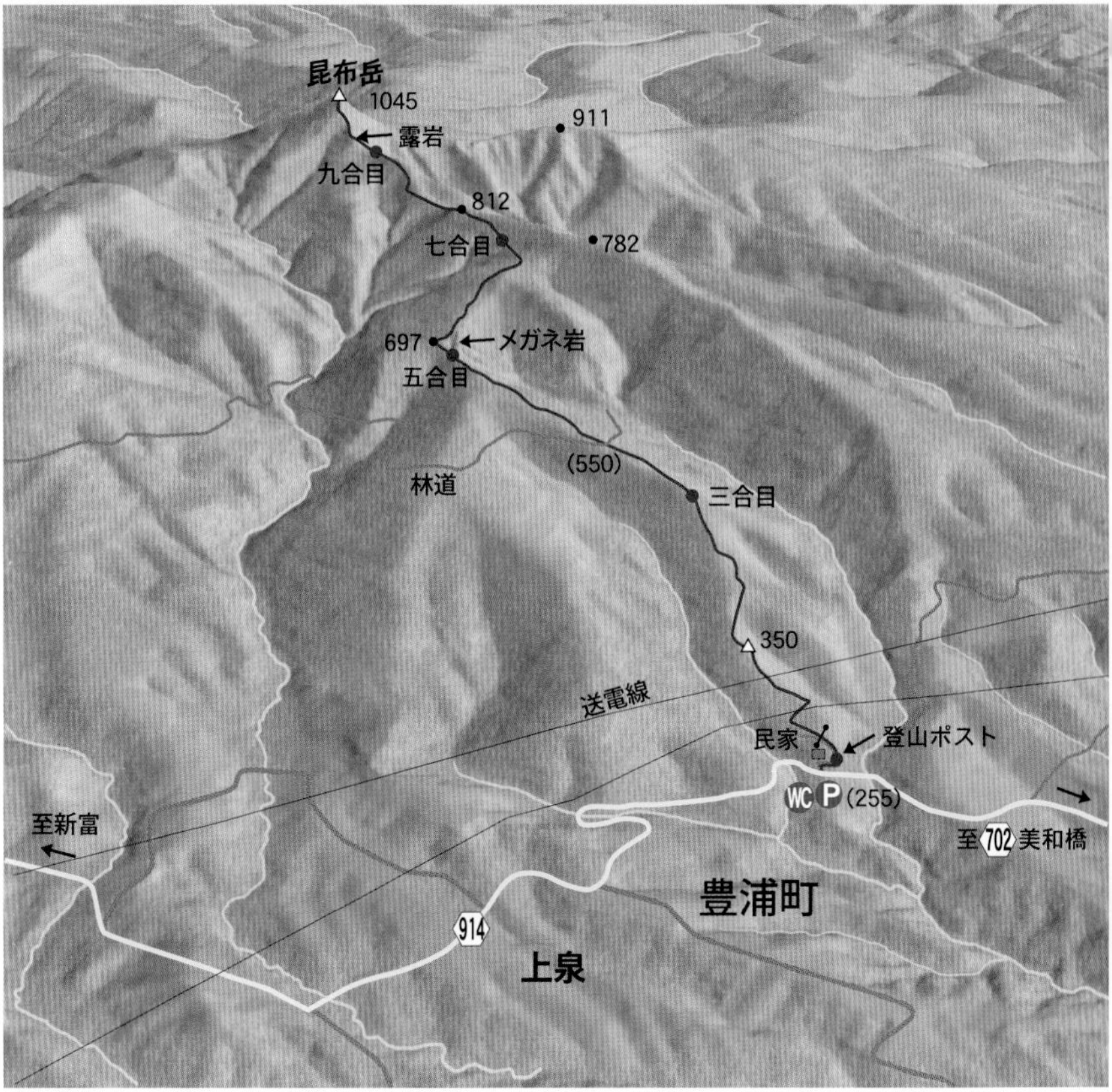

道道脇にある駐車場

回り込むと登山ポストがある。作業道を１５０メートルほど進んだ先で、右に分かれる登山道へ。登山道といっても古い造材道なので幅は広く、傾斜も緩やかで歩きやすい。もっとも七合目あたりまで同じような調子で続くため、やや単調な感も拭えない。

　送電線をくぐると一合目の標識が現れる。山頂までほぼ均等間隔で各合目毎に設置されているので

はじめはなだらかなササ原の道

民家の納屋に沿うように入る

自然の造形美、メガネ岩。
危険なので下に入らないよう

五合目手前で一度頂上が見える

いい目安になるだろう。周りは背の高いササに囲まれているが、尾根上ということもあって所々で展望が開ける。三合目と四合目の間の小広場は、地形図にも記されている古い林道の跡である。

前方にちらっと山頂が見えると五合目先の６９７㍍コブ。そこから小さなコルへ下る右手に大きな窓の開いたメガネ岩がある。時間帯と角度によってはハート型に逆光が差し、「映《ば》える」と話題だとか。

コースは再び登りに転じ、なおも似たような調子で高度を上げていく。立派なダケカンバが目につくようになり、足元にはエゾノタチツボスミレやエンレイソウ、マイヅルソウなども見られる。

８１２㍍コブを越えると木々の合間に山頂が見えはじめ、その先の八合目から斜度が増してようや

山頂が近づくにつれ、噴火湾をはじめとする南側の展望が広がる

山頂から見る羊蹄山と尻別岳（右）

コンブ型の山頂標識

く登山道らしくなってくる。九合目を過ぎるとにわかに周囲が開け、開放感と高度感にあふれてくる。露岩の急斜面を登って尾根上に出れば、頂上はもう間もなくだ。

　行程が単調だったぶん、山頂で得られる展望は感動的だ。札幌近郊の山から洞爺湖、噴火湾、道南の山々まで文字通り３６０度見渡せる。なかでもニセコ連峰の眺め（２８０㌻参照）はこの山に勝る展望台はないだろう。

積丹半島

美国
国（5万）
古平
古平《ふるびら》
（5万）
歌棄
569
古平川
豊浜
小樽西部《おたるせいぶ》
（5万）
シリバ岬
古美山
（2.5万）
古平町
豊浜《とよはま》
（2.5万）
余市《よいち》
（2.5万）
小樽西部《おたるせいぶ》
（2.5万）
998
湯内岳
645
忍路
5
蘭島
しおや
天狗岳
872
余市
よいち
らんしま
塩谷
後志自動車道
余市
塩谷丸山
629
小樽市
稲倉石
稲倉石山
789
余市町
毛無山
650
にき
熊追山《くまおいやま》
（2.5万）
仁木
於古発山《おこはちやま》
（2.5万）
仁木《にき》
（2.5万）
冷水峠
然別《しかりべつ》
（2.5万）
しかりべつ
小登山
515
大登山
565
然別
元服山
477
函館本線
大黒山
725
岩平峠
仁木町
794
茅沼《かやぬま》
（5万）
赤井川村
5
八内岳
944
稲穂トンネル
赤井川
仁木《にき》
（5万）
赤井川《あかいがわ》
（2.5万）
余市川
茅沼《かやぬま》
（2.5万）
銀山《ぎんざん》
（2.5万）
393
阿女鱒岳《あめますだけ》
（2.5万）
都
銀山
ぎんざん
ヤチナイ
明治

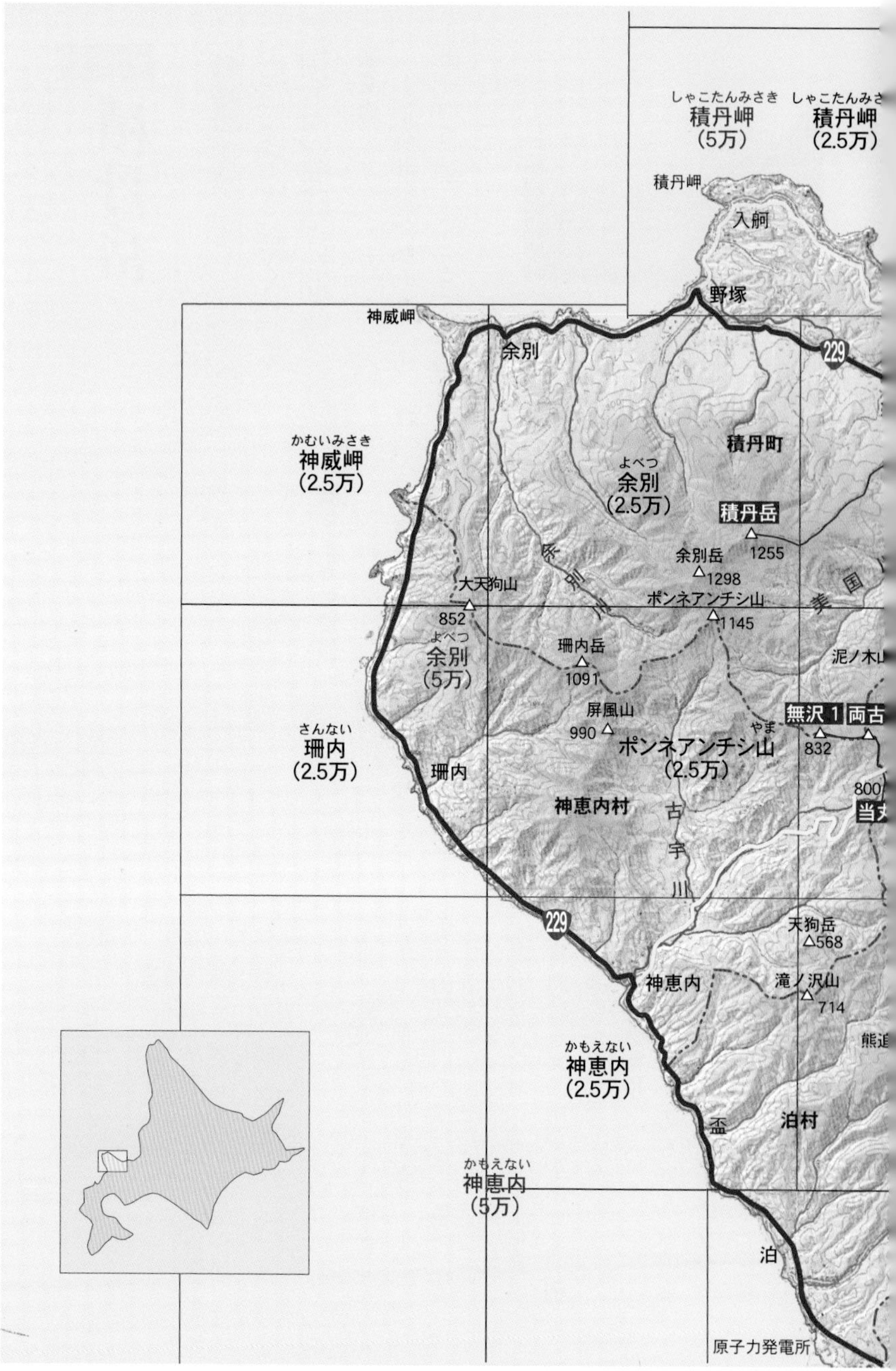

積丹岬《しゃこたんみさき》
（5万）
積丹岬
（2.5万）
積丹岬
入舸
野塚
神威岬
余別
229
神威岬《かむいみさき》
（2.5万）
積丹町
余別《よべつ》
（2.5万）
積丹岳
1255
余別岳
1298
大天狗山
852
ポンネアンチシ山
1145
余別《よべつ》
（5万）
珊内岳
1091
屏風山
990
無沢 1
832
珊内《さんない》
（2.5万）
ポンネアンチシ山《やま》
（2.5万）
珊内
神恵内村
800
古宇川
229
天狗岳
568
神恵内
滝ノ沢山
714
神恵内《かもえない》
（2.5万）
盃
泊村
神恵内《かもえない》
（5万）
泊
原子力発電所

1255m

積丹岳《しゃこたんだけ》

■体力（標高差）	40点
■登山時間加算	C
■高山度（標高）	B
■険しさ	D
■迷いやすさ	D
総合点50点［初級］	

婦美コース

どこまでも緩く長く頂上の展望に期待

■交通

ＪＲ余市駅から中央バス（☎0135-23-2175）の積丹線21系統に乗り、「登山口」下車。二・五合目の休憩所登山口まで徒歩3・2㌔。

■マイカー情報

国道229号を積丹町美国市街から神威岬方面に約5・5㌔走行し、積丹岳登山口の看板を目印に左折。舗装路を1・1㌔直進して右折し、さらに林道を2・1㌔で実質的登山口の積丹岳休憩所に着く。10台程度駐車可能。トイレ、水場あり。なお、2021年夏の取材時は林道の雨裂が激しく、細心の運転が必要だった。

■積丹岳休憩所

二・五合目にある無人の山小屋。内部は畳敷きで調理場もある。

▼期間＝4月下旬～10月下旬（積丹町ホームページで確認を）

▼使用料＝無料。申し込み不要。

積丹町美国から

1000ｍ前後の山が連なる積丹半島において、最高峰の余《よ》別《べつ》岳に次いで高い山である。昔からスキー登山で知られ、一時期はヘリスキーも行われていた。またスノーモービルも多かったが、2008年から禁止されている。

一方、積丹半島では数少ない夏道が整備された山でもある。以前は登山者も限られていたが、展望のよさなどから徐々に訪れる人が増えているようだ。なお、初夏はタケノコ採りで人気があり、駐車場が満車になるほどである。

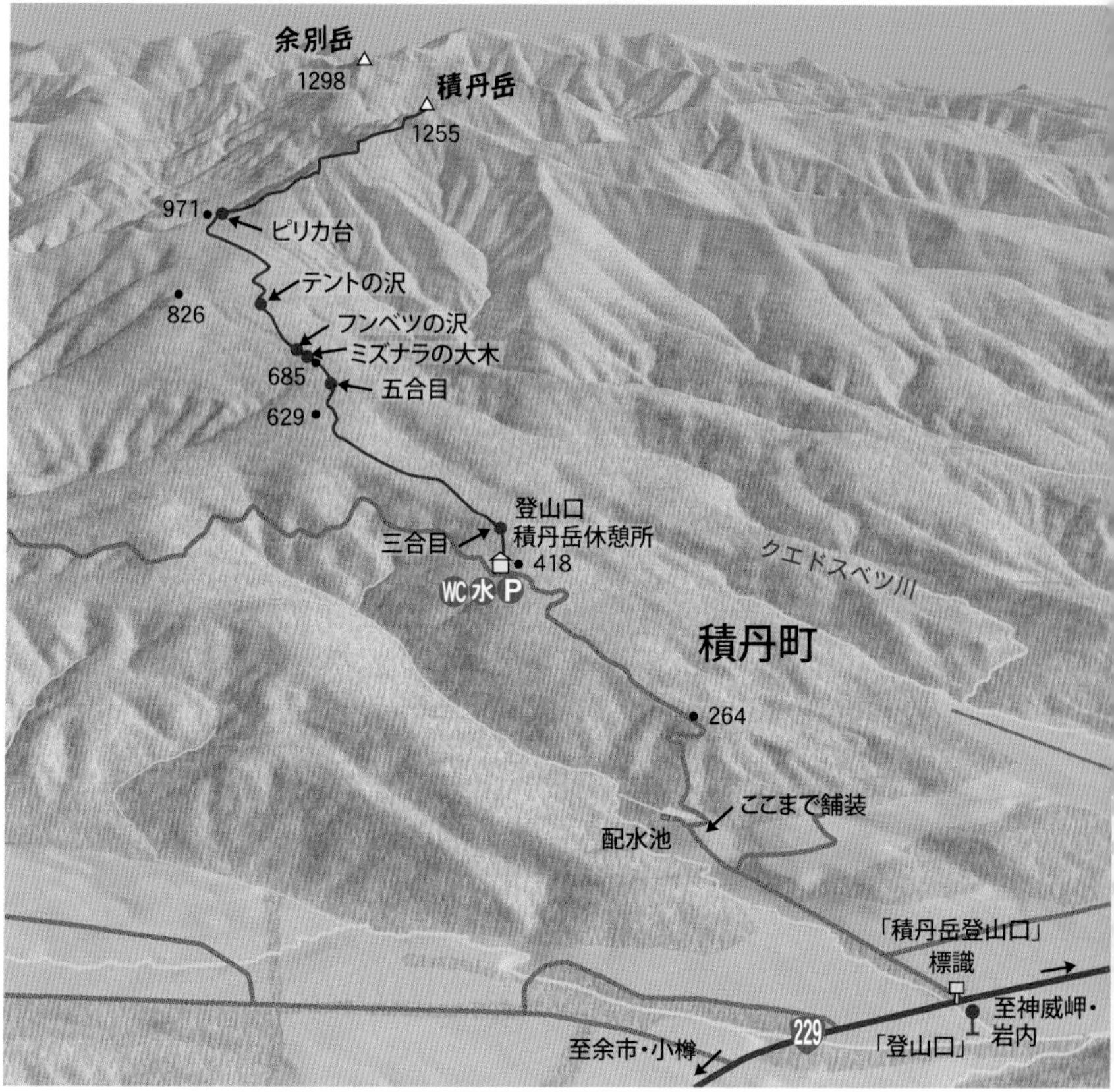

登山口の積丹岳休憩所。美味しい湧き水も

▼管理・問い合わせ先＝積丹町役場商工観光課☎0135－44－3381

■コースタイム（日帰り装備）

休憩所登山口─1:00↓ 0:40↑─フンベツの沢─1:00↓ 0:40↑─ピリカ台─1:00↓ 0:40↑─積丹岳

標高差　約840メートル

登り　3時間

下り　2時間

各合目にしっかりした標柱がある

■ガイド（撮影　7月25日）

登山口は駐車場を挟んで休憩所の反対側。見通しの利かない広葉樹林をゆるゆると登っていく。ほどなく三合目の標識があるが、これは国道を起点としたもの。高い枝についた標識は山スキー用だ。

その後も地形的変化の乏しい森の中を、合目表示だけを目安にたんたんと進む。傾斜はどこまでも緩く息は切れないが、距離は長い。そんな中、五合目を過ぎた所で現れるミズナラの大木は、本コース一の見どころといってもいいだろう。その先でフンベツの沢、さらにテントの沢を横切るが、いずれもほとんど水流はない。

七合目付近からは雪に潰され地を這うようなダケカンバ帯をゆく。また、このあたりはサンカヨウが多い。９７１《メートル》標高点近くのピリカ台で尾根上に出ると、後は山頂までこれをたどる。道端にはツバメオモトやエンレイソウ、セリ科の花なども見られるようになる。九合目付近でようやく展望が開けると、山頂はもう目の前だ。

山頂からは美国川源流域を囲んで余別岳、ポンネアンチシ山が大きく、さらにニセコ方面や羊蹄山、また青い日本海もよく見える。

ミズナラの大木。根を踏まないで

大蛇のように枝をくねらすダケカンバ

サンカヨウの実

展望が開けるのは
山頂が近くなって
から

道中は樹林帯だが
山頂の展望は抜群
だ。正面は余別岳

800m

当丸山《とうまるやま》

トーマル峠コース

ピークに沼めぐり手軽な周回コース

■交通

利用できる公共交通はない。

■マイカー情報

古平町と神恵内村を結ぶ道道９９８号のトーマル峠覆道内、峠をわずかに神恵内側に下った所にある車道出入り口（積雪期閉鎖）から外に出る。道なりに２００メートルほど進んだ先に約25台分の駐車場がある。トイレと休憩所あり。

両古美山への途上から

　積丹半島の中心部、古平町と神恵内《かもえない》村の堺に位置する山である。1000 m に満たない山だが、西側に大小 2 つの沼を擁し、天然の庭園のような雰囲気が漂っている。一帯は神恵内 2000 年の森公園として整備されている。近年は老朽化の目立つ施設もあるが、コースの整備状況はよい。

　山名の由来は古宇《ふるう》川の支流トーマル川の水源にあたることに因る。トーマルの意味は「沼より下る川」「沼に入る道」の 2 説がある。

■体力(標高差)	30点
■登山時間加算	D
■高山度(標高)	C
■険しさ	D
■迷いやすさ	D
総合点35点［初級］	

●当丸山まで

■古平家族旅行村

古平町郊外のキャンプ場。ログハウス風ケビンもあり。

▼期間＝５～10月

▼使用料＝有料

▼管理・問い合わせ先＝現地管理棟 ☎０１３５-42-４２００

■コースタイム（日帰り装備）

トーマル峠駐車場（0：40↓ 0：30↑）当丸山（0：40↓ 1：00↑）当丸沼（0：20↓ 0：25↑）小沼（0：30↓ 0：40↑）トーマル峠駐車場

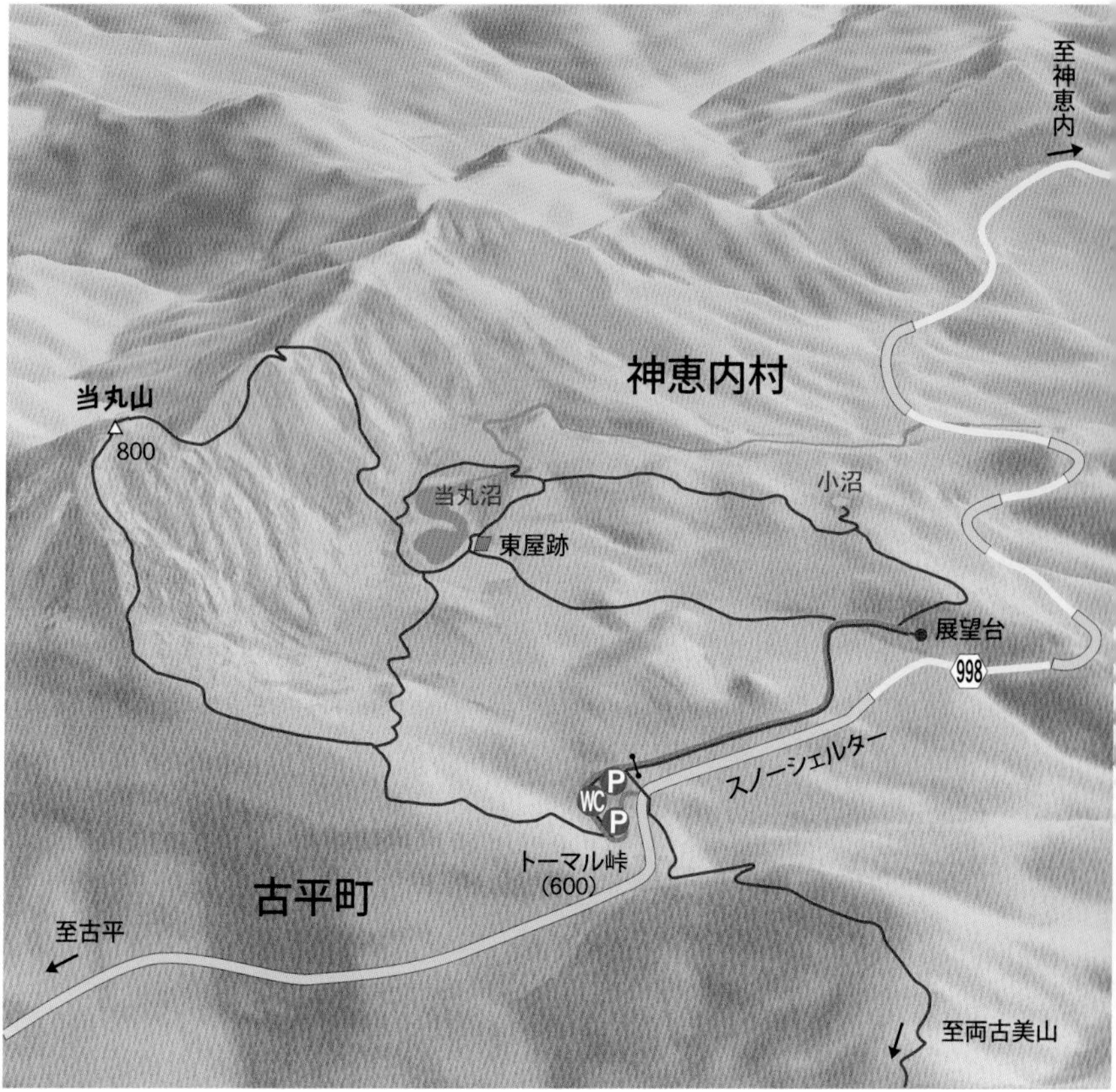

当丸山まで　標高差　約２００メートル
登り　40分
下り　30分

■**ガイド**（撮影　8月29日）

一帯は山と沼を遊歩道で結んだ自然公園になっている。ここでは当丸山に登ったのち、二つの沼を巡る周回コースで紹介しよう。

トーマル峠駐車場。立派な休憩所もある

道は広く刈られている。背後は泥ノ木山

駐車場への車道途中にある登山口

頂上までは一撃の感だ

登りの尾根上から見下ろす当丸沼

駐車場から車道を少し戻り、「循環遊歩道入口」の標識から歩道に入る。ほどなく当丸沼への道を右に分け、尾根上を登っていく。斜度が増して高度が上がると、木々の間に当丸沼が俯瞰され、さらに両古美山や古平方面、日本海が見えてくる。

が、ひと汗かくかかかないかのうちに斜度は緩み、そうこうする間にもう当丸山である。明るい頂上だが、中途半端に木やササが伸び、展望を妨げているのが惜しい。

当丸沼へは尾根上を南西に下る。途中、先ほどの物足りなさを挽回するように、右手に積丹岳や余別岳がよく見える。小さなコブを下った先で尾根を外れ、湿った斜面を下れば沼周回路の分岐。反時計回りで当丸沼を半周すると、東屋のあった小広場に出、沼越し

山頂を当丸沼へ下り始めた尾根上から

東屋跡の広場はよい休憩地。当丸沼を挟んで当丸山を見る

山頂を後に当丸沼へ。最初は急な下りだ

に当丸山を眺められる。

東屋跡からショートカットして駐車場に戻ることもできるが、せっかくなので小沼も寄ってみよう。道標に従って奥に進み、枝道を左に入った所だ。ミツガシワが生える文字通り小さな沼である。

さらに進んで木の階段を下り、左に入ると両古美山を正面に見る展望台。あとは広い道をのんびりとたどって駐車場へ戻る。

806m

両古美山《りょうこびやま》

833m

無沢1《むさわいち》

トーマル峠コース

積丹の山を眺める なだらかな尾根歩き

■交通・マイカー・キャンプ場

「当丸山」と同じ。292ページを参照のこと。

■コースタイム（日帰り装備）

トーマル峠駐車場 ―1:10↓ 0:50↑― 両古美山 ―1:20↓ 1:30↑― 無沢1

両古美山

標高差 約205メートル

登り 1時間10分

下り 50分

無沢1

累積標高差 約435メートル

登り 2時間30分

下り 2時間20分

トーマル峠から
①両古美山、②展望台、③無沢1

両古美山はトーマル峠を挟んで当丸山と向き合う山。なだらかな山容でピーク感に乏しく指呼しにくい。無沢1はその西方に延びる稜線上にある833mピークで、地形図にその名は見られないが、三等三角点に「無沢」の名が付いている。

登山道はトーマル峠から延びているが、登山者は少なめだ。余別岳や積丹岳など半島の主峰を間近に見ることができるだけに、もっと人気が出てもよさそうだが…。

■体力（標高差）	30点
■登山時間加算	D
■高山度（標高）	C
■険しさ	D
■迷いやすさ	D
総合点35点［初級］	

●両古美山まで

■体力（標高差）	35点
■登山時間加算	D
■高山度（標高）	C
■険しさ	D
■迷いやすさ	C
総合点40点［初級］	

●無沢1まで

「迷いやすさ」は2021年夏の取材時の評価。部分的にややササ被り、草被りがあった

■ガイド（撮影 8月29日）

両古美山まで

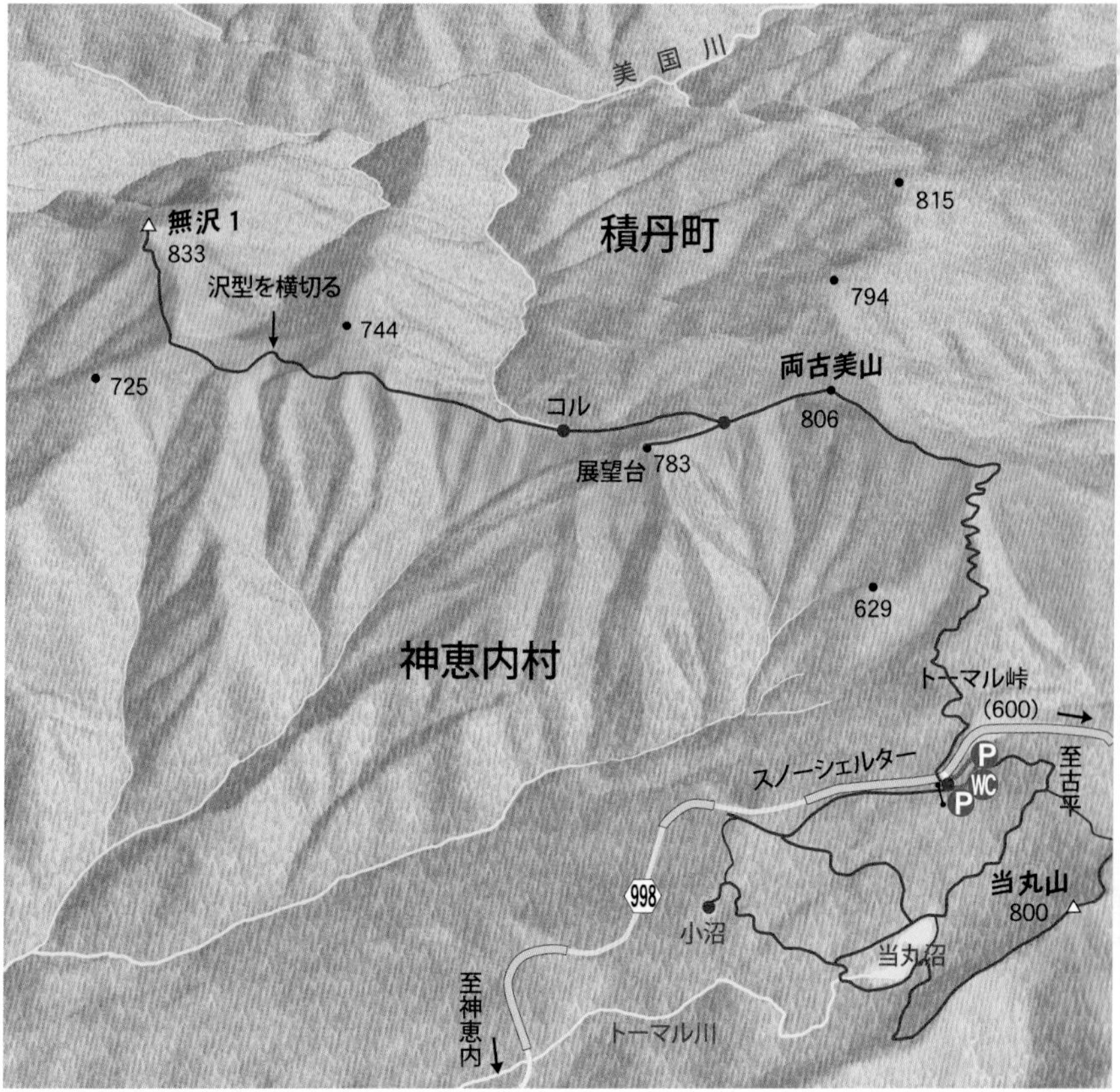

広くて快適な駐車場の休憩所

駐車場中央に建つ休憩所の左側から歩道橋でスノーシェルターを渡り、その外側に沿って古平側へ進む。150メートルほど先の小広場から標識に従って左の山道に入る。緩く起伏するササとダケカンバの尾根をしばらくゆき、やがて前方に迫ってくる斜面に取り付く。見た目も地形図上も急だが、細かくジグザグを切るため斜度はさほど感じない。高度が上がるとトーマ

スノーシェルターの外側に沿って

休憩所の横から歩道橋を渡る

稜線上に出ると大きな岩が

ササとダケカンバの斜面を登る

ル峠を挟んで当丸山が存在感を示し、遠くニセコ連峰がシルエットとなって浮かぶ。
　右から回り込むようにして登り切るとハイマツの広い稜線上に出る。所々岩が顔を出し、雰囲気は高山帯だ。進路を西に変え、ごく緩く登ってゆけば両古美山である。道自体は明瞭だが、被り気味のハイマツの下は根がはびこっているのでつまづきに注意しよう。
　両古美山は平坦なうえに背の高

ミヤマカラスアゲハ

無沢１と展望台の分岐点

通過点のような両古美山山頂

展望台（783ｍ 標高点）から無沢１（中央左）を見る。右奥は余別岳（６月上旬）

いササやハイマツに囲まれ、展望はない。しかし、少し先に進むと急斜面の縁に出て、南方の見晴らしが開ける。無沢１への道を右に分けてさらに尾根上を進めば岬のように飛び出した７８３メートル標高点に至る。展望台の標識が立ち、積丹岳からニセコ・羊蹄山方面まで眺めは抜群だ。晴れていれば、ぜひここまで足を延ばしたい。

無沢１へ

両古美山と無沢１との間には高低差２００メートルほどのコルがあり、

ミヤマホツツジ

コルから積丹岳を見る

両古美山を背にコルから登り返す

小さな起伏を繰り返しながら無沢１へ

また2021年夏の取材時は所々ブッシュも多めだった。これらを踏まえて行くか否かを決めよう。

　両古美山～展望台間の分岐から急な斜面を一気に下る。道沿いにはエゾオヤマリンドウやミヤマホツツジがちらほらと見られる。

　コルからは小さな登りと平坦な道を交互に繰り返す。振り返ると展望台とともにそこへ至る帰路の登り返しが大きい。744メートル標高

頂上に向けて最後の登り

無沢１の山頂が見えてきた

無沢１からは余別岳（左）と積丹岳（右）が大きく望める（6月上旬）

三等三角点がある無沢１山頂

点の南側を過ぎたあたりで小さな沢地形を横切るが、ここは沢の上流方向に入り込まないよう注意のこと。その先で右に回り込んでいくと正面にこんもりとした無沢１が見えてきて、最後にこれをひと登りすれば頂上だ。

無沢１もハイマツに囲まれた平らな頂上だが丈は低く、積丹岳や余別岳をより近くに望むことができる。来た甲斐を実感できるというものだろう。

おわりに

「夏山ガイド」シリーズ全6巻の中で、最も人気のあるのがこの第1巻である。前回の改訂から7年が経つが、大都市札幌に近く、またリゾート地の多い山域ということもあって、登山道のほか山麓やアプローチなど何かと変化が見られた。

今回新たに追加したのは藻岩山、豊見山、盤ノ沢山である。藻岩山は山頂まで観光道路などがあることからこれまで未掲載であったが、登山道の良さを見直し、改めて掲載することとした。

一方、旧版から削除された山（コース）は、喜茂別岳中山峠コース、余市岳白井右股川コース、ワイスホルン、チセヌプリ西口コースである。いずれもコースの荒廃が進み、今後の整備も見込めないとのことである。また、私有地を通る奥手稲山、銭函天狗山手稲金山コースも削除した。

ところで、従来からの読者はすでにお気づきと思うが、本改訂版では若干のリニューアルを行った。大きな変更点としては、コースの増減にともなう各巻のページ数調整のため、収録山域の見直しを図った。具体的にはこれまで第1巻に収録していた胆振の山々を5巻「道南の山々」に移し、また夕張山地は5巻から4巻「日高山脈の山々」に移す予定である。詳しくは巻末の全体図を参照していただきたい。各巻の改訂がひと通り終わるまではご不便をおかけすることもあるかと思うが、なにとぞご了承いただきたい。そのほか、各山の掲載順序、誌面の体裁なども見直した。30年以上に渡って煮詰めてきた表現や体裁は生かしながら、より見やすく使いやすいガイドブックづくりを目指し、書名に「新」をつけて文字通り新たなスタートを切ったつもりである。

最後になったが、初版刊行以来、一貫して取材・編集に尽力されてきた梅沢俊さん、菅原靖彦さんが、その第一線から勇退されることとなった。本書がこれまで支持されてきたのは、おふたりの精力的かつ地道な作業の積み重ねにほかならない。今後も取材協力やアドバイス、地図制作などお力添えはいただくが、ひとつの区切りとして、これまでの実績に深く感謝を申し上げたい。

2022年3月　異例の大雪とコロナに振り回された冬の終わりに　　著者

参考文献

俵　浩三・今村朋信編『アルパインガイド 北海道の山』（山と渓谷社）1971
柏瀬祐之ほか編『日本登山大系①北海道・東北の山』（白水社）1980
本田　貢著『雑学北海道地名の旅』（菱北新北海道教育新報社）1982
山田秀三著『北海道の地名』（北海道新聞社）1984
菅原靖彦著『北海道ファミリー登山』（北海タイムス社）1985
橋本洋子他編『札幌周辺さわやかハイク』（ハイキングクラブみどりの風）1986
梅沢　俊編著『アルペンガイド北海道の山』（山と渓谷社）1997
季刊『北の山脈』1～40号（北海道撮影社）1971～1980
速水　潔監修『ATTACK　札幌・支笏周辺の山』（北海道地図）1997
速水　潔監修『ATTACK　札幌・小樽周辺の山』（北海道地図）1998
速水　潔ほか調査協力『ATTACK　ニセコ連峰・羊蹄山』（北海道地図）1999
再刊委員会編・著『北海道の山と谷・上』（北海道撮影社）1998
梅沢　俊著『北の花名山ガイド』（北海道新聞社）2012
全国登山口調査会編『新版　北海道登山口情報400』（北海道新聞社）2018
菅原靖彦著『札幌から日帰り ゆったりハイキング』（北海道新聞社）2019
亜璃西社編著『北海道キャンプ場ガイド21-22』（亜璃西社）2021

本書の地図作成にあたっては以下を使用しました。
・山旅倶楽部の地図データ
・カシミール3D（杉本智彦氏・作、https://www.kashmir3d.com/）

●著者略歴

長谷川《はせがわ》 哲《てつ》

1964年長野県生まれ。山と溪谷社で「山と溪谷」「Outdoor」などの雑誌編集に携わったのち、北海道に移住してフリーライターとなる。現在は「山と溪谷」「岳人」などの山雑誌を中心に執筆中。2014年から『北海道夏山ガイド』の著者陣に加わっている。著書に『北海道夏山ガイド特選34コース』(北海道新聞社)、『北の寂旅〜北海道 自転車の旅16+5』(天夢人、発売・山と溪谷社)ほか。北海道の山メーリングリスト所属。

●取材協力
(50音順、敬称略)

梅沢 俊
小林基秀
菅原規仁
藤川 健
および取材・撮影にご協力いただいた皆さん

●地図制作 菅原靖彦

新《しん》 夏山《なつやま》ガイド1 道央《どうおう》

2022年4月28日 初版第1刷発行

著 者 長谷川 哲
発行者 菅原 淳
発行所 北海道新聞社
〒060-8711 札幌市中央区大通西3丁目6
出版センター(編集)電話 011-210-5742
出版センター(営業)電話 011-210-5744
印 刷 ㈱アイワード

落丁・乱丁本は出版センター(営業)にご連絡くだされればお取り換えいたします。
ISBN978-4-86721-062-8

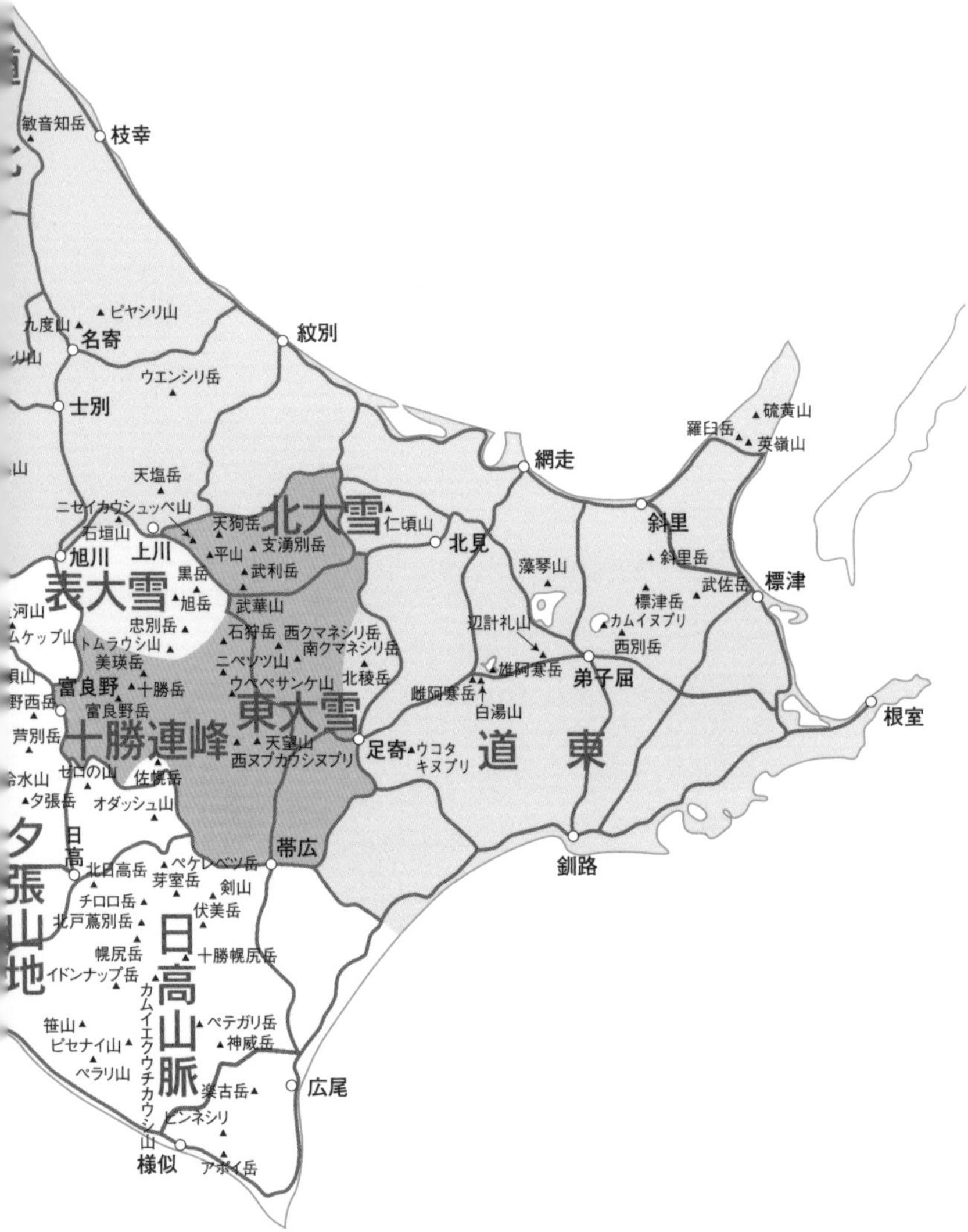
敏音知岳
枝幸
ピヤシリ山
九度山
名寄
紋別
ウエンシリ岳
士別
天塩岳
ニセイカウシュッペ山
石垣山
上川
旭川
天狗岳
北大雪
仁頃山
平山
支湧別岳
北見
黒岳
武利岳
表大雪
旭岳
武華山
忠別岳
石狩岳
西クマネシリ岳
トムラウシ山
南クマネシリ岳
美瑛岳
ニペソツ山
北稜岳
富良野
十勝岳
ウペペサンケ山
富良野岳
東大雪
芦別岳
十勝連峰
天望山
西ヌプカウシヌプリ
足寄
ウコタ
キヌプリ
佐幌岳
夕張岳
オダッシュ山
夕張山地
日高
帯広
北日高岳
ペケレベツ岳
芽室岳
剣山
チロロ岳
伏美岳
北戸蔦別岳
日高山脈
幌尻岳
十勝幌尻岳
イドンナップ岳
カムイエクウチカウシ山
笹山
ペテガリ岳
神威岳
ピセナイ山
ペラリ山
楽古岳
広尾
ピンネシリ
様似
アポイ岳
硫黄山
羅臼岳
英嶺山
網走
斜里
斜里岳
藻琴山
武佐岳
標津
標津岳
辺計礼山
カムイヌプリ
西別岳
雄阿寒岳
弟子屈
雌阿寒岳
白湯山
道東
根室
釧路